KB268136

언스타퍼블

언스타퍼블

언스타퍼블

삶을 지키고 운명을 바꾸는
지혜와 통찰의 말

초 판 1쇄 2026년 02월 26일

지은이 서병헌
펴낸이 류종렬

펴낸곳 미다스북스
본부장 임종익
편집장 이다경, 김가영
디자인 윤가희, 임인영, 윤영빈
책임진행 김은진, 이예나, 안채원, 국소리, 송가희, 이지영

등록 2001년 3월 21일 제2001-000040호
주소 서울시 마포구 양화로 133 서교타워 711호, 808호
전화 02) 322-7802~3
팩스 02) 6007-1845
블로그 http://blog.naver.com/midasbooks
전자주소 midasbooks@hanmail.net
페이스북 https://www.facebook.com/midasbooks425
인스타그램 https://www.instagram.com/midasbooks

ISBN 979-11-7355-732-3 03190

값 20,000원

삶을 지키고 운명을 바꾸는 지혜와 통찰의 말

언스타퍼블

서병헌 지음

미다스북스

프롤로그

길

앞서 걸어간 사람의 믿음이 있기에 '길'이 만들어진다. 처음 누군가는 기대감과 두려움을 갖고, 사람 흔적을 찾아볼 수 없는 처녀지를 걸었다. 발걸음이 많아지며 점차 안전하고 효율성을 가진 통로로 검증되면서 그렇게 길은 생겨났다. 처음 사람의 흔적 없는 길을 걸은 사람은 선구자先驅者였고, 패스파인더 Pathfinder였다.

누구나 자신만의 전쟁을 치르며 인생의 길을 걷고 있다. 우리에게 필요한 것은 희망이며, 더 나은 나를 만들기 위한 쉼 없는 배움이다. "바람이 불지 않을 때 바람개비를 돌리는 방법은 앞으로 달려 나가는 것이다." 데일 카네기 Dale Carnegie가 했던 이 말은 우리가 살아가는 모습과 닮았다. 바람이 불 때는 가만히 있어도 바람개비가 돌아가지만, 바람이 없으면 바람을 만들기 위해 뛰어야 한다. 바람개비는 인생이고 운명이다. 오늘도 수많은 사람들이 운명의 수레바퀴를 돌리며 달리고 있다.

　사람으로 태어났으면 올바르게 살아야 하고, 또한 타인에게 선한 영향을 주어야 한다. 자신의 이익에 혈안이 되어 타인을 짓밟고, 권리를 침해하는 비양심적인 삶은 올바른 삶이 아니다. 내 것이 소중하면 다른 사람의 것도 소중해야 마땅하다. 영국 속담에 이런 말이 있다. "나무를 심는 사람은 자기 이외에 남들도 사랑하는 사람이다." 심겨 있는 나무에서 열매나 목재라는 과실만 따지 않고, 다른 사람을 위해서 나무를 심을 줄도 알아야 한다.

　'지행합일知行合一'은 왕수인(王守仁, 왕양명)이 주창한 양명학陽明學의 기본 사상으로, 알았다고 하여도 행하지 못하였다고 하면 그 알았음은 참 앎이 아니니, 앎이 있다면 곧 행함이 있어야 한다는 것이다. 따라서 지와 행은 둘이 아니라 하나여야 한다. 지(知, 앎)는 행(行, 실천)의 시작이고, 행行은 지知의 완성이다. 지행합일은 배우면서 실천하고, 실천을 통해서 앎을 완성해 간다는 뜻이다. 실천을 동반하지 않는 지식은 살아있지 않으며, 배움과 실행, 실천과 앎의 사이에 시간 간격은 존재하지 않는다.

　변화는 속도를 더해간다. 우리는 실패를 극복하고, 포기를 거부하는 강한 정신으로 무장하고 있어야 지금을 살아갈 수 있다. 우리의 이상은 현실을 긍정하고 올바른 인간관계 선택과 자기성찰로, 주체적이고 완성된 인간이 되는 것이다. 내가 준비되어 있을 때 파도에 몸을 맡길 수 있다. 베르길리우스Vergilius는 "두려움을 딛고 일어선 자, 하늘이 돕는다."라고 말했다. 두려움을 극복할 때 다른 운명을 맞을 수 있다.

삶은 멈추지 않고 계속된다. 또한 내적, 외적 성장은 끊임없이 이루어
져야 한다. 희망을 동반자 삼아 좌절하지 않고 한 걸음씩 앞으로 나갈 때
인간은 고귀해진다. 인생은 자신이 원하는 대로 삶의 궤적을 달리한다.
지금과는 다른 내일과 운명을 꿈꾸는 이들을 위해, 길을 밝히는 작은 지
혜의 불빛이라도 이 책에서 새어 나오기를 소망한다.

2026년 봄이 오는 길목, 서병헌

목 차

Road 1

내일도 태양은 뜬다

희망　미래　운명 개척

UNSTO
PPABLE

희망은 제2의 혼이다.
아무리 불행하다 하더라도
혼이 있으면 쉽게 가라앉지 않는다.
아무리 힘들다고 하더라도
혼이 있으면 쉽게 좌절하지 않는다.

요한 볼프강 폰 괴테 Johann Wolfgang von Goethe

Section 1
희망은 생명이다

희망이 없으면 그곳이 지옥이다

단테 알리기에리_{Dante Alighieri}는 이탈리아 피렌체에서 태어났다. 시인이자 정치가였던 그는 교황 지지 세력과 치른 정치경쟁에서 패배하여 추방당한 뒤, 고국으로 돌아가지 못한 채 떠돌면서 대서사시를 완성했다. 『신곡』은 단테 자신이 베르길리우스, 베아트리체 등과 지옥, 연옥, 천국을 여행하며 신화와 역사 속 인물들을 만나 이야기하는 내용을 담은 작품이다. 그중 죄를 지은 자들이 가는 지옥은 악행에 따라 9개의 원으로 나뉜다. '배신의 죄'를 지은 영혼들이 모여있는 마지막 제9원에는 타락 천사 루시퍼_{Lucifer}가 있다.

그가 지옥에 이르렀을 때, 지옥문 위에 새겨진 문구가 눈에 들어왔다.
"여기 들어오는 자, 모든 희망을 버려라!"
지옥에는 희망이 없어 지옥에 들어오려면 희망을 버리라는 것이다. 지옥은 죄에 따라 영혼들이 벌을 받는 곳이라 희망이 필요 없다. 무거운 형

벌이 주어지는 곳에 희망은 존재할 수 없었다. 현실에서도 일이 뜻대로 되지 않고 절망이 가득하면 사는 곳이 지옥 같다고 생각한다. 학교나 취업 시장, 직장과 같은 사회생활의 영역, 인간관계에서 늘 좋은 일만 생기지는 않기에, 우리는 좌절을 경험하고 풀리지 않는 문제로 고통스러워한다. 일이 꼬이고 극심한 스트레스를 받으면 살고는 있지만 사는 게 아니라는 것을 느낀다.

누구나 현실에서도 잠시 지옥을 경험한다. 지옥 입구에서 지옥 불에 데기도 하고, 기적처럼 지옥의 문턱을 밟고 도망쳐 나올 때도 있다. 지금 현실을 살고 있다는 것은 희망이 있다는 뜻이다. 이 순간에 희망이 없다면 지옥을 가지 않았어도 지금 살고 있는 이곳이 바로 지옥이다. 현실에서 겪는 어려움이나 좌절이 거대한 산처럼 보여도, 희망 없는 지옥에 가는 것보다는 낫지 않을까? 어떤 일이 있어도 절대로 희망의 끈은 놓지 말자. 숨 쉬고 있는 한 삶은 희망적이어야 한다.

살아있는 한 희망도 살아있다

펠로폰네소스 전쟁은 고대 그리스에서 아테네 주도의 델로스 동맹과 스파르타 주도의 펠로폰네소스 동맹 사이에 일어난 전쟁이다. 기존 강대국이 신흥 강국의 부상을 견제하기 위해 전쟁이 일어난다는 '투키디데스의 함정'은 이 전쟁에서 유래되었다. 투키디데스Thucydides의 『펠로폰네소스 전쟁사』에 따르면, 아테네인들이 멜로스 인들에게 사절단을 보내 항복할 것을 설득하지만, 멜로스 인들은 다음과 같이 말하며 항복을 거절한다.

"항복하기 전까지는 전쟁에서 진 것이 아니므로 항복하지 않겠다."

'멜로스의 대화'에서 멜로스 인들에게 항복은 절망을 의미하는 것이었다. 그들을 버티게 한 것은 희망이었으며, 희망을 버리지 않았기에 그들은 항복할 수 없었다. 벼랑 끝에서도 희망을 볼 수 있다면 아직 승부가 끝난 것은 아니다. 결국 이 전쟁의 승리자는 페르시아의 지원을 받은 펠로폰네소스 동맹이었다.

희망을 버리는 것은 삶을 포기하는 것이다. 사막을 걸으며 현기증이 나고 신기루가 보일지라도, 물이 있을 것이라는 희망은 작열하는 태양 아래 발바닥이 타도록 뜨거운 사막을 걸어갈 인내와 힘을 준다. 죽을 것 같더라도 걸어가는 동안에는 희망이 있다. 삶의 끝을 알 수 없지만 살아있는 한 희망도 살아있다. 삶의 고달픔에 항복하는 순간 희망도 사라진다.

소설가 해리엇 비처 스토_{Harriet Beecher Stowe}는 "어두운 터널에도 반드시 끝이 있다."라는 말로, 힘든 순간을 겪는 이들에게 위로와 용기를 주고 있다. 우리는 때로 확신이 필요하다. 터널에 끝이 있다는 확신을 가질 때, 마음속에 품은 희망은 신념이 되어 사라지지 않는다. 모든 것에는 시작뿐만 아니라 끝도 있다. 끝을 확인하기 전에 멈추는 것이 바로 절망이다. 펠로폰네소스 전쟁에서 멜로스 인들이 항복하지 않은 것은 전쟁의 끝을 확인하지 않았기 때문일 것이다.

어린 알렉산드로스의 꿈

어린 시절, 헬레니즘 제국의 건립자인 알렉산드로스 _{Alexandros} 는 그리스 북부 마케도니아의 왕이었던 아버지 필리포스 2세가 여러 전쟁에서 승리하자, 기뻐하기는커녕 달가워하지도 않으며 친구들에게 이렇게 말했다고 한다.

"친구들아, 아버지가 여러 나라를 모두 정복하시니, 우리가 해야 할 일은 하나도 남지 않겠다."

하지만 아버지가 암살된 후, 뒤를 이어 왕이 된 알렉산드로스는 이집트, 중동, 서남아시아까지 정복 전쟁을 벌여 그리스 문화를 전파하고, 그리스적 정신과 동방 정신이 융합한 범세계적 문화인 '헬레니즘 _{Hellenism} '을 탄생시켰다.

필리포스 2세는 유명한 철학자들을 초빙하여 아들의 스승으로 삼았는데, 그중 한 명이 아리스토텔레스였다. 어릴 적 그의 패기 넘치는 원대한 꿈은 정복 전쟁에서 한 번도 패하지 않고 이루어졌으며, 동양과 서양 문화 전반에 큰 영향을 남겼다. '신 중심'의 헤브라이즘 _{Hebraism} 에 비해, '인간 중심'의 헬레니즘은 이성적이고 과학적이며, 실용 학문과 민주주의를 발전시켰다. 헬레니즘은 그리스의 미적 감각을 동양에 전파하고 종교적 융합에도 큰 영향을 미쳤다. 헬레니즘의 영향을 받은 불교가 부처의 사후 5백 년이 지나서야 불상을 갖게 된 역사적 배경에는 그가 있었다.

알렉산드로스는 왕성한 정복 활동과 동서양 문화교류의 초석을 마련하고 31세라는 젊은 나이에 생을 마감했지만, 그가 어린 시절 꾸었던 꿈은 유럽과 아시아 곳곳에 새로운 문화와 역사적 자취를 남겼다.

"이루고 싶은 꿈이 있다면 알렉산드로스처럼 준비하고 실행에 옮겨라!"

마음속에 가둔 꿈은 몽상이고 행동으로 펼친 꿈은 현실로 이루어진다.

알렉산드로스는 요즘 표현으로 '육각형' 인물이었다. 원정길에 오르기 전, 그의 재산을 부하와 주변에 나누어 주어 왕실 재산이 바닥날 지경에 이르자, 한 장군이 "전하는 자신을 위해 무엇을 남겨두었습니까?"라고 물었다. 그는 이렇게 대답했다.

"희망을 남겨두었다."

그에게 중요한 것은 희망이었다.

내일도 태양이 뜰까?

인류는 태양의 시간에 맞춰 하루를 시작하고 마무리해 왔다. 어두운 밤과 흐린 날을 제외하고, 태양은 자연과 삶에 빛과 생명을 주고 따뜻한 온기를 전달한다. 태양이 없는 곳에서 살아갈 수 있는 생명체가 있을까? 아마 지구상의 모든 생명체는 멸종의 길을 걷게 될 것이다. 태양은 모든 생명을 탄생시킨 창조적 존재이자, 인류를 포함한 모든 생명체의 계속성을 약속하는 에너지의 근원이다.

태양은 태양계의 중심이 되는 항성(恒星, fixed star)으로 천문학적 의미를 가질 뿐만 아니라, '매우 소중한 것 또는 희망, 생명력, 힘, 열정'을 비유적으로 표현할 때도 사용되고 있다. 태양은 자연에 종교적 의미를 부여하여 숭배하는 신앙 행위, 즉 '애니미즘'을 대표하는 영적 존재였다. 따라서 태양은 고대 문명에서 신격화의 대상이었다. 태양은 힘과 영생의 상징으로 인식되어, 이집트Ra, 그리스Apollon, 로마Sol, 고구려(日神, 三足烏), 잉카Inti 문명의 신화와 전설 속에도 태양신이 있었다.

태양은 희망이고 생명이다. 태양이 뜬다는 것은 관념적으로 희망이 생긴다는 뜻이다. 태양은 생명을 부여하고 성장시키며 활력을 주는 긍정적 에너지를 분출한다. 어두운 밤이 지나면 세상을 밝게 비추는 태양이 약속한 것처럼 떠오른다. 자연의 섭리는 좋은 것과 나쁜 것 중 하나만을 고집하지 않고 생명체를 시험하며 단련시킨다. 무지개를 보는 행운은 비가 내린 뒤에 온다. 무지개를 보고 싶다면 비를 받아들이고 햇빛 없는 흐린 하늘을 견딜 수 있어야 한다. 태양이 뜬다는 믿음이 어둠이라는 좌절을 극복하고 고난이라는 추운 겨울을 인내하는 용기를 준다.

고대 문명이 태양을 숭배한 것처럼 우리는 희망을 숭배한다. 아침에 떠오르는 태양을 보며 좌절하고 용기를 잃는 사람이 있을까? 포기하지 않는 한 내일도 희망이라는 해가 뜨고 우리는 희망을 좇아 또 하루하루를 살아갈 것이다.

고통을 잠재우는 진통제, 희망

언덕길이 있으면 내리막길이 있다. 언덕길은 힘들지만, 내리막길은 한결 수월하고, 내리막길만 걸었던 사람은 언덕길을 쉽게 오르지 못한다. 언덕길을 오르면 더 넓은 세계와 기회를 만날 수 있고 정상에 서서 아래를 내려다볼 수도 있다. 하지만 쉬운 내리막길만 걷다 보면 기회를 만날 확률은 줄어들고, 고개 들어 올려다볼 일만이 남는다. 아무런 노력도 없이 다른 세상을 만나는 기회를 손에 넣을 수는 없다. 사람의 일은 노력에 비례하여 나에게 기회가 주어지는 합리적인 시스템에서 작동한다.

때로는 계획했던 일이 순조롭게 풀리지 않고 정체의 시기를 맞는다. 언제나 그렇듯 힘들고 어려운 상황은 예고 없이 우리를 찾아온다. 하지만 우리가 겪는 일은 우리에게 필요한 일이다. 그럴 때면 누구나 겪는 일인데도 우리는 잠시 원망하는 목소리를 낸다. 하지만 힘들다는 것은 내가 강해질 수 있는 절호의 기회라는 의미도 내포하고 있다. 프리드리히 니체Friedrich Nietzsche는 "나를 죽이지 못하는 고통은 나를 더 강하게 만든다."라고 말했다. 인내의 시간에 필요한 것은 희망이다.

견디기 어려운 일을 인내하고 극복하면 어느 순간 정상에 올라와 있는 나를 발견하게 된다. 한때는 내가 부러워했던 사람들이 정상을 향해 힘든 발걸음을 내딛는 모습을, 이제는 정상에서 내려다볼 수 있는 짜릿함을 맛본다. 나에게 고통의 순간이 없었다면, 견뎌내지 못하고 주저앉았다면, 정상에서 맛보는 가슴 뿌듯한 이 기분을 느낄 수 있을까?

삶은 어려움과 고통이 주기적으로 찾아오는 인생의 시험 무대다. 나만 힘들지 않으며 누구나 어려운 길을 걷고 있다. 하지만 성취하는 과정의 고통 속에서 맛보는 희열과 더 나으리라는 희망이 우리를 견디게 하고 계속 전진하게 한다. 인생이 쉬운 삶은 아니지만, 삶이 희망적일 때 우리는 고통을 참아내며 이겨낼 수 있다.

불확실해서 미래다

'과거는 확실하고 현재는 유동적이며 미래는 불확실하다.'

미래를 불안하다고 생각하는 것은 미래가 불확실하기 때문이다. 불확실은 극단의 성질을 가진 양날의 검이다. 불확실로 인해 미래가 현재보다 악화될 수도 있고 현재보다 나아질 수도 있다. 중요한 것은 현재를 어떻게 사느냐에 달려있다. 현재를 부정적으로 살면서 소홀하면 불확실성은 더 커지고 리스크가 되며, 현재를 긍정적으로 살면서 충실하면 불확실성은 줄어들고 기회가 된다.

현재에 충실하지 않으면 미래는 기회를 주지 않는다. 미래를 기회로 만드는 방법은 하나밖에 없다. 지금, 이 순간을 무의미하게 보내지 않고 미래를 위한 빌드업build-up의 시간으로 만드는 것이다. 현재는 배우고, 노력하고, 준비하며 열정을 불태우는 시간이다. 현재를 잘 살면 미래는 불확실하지 않으며 기회가 된다. 현재와 미래는 '자웅동체Hermaphrodite'인 것처럼, 미래는 현재의 다른 모습이다.

어제의 불확실한 미래는 오늘이고, 불확실한 내일의 과거는 오늘이다. 오늘의 삶에 따라 불확실한 미래가 확실한 미래로 바뀔 수 있다. 불확실한 미래를 확실하게 할 수만 있다면 불확실이라는 리스크는 나에게 기회가 된다. 성공하는 사람은 미래를 불확실한 상태로 두지 않고 불확실성을 하나씩 해소해 나가며, 자신에게 유리한 싸움터로 만든다. 불확실한 미래는 두려움이 아니라 새로운 가능성과 기회의 시작점이다. 불확실은 절망이 아니라 내일을 꽃피울 희망이라는 사실을 잊지 않아야 한다.

끝은 새로운 시작

끝은 종말이 아니라 새로운 시작을 의미한다. 산을 오를 때 정상은 산의 끝이지만 내려올 때는 시작점이고, 졸업은 학창 시절을 마무리하고 사회생활을 시작하는 출발점이 된다. 두려움과 설렘이 교차하는 불안한 지점은 다른 곳이 아니라 언제나 같은 곳에 있었다.

고통에 시달렸던 시간의 끝에 다다랐을 때 이제 고통이 없다는 생각으로 '행복감'을 느끼지만, 행복으로 충만했던 시간의 끝에서는 행복을 손에서 놓아야 하는 '두려움'이 밀려온다. 끝은 각자에게 다른 의미로 다가오지만, 중요한 것은 마지막에 느끼는 두 가지 감정에서 오래 머물지 않아야만 새로운 시작이 희망적일 수 있다는 사실이다.

첫째, 고통으로부터의 해방에서 느끼는 '행복감'이다. 이 감정에 젖어 긴장이 풀어지면 새로운 시작은 흐지부지된다. 고통에서 벗어나면 내가 원하는 대로 될 것처럼 낙관적인 생각으로 가득하지만, 계획했던 일들은 조금의 진전도 없이 제자리를 맴돈다. 해방감이 주는 행복에서 빨리 벗어날수록 새로운 출발은 안정을 찾아 탄력을 받을 수 있다.

둘째, 행복한 시간을 마무리할 때 밀려오는 '두려움'이다. 이 시기에는 박탈감에 더해져 스트레스가 심해지고 불안감은 커진다. 찬 바람이 부는 벌판에 내버려진 채 어디로 가야 할지 방향감각을 상실하고 헤맨다. 다시는 행복한 시절이 오지 않을 것 같은 부정적 감정이 지배적 감정으로 자리 잡으며, 의욕은 추락을 거듭한다. 인생의 정점을 찍고 정상에서 내려오는 사람의 첫발에 실린 감정이 이럴까 싶다. 가장 먼저 해야 할 일은 부정적 감정을 버리는 일이다.

'이제 내 인생은 끝난 걸까?'

이제껏 누려왔던 행복을 이제는 가질 수 없다고 생각하기보다, 지금까지 행복할 수 있었던 것에 감사하는 마음을 갖자. 누구는 맛보지도 못한 행복을 나는 오랜 시간 즐기고 느끼지 않았던가?

'끝은 습관화된 자신을 버리고 또 다른 자신을 찾아가는 여행의 시작이다.'

행복에 겨워 나태하지 말고 두려움에 사로잡혀 고개 숙이지는 말아야 한다. 끝은 비극적 종말이 아니라 새로운 희망의 출발선이다. 새로운 시작은 늘 불안하지만, 자신을 믿고 용기 있게 시작할 때 미래는 낙관적이

다. 끝에서 느끼는 행복감과 두려움을 빨리 떨쳐낼수록 또 다른 시작은
또 새로운 도전이 된다.

희망봉의 유래

'희망봉'은 남아프리카 공화국 케이프타운에서 남쪽으로 약 48km 떨
어져 있다. 1488년 포르투갈의 항해사 바르톨로메우 디아스Bartolomeu Dias
가 이곳에서 거친 폭풍을 경험하고, '폭풍의 곶(串, Cape)'이라고 명명했다.
뒤이어 포르투갈 왕은 인도로 가는 '새로운 항로의 가능성을 열어준다는
희망'을 담아 희망봉으로 개명했다. 1497년 바스쿠 다 가마Vasco da Gama가
이 곳을 통과하여 인도로 가는 항로를 개척하며, 새 항해의 시대를 열었
다. 희망봉은 역사적으로 유럽과 아시아를 연결하는 해상 무역로의 중요
한 이정표로서 큰 의미를 지닌다. 수에즈 운하가 개통되기 이전 쾌속 범
선 시대에, 희망봉은 '클리퍼 항로Clipper route'의 중간 기항지로서 임무를 수
행했다.

희망봉은 새로운 항로 개척에 대한 기대와 미지의 희망을 반영한다.
유럽인들에게 희망봉은 다른 세계로 들어서는 관문으로 인식되었다. 서
유럽 해안에 머물렀던 배들은 대서양을 떠나 인도양으로 향했다. 희망
봉은 설렘과 두려움을 대변하고 미지의 세계에 대한 인간의 도전 정신을
상징한다. 희망봉을 거치지 않고 인간은 미지의 세계로 나갈 수 없었다.

희망봉이 뱃사람에게는 풍랑을 이겨내고 새로운 시대를 열어준 이정표였듯이, 희망은 고난 속에서도 살아가게 만드는 어둠 속의 빛이다. 희망을 방향 삼으면 새로운 세계로 나갈 수 있다. 우리 마음에도 희망봉이 있다. 희망이라는 곳을 돌면 경험하지 못한 세계에 발을 내딛게 된다. 무한한 가능성으로 채워진 그곳이 바로 우리가 가야 하는 인생의 목적지이다.

불가능한 꿈을 꾸자

혁명가 체 게바라_{Che Guevara}는 별이 새겨진 베레모와 시가_{cigar}로 상징되는 인물이다. 친구와 라틴아메리카를 여행하며, 『모터사이클 다이어리』에서 얻은 경험으로 인생의 전환점을 맞이한 그는 혁명가의 길로 들어섰다. 피델 카스트로_{Fidel Castro}와 함께 쿠바혁명을 이끈 그는 아르헨티나 부에노스아이레스의 중산층 가정에서 태어났다. 대학교에서 의학을 전공하였고, 시인이었으며 사진찍기를 좋아했다.

그는 닥치는 대로 책을 읽는 독서광으로도 유명했는데 총을 멘 그의 한 손에는 책이 들려 있었다. 그는 쿠바에서 피델 카스트로 다음으로 2인자 위치에 있었지만, 약자 위에 군림하지 않고 따뜻한 시선으로 그들을 바라보았다. 휴가 중에는 책만 읽었을 정도로 독서에 진심이었던 그는 '인텔리 혁명가'였으며, 적조차도 인간으로 존중하는 보기 드문 휴머니스트였다.

이념을 떠나, 그가 20세기 가장 완전한 인간으로 평가받는 이유는 제국주의를 거부한 혁명가이기 때문이 아니라, 인류애를 가슴에 품은 지식인이자 행동주의자였기 때문이다. 책은 그의 사상적 기반에 지식을 제공하고 인간 존중을 실천하도록 만든 지적 동반자였다. 그는 현실에 만족하지 않고 기득권까지 포기하며 새로운 길을 찾아 나섰다.

"우리 모두 리얼리스트가 되자.
그러나 가슴속에는 불가능한 꿈을 갖자."

체 게바라의 말처럼, 현실주의자로 살면서도 머리는 늘 깨어있고 가슴은 뜨거워야 한다. 가슴속의 불가능한 꿈은 우리에게 이상이며 가야 할 길이다. 그 길을 따라가면 우리는 변화하면서 가슴에 품은 꿈에 다가설 수 있을 것이다. 각자가 추구하는 것이 공허한 꿈으로 끝나지 않으려면, 현실과 이상 사이의 빈 곳을 끊임없이 채워나가야 한다. 우리가 꾸는 꿈은 저절로 채워지지 않는다.

7가지 핵심 문장

1. 이 순간에 희망이 없다면 지옥을 가지 않았어도 지금 살고 있는 이곳이 바로 지옥이다.

2. 희망을 버리는 것은 삶을 포기하는 것이다.

3. 우리가 겪는 일은 우리에게 필요한 일이다.

4. 삶이 희망적일 때 우리는 고통을 참아내며 이겨낼 수 있다.

5. 불확실한 미래는 두려움이 아니라 새로운 가능성과 기회의 시작점이다.

6. 끝은 비극적 종말이 아니라 새로운 희망의 출발선이다.

7. 불가능한 꿈을 꾸자.

Section 2
좌절하고 포기하면
미래가 없다

두물머리에서 만난 선비

두물머리는 북한강과 남한강이 서로 만나는 지점이라고 해서 붙여진 이름으로 팔당댐 건설로 섬이 된 곳이다. 주변에는 연꽃으로 유명한 세미원과 두물머리의 별미인 연 핫도그, 그리고 강 건너에는 다산 정약용의 생가인 '여유당_{與猶堂}'과 그의 묘가 있다. 사랑채를 여유당이라고 이름 지은 이유는 조심하고 경계하며 살기 위함이다. 강진에서 머물렀던 '사의재_{四宜齋}'도 '네 가지를 올바로 하는 이가 거처하는 집'이라는 뜻을 담고 있다. 그 네 가지는 생각, 용모, 말, 행동이다. 순탄하지 않았던 그의 인생은 그가 머물렀던 거처의 이름에서도 엿볼 수 있다.

정약용은 널리 알려진 대로 유배의 아이콘이다. 조선 시대에는 관리 4명 중 1명이 유배를 갔다. 그들 중에는 범죄자도 있었으나, 대부분은 집권 세력과 뜻을 달리하는 정치범의 성격을 띠었으며, 유배는 이들의 숙청 도구로 쓰였다. 다산도 정치적 갈등에 따른 모함과 천주교 박해로 18

년간 해미, 장기현, 강진에서 귀양 생활을 했다. 위기에 처할 때마다 보살펴 주기도 했던 정조가 갑작스럽게 세상을 떠나자, 그를 지켜줄 바람막이도 함께 사라졌다.

하지만 다산은 유배를 하늘이 준 기회로 생각하고 긍정적으로 받아들였다. 인간 존중의 위민사상을 추구했던 그는 유배 기간에 제자들과 503권의 저서를 집필했다. 팔이 마비되었을 때는 천정에 끈을 매달아 팔을 걸고 글을 썼다. 눈 건강이 나빠져 안경도 착용했다. 동그란 안경을 쓴 모습을 그린 정약용의 한 초상화는 이에 착안하여 사실대로 묘사한 것이다. 왕으로부터 총애를 받던 촉망받는 관리에서, '폐족(廢族, 자손이 벼슬을 못함)'으로 전락하여 유배 생활을 한 개인사는 안타깝지만, 조선 인문학의 수준을 한 차원 높인 것은 나라의 행운이었다.

우리나라 표준영정 1호가 충무공 이순신, 2호가 세종대왕, 3호가 다산 정약용이라는 사실을 아는 사람은 많지 않다. 유배가 없었다면, 유배에 좌절하고 현실을 부정하였다면, 정약용의 학문적 업적은 존재하지 않았을 것이다. 다산은 좌절하지 않고 어떤 삶을 살아야 하는지를 행동으로 보여준 조선의 실천적 지식인으로, 우리 가슴속에 살아 숨 쉬고 있다.

금신전선 상유십이

조선 수군은 임진왜란과 정유재란 중에 칠천량해전에서 유일하게 패배를 당했다. 수군이 괴멸되자 조선의 조정은 바다를 포기하고 수군을 육군이 통합하라는 명령을 내렸다. 하지만 이순신은 수습된 잔여 병력으로 명량에서의 일전을 각오하고, 선조 임금에게 장계(狀啓, 왕에게 하는 보고)를 올리며 전투의지를 밝혔다.

"지금 신에게는 아직도 12척의 배가 남아 있습니다. 비록 전선의 수는 적지만 신이 죽지 않는 한 적은 감히 우리를 업신여기지 못할 것입니다."

'금신전선 상유십이今臣戰船尚有十二'는 여기에서 나온 말이다. 이순신은 명량해전에서 10:1이라는 수적 열세를 극복하고 승리했다. 조선은 명량해전으로 전세를 뒤집으며 제해권을 되찾았다. 백의종군 뒤에 삼도수군통제사로 복직한 그는 전쟁을 피할 생각이 없었고, 져서도 안 되는 해전이었기 때문에 죽을 각오로 싸웠다. 명량해전 전날 병사들에게 "반드시 죽고자 하면 살고 반드시 살고자 하면 죽는다."라고 말하며 결의를 다졌다.

내가 가진 것이 없다고 느껴지고 다시 일어설 수 없을 것 같은 의구심이 들 때, 이순신 장군처럼 나에게는 아직도 12척의 배가 있다고 생각하자. 12척의 배는 나 자신과 내 능력, 인적자산, 지식 등 내가 갖고 있는 유무형의 모든 자산을 말한다. 더 이상 물러설 곳이 없으면 잃을 것도 없다. 어려울 때일수록 처음부터 다시 시작한다는 마음과 좋은 날이 꼭 온다는 희망을 안고 살아야 한다. 죽을 각오로 위기에 맞선다면 극복하지 못할 것도, 이루지 못할 것도 없다.

오늘을 포기하면 내일이 없다

계획했던 일을 하다 보면 뜻대로 되지 않고 변수가 발생하는 위기가 찾아온다. 시작은 자신만만했는데 현실은 생각 같지 않아 당황하고, 의외의 변수들로 일의 진행이 지지부진하면 '그만둘까?'라는 생각이 든다. 웨이트 트레이닝을 하면 근육이 찢어지는 아픔을 겪고, 머리 쓰는 일이면 머릿속의 수분이 모두 빠져나가 마른 수건을 쥐어짜는 고통을 느낀다. 포기하기 위한 명분 찾기가 시작되고 자기합리화와 타협의 시간이 찾아온다. 내 안에 있는 또 다른 나와의 싸움이 벌어진다.

포기를 찬성하는 자아는 이렇게 말한다.
'할 만큼 했어. 더 끌고 가는 건 나를 해치는 일이야. 그만하고 다른 길을 찾아보자.'
포기를 거부하는 자아는 자신을 옹호하고 파이팅을 외친다.
'항상 고비는 왔어. 이 일을 끝내면 나는 다른 사람이 되어 있을 거야. 계속하자.'

상황에 따라 포기가 정답일 수 있고, 포기하지 않는 것이 정답일 수도 있다. 끝맺음이 계획한 결과를 내기 어렵다고 판단하면 쏟아부은 노력이 아깝더라도 포기해야 하고, 결과가 고통스러운 과정을 상쇄하고도 남는다면 포기하지 않아야 한다. 중간에 포기하는 것이 반드시 나쁜 선택이라고 말할 수 없지만, 포기를 하려면 초반에 포기해야 들어간 노력과 시간의 손실을 최소화할 수 있다. 일의 마무리 단계에서 포기하면 손해가

클 뿐만 아니라 심리적으로 받는 타격도 작지 않다.

포기하지 않아야 하는 경우는 결과가 과정의 고통과 노력을 상쇄할 만한 가치를 가질 때다. 그 가치가 물질적이든 정신적이든 어떤 것이라도 상관없다. 그 가치를 포기하는 것은 중간에 포기하는 것보다 더 큰 고통을 남긴다. 무엇을 포기하는 순간, 지금의 고통은 사라지고 그렇게 편할 수가 없다. 그렇지만 포기하면 내일이 더 나아지지는 않는다는 사실도 잘 알고 있다. 그것이 고통 때문에 포기할 수 없는 가장 큰 이유일 것이다.

모두가 다 승자일 수는 없다

승자는 환호하고 패자는 침묵한다.
환호는 경박하고 침묵은 비장하다.
하지만
승자는 겸손하고 패자는 인내하며,
겸손은 존경받고 인내는 길지 않다.

인생에서 모두가 다 승자일 수는 없다. 또한 영원한 승자도, 패자도 존재하지 않는다. 승자가 패자가 되고 한 때의 패자가 승자로 올라서기도 한다. 승자가 누리는 시간과 패자가 인내하는 시간은 승패를 바꾸는 또 다른 시작이다.

승리의 시간에 취하면 패자가 되는 일은 멀지 않고, 패자의 비장함은 승자가 되는 시간을 짧게 만든다. 승자는 겸손하고 패자는 희망을 품을 때 승패를 떠나 모두 승자가 된다. 지금 승리하고 패배할지라도, 결과를 마주하는 각자의 태도는 또 다른 승부의 밑거름으로 뿌려진다.

'승자는 포기한 적 없는 한 때의 패자일 뿐이다.'

실패를 대하는 자세

실패라는 단어는 무엇인가 시도하고 노력했던 사람만이 쓸 수 있는 말이다. 시도조차 하지 않는 사람이 사용할 일은 없다. '실패는 시도해 본 사람만이 가지는 아픈 흔적이다.' 아픔이 반복되어 무뎌질 때가 되면 더 이상 실패라고 하지 않고 좋은 경험했다고 말한다. 하는 일마다 성공하는 기적은 일어나지 않는다. 농구에서 자유투를 100% 성공시키는 선수는 없다. 축구에서 슈팅할 때마다 골을 넣는 선수도, 티삿마다 홀인원을 기록하는 골프선수도 없다.

실패를 경험하면서 성공 방정식을 배우고 승률을 높여 나간다. 실패에서는 교훈을 배우고, 성공에서는 겸손을 배운다. 항상 성공하지 않는 것은 한 번의 성공에 자만하지 말고 끊임없이 노력하고 도전하여, 성공이 운이 아니라 실력이었다는 것을 증명하라는 뜻은 아닐까? 실패는 종말을 의미하지 않는다.

'실패도 예상하지 못한 하나의 성공 전략이다.'

시행착오라고 생각했던 일들이 지나고 나면 성공을 향해 가던 하나의 계단이었다는 사실을 알게 된다. 끝까지 포기하지 않는다면 지금의 실패는 실패가 아니라 성공으로 가는 계단의 하나일 뿐이다. 철저히 준비한다고 해도, 계획이 생각대로 진행되어 성공에 이르지 않는다. 실패가 찾아오더라도, '오랜만이네?'라고 생각하며 대수롭지 않게 받아넘길 정도의 자신감과 여유를 갖자. 인생은 성공의 연속이 아니라 실패의 연속이다. 실패 비용을 줄이고 성공 확률을 높이는 것이 진짜 실력을 얻는 방법이다.

주저앉지 않고 다시 일어서기

아이는 넘어지고 나서도 또다시 위태롭게 일어선다. 두 발로 서서 걷기까지 몇천 번 넘어지기를 반복한다. 하지만 어른인 내가 고작 몇 번 넘어지고 일어서지 못한다면, 어린 나이에도 좌절하지 않았던 나에게 미안한 감정이 들지는 않을까? 넘어지고 일어서기를 반복하면 다치지 않게 넘어지는 방법도 터득한다. 일어서기까지 수없이 넘어지는 것은 예정된 훈련일 뿐이다. 시간이 지나 힘과 균형을 갖추면 나는 어느새 넘어지지 않고 설 수 있게 된다.

넘어져도 주저앉지 않고 다시 일어선다면 나는 제대로 사는 것이다. 일어설 수 있다는 희망의 끈은 나를 일으켜 세우는 보이지 않는 생명줄이다. 넘어져서 일어나지 않는다면 가던 길을 더 이상 갈 수가 없다. 목표가 사라지지 않는 한 넘어지더라도 일어서야 한다. 실패는 목적지로 가는 기찻길의 간이역일 뿐이다. 목적지를 잊은 채 영원히 간이역에서 머물 것인가? 아니면 다시 갈 길을 갈 것인가.

우리는 넘어지지 않는 사람에게는 부러움의 시선을 보내고, 넘어지고 일어서는 사람에게는 박수를 보낸다. 박수받는 사람이라면 지금 내세울 것이 없더라도 남부러울 게 없다. 다시 일어설 수 있는 패기와 끈기는 언젠가 빛을 낼 것이기 때문이다. 넘어진 것이 끝났음을 의미하지는 않는다. 일어설 마음을 버렸을 때가 끝난 것이다. 넘어져도 무심한 듯 먼지를 털고 다시 일어나는 것이 지금 내가 해야 할 일이다. 내가 아기였을 때처럼.

어려운 인생길

行路難 (행로난) 行路難 (행로난)
多岐路 (다기로) 今安在 (금안재)
長風破浪會有時 (장풍파랑회유시)
直挂雲帆濟滄海 (직괘운범제창해)

인생길이 어렵구나. 인생길이 어려워.
갈림길이 많으니, 지금은 어디에 있는가?
큰바람을 타고 물결을 헤쳐 나갈 날이 오면

구름 같은 돛 달고 넓은 바다를 건너리라.

이 시는 이백의 「행로난」이다. 이백의 말대로 인생은 어렵다. 「행로난」은 이백이 당나라 현종에게 중용되지 못하고, 관리로부터도 견제받아 장안(長安, 당나라 수도)을 떠난 후에 지은 시라고 한다. 이백은 자신의 꿈을 펼치지 못하고 마음속에 울분을 품은 채 방황하고 있었다. 그렇지만 언젠가는 때가 올 것이라고 믿으며, 그때는 자신의 능력을 마음껏 펼치겠다는 포부를 말하고 있다. 이백은 세상을 한탄하면서도 재기의 의지를 버리지 않았다.

「행로난」은 미·중 정상외교에서 인용되며 널리 알려졌다. 일부에서는 두 나라 간의 대립과 갈등을 인생길의 어려움에 비유하여 표현했다고 한다. 인생길이 험난하기는 그 시대나 지금이나 다를 것이 없다. 사람들은 도로 표지판이 없는 길에서 어디로 가야 할지 방황하기도 한다. 좌절을 겪고 세상이 끝난 것처럼 느껴지더라도, 때가 오기를 기다리며 준비하면, 언젠가는 넓은 바다를 건너고 하늘을 날아 자신의 능력을 뽐낼 날이 있을 것이다. 쉽지도, 단순하지도 않기 때문에 인생길은 어려운 것이다.

우리는 '그럼에도 불구하고' 산다

길은 육지에만 있지 않고 바다와 하늘에도 길은 있다. 육지에는 아스팔트나 시멘트로 포장된 길이 있고, 자갈, 자연 그대로의 흙으로 만들어진 비포장길도 있다. 노면이 고르지 않아 덜컹거린다고 해도 길은 길이다. 바닷길은 잔잔하다가도 파도가 치고 빙산이 떠다니며 뱃길을 막는 일도 생긴다. 하늘길이라고 탄탄대로는 아니다. 번개구름 속을 지나가기도 하고 난기류를 만나 추락할 것처럼 요동치기도 한다. 어디에도 순탄한 길은 없다.

인생의 길에도 바람 잘 날 없기는 마찬가지다. 행운과 불운은 반복된다. 아무 일 없다가도 예기치 않은 일은 우리를 힘들게 하고, 변덕스러운 일상에 지친 삶은 고달프다. 삶이 평탄하기를 기대한다면 강물이 거슬러 흐르기를 바라야 한다. '험난한 길을 헤쳐 나가는 것이 인생의 본질이다.'

인생에 결과만 있고 과정이 없다면 삶이 무슨 의미가 있을까? 무엇보다 삶이 평탄하면 인생이라는 항해의 재미가 줄어든다. 고통스러울 때는 참기 어려워도, 고통을 벗어나기만 하면 현실은 살만한 곳으로 바뀐다. 어느 순간 행운이 찾아오고 나를 괴롭혔던 불운은 기억 속에 파묻혀 잊힌다. 변화 없이 단조로운 인생만큼 불행한 인생도 없을 것이다. 불운도, 행운도 삶의 끈을 연결하는 한 조각이다.

'인생은 롤러코스터를 타는 것과 같다.'
공포와 희열이 교차하며 땅속으로 추락하다가도 이내 땅 위로 치솟아 오른다. 바람이 불면 부는 대로 바람결에 따라 움직이며 리듬을 타고 살아야 한다. 강풍이 불 때도 있고 봄바람처럼 미풍이 불어오는 날도 있다. 인생에 무슨 일이 일어날지 알 수 없다. 그럼에도 불구하고 우리가 살아야 하는 이유는 삶이 계속되어야 하고, 어려움이 지난 뒤에는 드라마틱한 반전이 기다리고 있기 때문이다.

Unstoppable

I put my armor on, show you how strong how I am

I put my armor on, I'll show you that I am

I'm unstoppable

I'm a Porsche with no brakes

I'm invincible

Yeah, I win every single game

I'm so powerful

I don't need batteries to play

I'm so confident, yeah, I'm unstoppable today!

〈Unstoppable〉은 호주 가수 시아Sia가 부른 노래다. 이 노래는 제목이 말해주듯이, '나를 막을 수 있는 건 아무것도 없다.'라는 강인함과 자존감, 자신감을 불러일으켜 많은 사람으로부터 동기부여 음악으로 사랑받고 있다. 가사 속의 Porsche with no brakes, invincible, powerful, confident 같은 단어나 문장이 주는 강한 메시지는 의지를 불타오르게 한다. 지치고 힘들 때 주저앉고 싶더라도, 이 노래는 위태로운 마음을 다잡아 주고 다시 일어설 수 있는 용기를 불러온다.

살아있는 한 멈춰서도 안 되고 멈출 수도 없다. 갑옷으로 무장하고 내가 얼마나 강한지도 보여줘야 한다. 힘들어도 굴복하지 않고 자신감 넘치는 에너지로 브레이크 없는 질주가 필요할 때도 있다. 성공하기 전까지 누구도 나의 이야기에 신경 쓰지 않는다. 성공한 사람의 말은 진리이고 명언이며, 사람들은 그제야 나의 말에 귀를 기울인다. 성공하는 그날을 위해서는 내가 원하는 그곳에 가기까지 절대로 멈추지 않아야 한다.

"I'm unstoppable today!"

7가지 핵심 문장

1. 결과가 고통스러운 과정을 상쇄하고도 남는다면 포기하지 않아야 한다.

2. 승자는 포기한 적 없는 한때의 패자일 뿐이다.

3. 실패는 시도해 본 사람만이 가지는 아픈 흔적이다.

4. 실패에서는 교훈을 배우고, 성공에서는 겸손을 배운다.

5. 넘어진 것이 끝났음을 의미하지는 않는다. 일어설 마음을 버렸을 때가 끝난 것이다.

6. 험난한 길을 헤쳐 나가는 것이 인생의 본질이다.

7. 살아있는 한 멈춰서도 안 되고 멈출 수도 없다. "I'm unstoppable today!"

Section 3
불확실한 시대를 사는
강한 멘탈

누군가에게 일어나는 일은 누구에게나 일어날 수 있다

다른 사람에게 일어나는 일이 지금은 남의 일이라도, 언젠가는 나에게도 일어날 수 있다. 사는 동안 필연적으로 다양한 사건, 사고를 경험한다. 나에게 일어난 일이 누군가에게도 일어나고, 누군가에게 일어난 일은 결국 나에게도 닥칠 수 있다. 타인의 불행을 강 건너 불구경하듯 보아서는 안 되며, 언젠가 자신도 같은 일을 당하게 될 수 있다는 생각으로 한편으로는 경계하듯 살아야 한다.

'설마 저런 일이 나한테 일어나겠어?'

행운에 취하여 자신에게는 어떤 불행한 일도 일어나지 않을 것이라는 오만한 태도는 오히려 불행을 불러들인다. 로마의 철학자, 정치가였던 루키우스 안나이우스 세네카 Lucius Annaeus Seneca 는 말했다. "누군가에게 일어나는 일은 누구에게나 일어날 수 있다."

잔잔한 일상은 영원하지 않다. 누군가와의 이별로 마음 아픈 일이 생기고, 도로를 지나가다 싱크홀을 만나 땅속에 추락하는 일도 발생한다. 딴짓하던 운전자의 차량이 신호대기 중인 보행자를 덮칠 때도 있다. '마른하늘에 날벼락' 같은 일은 남의 일이 아니라 나에게도 일어날 수 있는 일이다. 나에게 발생하지 않을 것만 같았던 일들이 실제로 발생하면 삶은 위기를 맞는다. 지금 누리고 있는 것들이나, 사건, 사고 없는 일상이 내일도 지속된다고 말할 수 없다. 반갑지 않은 일들이 자신만을 피해 가지는 않는다. 누군가에게 일어나는 일은 나에게도 숙명처럼 다가온다.

인간의 능력으로 막을 수 없고 예측할 수 없는 일들이 너무나 많다. 생로병사는 누구에게나 발생하는 일이며, 예기치 않은 사고나 자연재해가 언제, 어디에서 발생할지도 알 수 없다. 이런 생각을 하면 평온한 일상에 감사하는 마음이 저절로 생긴다. 하지만 언젠가는 나에게도 닥칠 수 있는 일에 최소한의 준비는 되어 있어야 한다. 대비한 만큼 생존 가능성은 높아지고 피해는 줄어든다.

평정심은 삶의 중심이다

사는 것이 순탄하지 않다. 파도에 바닷물이 일렁이듯이, 사람의 감정도 인생의 파도에 맞춰 요란스럽다. 기쁨과 슬픔, 희망과 절망, 용서와 분노, 즐거움과 괴로움이 항상 공존하며 교차하기를 반복한다. 어느 날은 살만하다고 느끼다가도, 또 어느 순간은 삶의 의욕이 꺾여 감정에 바람 잘 날이 없다. 호수처럼 잔잔하고 태풍이 지나간 바다처럼 고요한 평화의 시간은 길지 않다.

에피쿠로스_{Epicurus}학파의 최고 가치인 '아타락시아_{ataraxia}'는 마음의 평정, 마음 소란 부재, 혼란으로부터의 자유를 말한다. 세상이 요동쳐도 마음은 늘 평온을 유지해야 한다. 감정의 기복을 줄여라. 순간의 기분에 휩싸여 세상을 다 얻은 것처럼 우쭐대지도 말고, 세상이 무너진 것처럼 좌절하지도 마라. 좋은 일이 생기면 경계하고, 나쁜 일이 생기면 성찰의 기회로 생각해야 한다.

사람들은 실력이 아니라 평정심을 잃어 다된 일을 망친다. 흥분을 가라앉히지 못하여 사소한 문제를 키우고, 때로는 실패에 의기소침해져 할 수 있는 일도 해보지 않은 채 포기한다. 잠깐의 행운이나 지나가는 불운에 휘둘리지 말고, 항상 지나치지도, 부족하지도 않은 태도로 중심을 잡고 있어야 한다. 교만을 멀리하고 겸손을 가까이하여 마음의 파도를 가라앉혀야만, 삶이 흔들리지 않고 흐트러짐이 없다. 현실을 극복하는 일은 거대한 힘이 아니라 마음의 평정으로부터 시작한다.

무엇을 얻으려면 조바심을 버려라

아침에 늦게 일어나 출근을 서두르면 빠뜨리고 오는 물건들이 종종 있다. 스마트 폰이나 태블릿 PC를 챙기지 못해 사무실에 가까워서야 '아!' 하는 탄식과 함께 기억이 소환된다. 자가용 운전자라면 출근 시간에 늦지 않으려고 조급한 마음에 속도를 올린다. 조급함의 결과로 과속 신호 단속카메라에 찍힌 번호판 사진과 함께 범칙금 고지서가 날아온다.

사실 급하게 서둘러도 의미 있게 시간을 단축하지 못하지만, 조급한 마음이 행동을 재촉한다. 누구나 여러 개의 물건을 한꺼번에 옮기려다 중심을 잃고 물건을 떨어뜨린 경험이 있다. 사람의 마음을 빨리 얻고 싶은 조바심도 오히려 관계를 망친다. 이렇듯 시간을 줄이려는 갖가지 노력이 때로는 재앙을 불러온다. "급할수록 돌아가라!"라는 말이 뼈저리게 느껴질 때는 이미 불행한 일이 발생한 후일 것이다.

로마의 초대 황제 아우구스투스Augustus가 즐겨 쓴 말은 '페스티나 렌테 festina lente', 즉 "천천히 서두르라."였다. 형용모순의 이 말은 신중하지만 민첩해지라는 뜻이다. 『손자병법』에 나오는 '풍림화산風林火山'도 "바람처럼 빠르게, 숲처럼 고요하게, 불길처럼 맹렬하게, 산처럼 묵직하게"라는 뜻으로, 같은 의미가 있다.

아이러니하게도 서두르지 않는 것이 빠르게 가는 방법이다. 늦어서 서두른다고 일이 마음처럼 빨리 진행되지 않는다. 급한 마음에 무리수까지 두게 되어서 일은 더 복잡하게 얽힌다. 늦으면 늦은 대로 서두르지 않고 바른길로만 가도 결과는 나쁘지 않다. 조급할수록 마음의 여유를 잃지 않아야 한다. 실수를 줄이고 원하는 일을 성공시키는 비결은 서두르는 것이 아니라 조바심을 버리는 것이다.

시련은 누구에게나 온다

스칸디나비아 속담에 이런 말이 있다.

"북풍이 바이킹을 만들었다."

바이킹 Viking 은 지금의 노르웨이, 스웨덴, 덴마크가 위치한 스칸디나비아반도와 유틀란트반도를 본거지로 하여, 북해, 발트해, 지중해, 흑해, 대서양을 약탈과 무역으로 지배하던 북게르만계 노르드인들을 가리키는 명칭이다. 그들은 항해술의 천재였으며, 8~11세기에 걸쳐 북유럽은 물론 그린란드, 북아메리카 동부까지 진출하여, 신항로 개척 시대인 '대항해시대'보다 앞서 바다의 지배자였다.

바이킹은 북해의 혹독한 자연에 맞서며 성장했다. 그들에게 거친 바다는 재앙이 아니라 정복할 대상이었고 바다를 디딤돌로 삼아 영역을 확장해 나갔다. 거친 자연이 바이킹을 만든 것처럼, 시련은 성장할 기회이며 이를 통해 인내와 겸손한 마음도 함께 배울 수 있다. 삶을 진지하게 대하는 태도를, 성공이 아니라 어려운 시기를 거치면서 터득한다.

고통스러운 단련의 시간이 지나면 성장과 성공의 순간이 기다리고 있다. 시련은 사람을 가리지 않고 찾아오지만, 이를 성장의 발판으로 생각하고 긍정하는 마음으로 맞는다면 한 단계 도약할 수 있는 계기가 된다.

"시련으로 흔들리는 배에 몸을 맡겨라! 거센 파도는 요람이고, 강한 바람은 성장동력이다."

어려운 일이 닥쳤을 때

스토아_{Stoa} 철학자였던 로마의 황제 마르쿠스 아우렐리우스_{Marcus Aurelius}는 이렇게 말했다.

"어떤 일이 네가 해내기에 어려운 일이라는 것을 알았을 때, 그 일을 다른 사람도 해낼 수 없을 것으로 생각하지 말고, 그 일은 인간이 해낼 수 있는 일이기 때문에 너는 그 일을 해낼 수 있다고 생각하라."

일이 생겼을 때의 대처 방식은 사람마다 다르다. 쉬운 일이 닥쳤을 때는 누구나 할 수 있지만, 어려운 일이라면 해결하는 사람도 있고 포기하는 사람도 있다. 해결하는 사람 중에는 법과 규정의 테두리 안에서 해결하는 사람이 있고, 편법을 써서 잘못된 방식으로 풀어내는 사람도 있다. 당연히 올바른 방식으로 일을 해결해야만 결과의 정당성을 확보할 수 있다.

어려운 일이라도 사람이라면 해낼 수 있다는 마음으로 접근하면, 처음엔 불가능하다고 생각했던 것도 가능한 일로 바뀐다. 가능성이 보이면 적극적으로 방법을 찾게 되고, 문제를 다루는 과정에서 문제해결 능력을 키워나갈 수 있다. '다른 사람도 해내는 일을 내가 해내지 못한다면 자신에게 부끄럽지 않을까?' 남들은 감히 생각 못 하는 일까지 해낸다면 최고가 되겠지만, 최소한 인간이 감당할 정도의 일이라면 어려운 일이라도 해내야 한다.

어려운 일이 생겼을 때 문제해결에 실패하는 가장 큰 이유는 문제의 핵심을 파악하지 않고, 문제의 겉모습에 짓눌려 불가능하다고 빠르게 상황을 종결하려는 심리가 작용한 탓이다. 인내를 갖고 문제를 분석하면 해결책이 보인다. 하지만 그 기회조차 포기하고, 스트레스의 원인인 미결상태를 빨리 해소하려는 욕구가 비합리적인 결정을 재촉한다.

"끝날 때까지 끝난 게 아니다."

뉴욕 양키스의 요기 베라Yogi Berra가 한 말처럼, 결과가 나오기 전까지 포기해서는 안 된다. 끊임없이 발생하는 문제는 사람들이 포기하기를 기다리지 않고, 해결하기를 기다린다. 때로는 문제 속에 해답이 숨어있을 때도 있다. 무엇보다 끈기 있게 문제를 살펴보는 것이 중요하다. 또한 내가 해결하지 못하면 누구도 풀지 못할 문제라고 단언할 수 있어야 한다. 그것이 앞에 놓인 문제를 대하는 올바른 자세일 것이다.

두려움은 맞설 때 사라진다

두려움은 피할수록 커지고 도망치는 자의 뒷덜미를 잡는다. 두려움의 실체를 알지 못해서 발생하는 불안이 공포를 불러온다. 두려움은 살아 꿈틀거리며 산에 불이 번지듯 마음과 몸에 나쁜 영향을 미친다. 과도한 두려움은 '불안장애anxiety disorder'와 같이 정신뿐만 아니라 혈관 질환처럼 신체에도 비정상적인 반응을 일으킨다. 하지만 내용을 들여다보면, 감당할 수준의 불안을 두려움으로 인식하고 겁에 질려 있는 자신을 발견하게 된다.

우리는 막연한 두려움 앞에 겁을 먹는다. 길을 가다가 땅끝에 아무것도 보이지 않으면 낭떠러지라고 생각하지만 얕은 언덕이고, 깊은 강으로 생각하고 건너기를 주저하지만 무릎도 차지 않는 깊이에 허탈해진다. 한스 로슬링Hans Rosling은 "우리의 마음이 두려움에 사로잡혀 있을 때 사실을 위한 공간은 없다."라고 말했다. 우리가 해야 할 일은 공포에서 벗어나 사실에 근거하여 근본 문제를 해결하는 데 집중하는 것이다.

두려움 앞에서 긍정론자는 최선을 생각하고 부정론자는 최악을 생각한다. 그 중간에 서서 두려움을 바라보면 지금 어떤 마음으로 무엇을 해야 할지를, 나를 공포에 가두었던 그 존재가 알려준다. 두려움에 눈 감으면 아무것도 해결되지 않는다. 두려움에 과감히 맞설 때 나를 괴롭혔던 괴물의 굴레에서 벗어날 수 있다.

위기일수록 침착하고 대담해져라

불안이 느껴질 때, 몸은 위기 상황으로 인식하고 '교감신경sympathetic nerve'이 작동한다. 자율신경autonomic nervous 중 교감신경은 위기에 대응하고 방어하는 역할을 담당한다. 심장박동이 빨라지고 호흡은 급해진다. 이처럼 교감신경은 위급한 상황에 대처할 수 있도록 몸을 최적화된 상태로 세팅한다. 하지만 교감신경이 활성화되어 최고조에 이르면, 인간은 냉정을 잃고 정신은 혼돈상태에 이른다. 막다른 길에서 맹수를 만났다고 생각하면 이해하기가 쉬울 것이다. 따라서 자율신경 체계를 극복하고 위기에서도 침착할 수 있는 심장을 갖는 일은 대단히 어렵다. 그렇지만 위기 극복의 열쇠가 침착함에 있다는 데는 모두가 동의할 것이다.

침착할 수 있다는 말은 위기 상황을 이성의 통제 아래 두고 냉정하게 현상을 파악한다는 의미다. 위기 상황에 흥분하는 일은 침착함의 최대 적이다. 침착하려면 잠시라도 흥분된 상황으로부터 물리적, 정신적 도피가 필요하다. 흥분된 장소나 상황에서 벗어나고 머릿속에 다른 생각을 일으켜, 흥분되는 감정을 분리하고 잠재워야 한다.

또한 위기 상황에서는 침착과 더불어 대담해져야 한다. 위기가 찾아오면 본능적으로 소극적인 방어 자세를 취하지만, 위기에 맞먹는 대담한 마음으로 태도 전환이 가능하다면 위기를 극복할 수 있다. 위기는 나약한 마음에는 저항하고 강한 마음에는 굴복한다. 위기에서 벗어나는 길은 감정적 대응이 아니라 침착한 이성적 판단과 대담한 행동에 있다. 우리가 저지르는 실수의 대부분은 일차적으로 흥분을 잠재우지 못하는 것과 이차적으로는 소심한 마음에 기인한다. 따라서 침착함과 대담함은 위기를 극복하는 가장 강력한 수단이 된다.

나이아가라 증후군에 대비하라

인생은 한 치 앞도 알 수 없어, 미래에 닥치는 일은 언제나 사람의 인생을 극적으로 만든다. 비상이라면 더할 나위 없지만, 추락은 끔찍한 일이다. 계획적으로 살지 않으면, 평온한 일상을 깨고 나락奈落으로 떨어지는 일들은 언제나 우리에게 닥칠 수 있다.

우리는 때로 아무런 계획도 없이 강물에 뛰어든다. 물을 따라 흘러가다 어느 순간 굉음처럼 들리는 폭포 소리에 놀라 눈을 뜨고, 대처할 시간도 없이 허둥대다 폭포 아래로 떨어진다. 삶에 이끌려 수동적으로 살면, 필연적으로 오는 위기에 아무런 저항도 못 하고 굴복하는 일들이 발생하는데, 이것을 '나이아가라 증후군The Niagara Syndrome'이라고 한다. 강물에 몸을 맡기고 떠내려가다 나이아가라 폭포가 눈앞에 나타나는 상상을 해보자. 폭포 아래로 떨어지는 공포는 심장을 얼어붙게 만들고 공황 상태, 패닉을 불러온다. 폭포라는 위기 앞에서, 계획도 없이 능동적으로 살지 않았다고 후회할 시간은 너무 짧다.

인생은 잔잔히 흐르는 강물이 아니라 급류, 폭포를 겪어야 하는 생존의 과정이다. 대책도 없이 강물에 뛰어들면 폭포라는 위기를 만났을 때 할 수 있는 일이라고는 아무것도 없다. 인생에서 감정적(좌절), 신체적(질병), 사회적(명예, 관계 훼손), 경제적(재정, 파산) 추락이라는 폭포를 피하는 방법은 계획적이고 준비된 삶이다. 사소한 일에 치여 정작 중요한 것들을 잊고 살지는 않았는지, 자신의 삶을 되돌아보고 예기치 않은 추락에 대비해야 한다.

앞으로 무엇을 어떻게 할지 고민하고 계획적으로 행동하지 않는다면, 언제라도 인생의 나이아가라 폭포를 만날 수 있다. 위기의 나이아가라 폭포는 곳곳에 숨어있다. 인생의 추락을 겪지 않으려면 위기를 예측하고 예방하는 수밖에 없다. 그것이 다른 것에 우선하여 가장 먼저 해야 할 일이다. 폭포에 다다른 순간에 떨어지지 않으려고 아무리 발버둥을 쳐도, 추락을 피해 가는 기적은 일어나지 않는다.

IF

조지프 러디어드 키플링(Joseph Rudyard Kipling, 1865~1936)

만일 네가 모든 걸 잃었고 모두가 너를 비난할 때

너 자신이 머리를 똑바로 쳐들 수 있다면

만일 모든 사람이 너를 의심할 때

너 자신은 스스로를 신뢰할 수 있다면

만일 네가 기다릴 수 있고

또한 기다림에 지치지 않을 수 있다면

거짓이 들리더라도 거짓과 타협하지 않으며

미움을 받더라도 그 미움에 지지 않을 수 있다면

그러면서도 너무 선한 체하지 않고

너무 지혜로운 말들을 늘어놓지 않을 수 있다면

만일 네가 꿈을 갖더라도 그 꿈의 노예가 되지 않을 수 있다면

또한 네가 어떤 생각을 갖더라도

그 생각이 유일한 목표가 되지 않게 할 수 있다면

그리고 만일 인생의 길에서 성공과 실패를 만나더라도
그 두 가지를 똑같은 것으로 받아들일 수 있다면
네가 말한 진실이 왜곡되어 바보들이 너를 욕하더라도
너 자신은 그것을 참고 들을 수 있다면
그리고 만일 너의 전 생애를 바친 일이 무너지더라도
몸을 굽히고서 그걸 다시 일으켜 세울 수 있다면

한 번쯤은 네가 쌓아 올린 모든 걸 걸고 내기를 할 수 있다면
그래서 다 잃더라도 처음부터 다시 시작할 수 있다면
그러면서도 네가 잃은 것에 대해 침묵할 수 있고
다 잃은 뒤에도 변함없이
네 가슴과 어깨와 머리가 널 위해 일할 수 있다면
설령 너에게 아무것도 남아 있지 않는다 해도
강한 의지로 그것들을 움직일 수 있다면

만일 군중과 이야기하면서도 너 자신의 덕을 지킬 수 있고
왕과 함께 걸으면서도 상식을 잃지 않을 수 있다면
적이든 친구든 너를 해치지 않게 할 수 있다면
모두가 너에게 도움을 청하되
그들로 하여금 너에게 너무 의존하지 않게 만들 수 있다면
그리고 만일 네가 도저히 용서할 수 없는 1분간을
거리를 두고 바라보는 60초로 대신할 수 있다면
그렇다면 세상은 너의 것이며

너는 비로소 한 사람의 어른이 되는 것이다.

이 시는 노벨문학상을 받은 영국의 시인 조지프 러디어드 키플링이 12살 아들에게 썼다고 알려졌다. 아들을 격려하는 아버지의 간절한 바람이 시에 담겨있다. 어린 아들이 시의 내용을 온전히 이해했을 리는 없다. 이 시는 아마도 성인이 되어 있을 아들이, 또는 자기 자신이 뜻을 마음에 새기면서 살아가라는 당부의 말이자 다짐이었을 것이다.

살면서 모든 것을 다 잃더라도, 자신을 일으켜 세우고 다시 시작할 수 있다면, 삶은 아직 끝나지 않은 것이다. 강한 의지로 거센 파도에도 흔들리지 않는 바위가 되고, 의기소침하지 않으며, 너 자신을 믿을 수 있다면, 세상은 곧 너의 것이 된다. 세상을 움직이는 것은 자신의 의지다. 이 시가 들려주는 마음가짐으로 현실과 마주한다면, 두려움을 극복하고 당당하게 맞설 수 있을 것이다.

회복탄력성의 민감도를 높여라

'회복탄력성$_{resilience}$'은 실패나 부정적인 상황을 극복하고, 원래의 안정된 심리 상태를 되찾는 성질이나 능력이다. 탄력적이라는 것은 용수철처럼 튀거나 팽팽하게 버티는 힘 또는 상황에 따라 알맞게 대처하는 것을 말한다. 탄력성은 변화에 대한 민감도를 뜻한다. 따라서 회복탄력성은 회복에 대한 민감도라고 할 수 있다.

회복탄력성에서 말하는 탄력성은 '원상 회복력'이다. 손으로 누른 용수철에서 손을 떼면 모양이 원래대로 복원된다. 물체가 복원력이 없으면 눌린 상태로 있게 되는데, 사람도 좌절이나 절망 상태가 회복되지 않으면 패배 의식에 젖어 의욕을 잃은 상태가 지속된다. 살아가는 동안, 사업 실패, 입시 실패, 취업 실패, 연애 실패 등, 실패할 일은 언제든지 일어날 수 있다. 이별, 불화, 해고와 같이, 인간의 정신을 무너뜨리는 충격적인 일은 불안과 공포를 부른다. 하지만 정신적 충격이 정신의 패배로 이어져서는 안 된다. 시간이 지나면 더디더라도 낙담과 좌절에서 회복하고, 붕괴한 멘탈을 바로잡아 다음을 준비해야 한다.

당나라 역사서인 『당서』에 '승패병가지상사勝敗兵家之常事'라는 구절이 있다. '전쟁을 치르는 사람에게 이기고 지는 일은 흔한 일'이라는 뜻으로, 전쟁뿐만 아니라 삶에서도 승패는 늘 있는 일이다. 실패나 부정적인 상황을 극복하지 못하고 주저앉는다면 영원히 패배하는 것이다. 회복탄력성은 육체와 정신이 건강하고 호혜적관계를 바탕으로, 유연한 사고와 뚜렷한 목표 의식, 그리고 긍정적 시각을 가질 때 복원력에 대한 민감도가 높아진다. 끝없이 배우고 자기성찰을 통해 내적 성장을 이루지 못하면, 회복탄력성은 민감도가 떨어지고 무뎌져 강한 복원력을 기대할 수 없다.

자신을 믿고 실패를 긍정하며 어려운 상황을 극복하면 더 좋은 기회가 온다. 영국의 아동문학가, J.K. 롤링Joan K. Rowling은 판타지 소설, 『해리 포터』 시리즈의 출판을 12번이나 거절당했다. 싱글맘과 생활고를 겪으면서도 그녀는 글쓰기를 계속했다. 〈어벤져스〉에서 헐크 역으로 나온 마크 러팔로_{Mark Ruffalo}는 오디션만 800번을 봤다고 한다. 현실을 인정하고 극복하려는 의지와 미래를 낙관하는 태도를 가질 때, 회복탄력성은 높은 원상 회복력을 갖는다.

긍정하면 좋은 기운이 몰려온다

사람들은 의지를 다지고 성공을 바라는 목적으로 '나는 할 수 있다'는 자기최면을 건다. 끊임없이 자기 자신을 응원하며 용기를 북돋우고 행동에 추진력을 불어 넣는다. 머릿속에 안 된다는 생각이 가득하면 될 일도 안 된다는 것을, 수많은 경험과 체험을 통해서 알고 있다. 삶을 긍정하면 눈에 띄게 달라 보이는 것이 표정과 행동이다. 태도에서 여유가 묻어나고 눈빛은 자신감에 차 있다. 불안한 모습을 어디에서도 찾아볼 수 없다. 미래의 결과를 알기라도 하듯 행동에는 확신이 가득하다.

긍정의 효과_{positive effect}는 여러 분야에서 연구되고 실증되어 효과에 의문의 여지가 없다. 건강, 인간관계, 자기관리, 성취도에서 비교군과의 차이는 의미 있는 결과를 보여준다. 긍정적인 사람이 회복력이 빠르고 건강할 확률도 더 높다. 인간관계도 원만하고 일이나 학업의 성취도에서도, 부정적인 생각을 하는 사람보다 긍정적인 생각을 하는 사람이 우수한 성과를 보여준다.

모든 긍정은 나라는 존재의 인정에서 시작된다. 왜 존재가 긍정의 대상이 될 수 있을까? 존재는 생명이다. 생명을 갖고 있는 나에게, 숨 쉬고 두 눈으로 세상을 볼 수 있는 나의 존재에 감사하는 마음을 갖는 것은 당연하다. 나의 존재를 부정하면서 삶을 긍정한다는 것은 언어도단이다. 모든 긍정은 내가 존재하는 것에 감사하는 마음을 갖는 것으로부터 시작한다. 사소한 일에도 감사할 수 있다면 나는 삶을 긍정할 자격을 갖춘 셈이다.

영화 〈로마의 휴일〉의 주인공 오드리 헵번 Audrey Hepburn의 말은 긍정하는 자세가 무엇인지를 짧은 문장으로 표현하고 있다.
"Nothing is impossible. the word itself says I'm possible."
불가능한 것은 없다. 단어 (Impossible) 자체가 가능하다고 말한다.

긍정의 힘은 불가능하다는 단어 Impossible을 문장 I'm possible로 바꿔버린다. 불가능에서 가능성을 찾는 것이 긍정이다. 나와 삶을 긍정하면 우주의 모든 기운은 나에게로 몰려온다. 그것이 긍정의 섭리다. 삶을 긍정해라. 긍정하는 대로 세상은 기대를 저버리지 않고 너에게 응원을 보낼 것이다.

희망은 눈에 보이지 않는 강력한 힘

내가 포기하지 않는 한 마음속에 있는 희망은 누구도 지울 수 없다. 희망은 비틀거리면서도 넘어지지 않고 움직이게 하는 가장 강력한 힘이다.

절망에 빠진 사람이 꿈과 목표가 있는 정상을 향해 오르지는 않는다. 희망이 없으면 하는 일은 귀찮은 일거리이고 나를 성가시게 하는 불편한 존재일 따름이다. 또한 희망은 사람을 인간답게 살게 하는 생명력이다. 희망이 없으면 영혼 없는 육체가 삶을 연명하며 걸어가는 것과 같다.

영화 〈쇼생크 탈출〉의 주인공 앤디 듀프레인(Tim Robbins 분)은 살인 누명을 쓰고, 무기징역형을 선고받아 쇼생크 교도소에 수감된다. 그는 교도소에 도서관을 건립하여 죄수들에게 희망을 뿌리고, 자신의 정체성을 잃지 않으며 존엄한 인간의 삶을 지키고자 애쓴다. 듀프레인은 말한다.

"마음속의 어떤 것은 아무도 뺏지 못하고 손댈 수 없어. 그건 희망이야."

그러자 교도소 선배인 레드(Morgan Freeman 분)가 대답한다.

"희망? 희망은 위험한 거야."

레드의 경고에도 희망을 버리지 않은 듀프레인은 결국 19년의 감옥생활을 탈옥으로 마무리한다.

희망은 정신과 육체를 지배하여 어떤 상황에서도 꿈틀거리게 만든다. 육체가 갇혀 있어도 정신을 자유롭게 하고, 시멘트 구조물의 폐쇄된 공간에서도 자유를 날갯짓하며 꿈을 잃지 않게 한다. 희망을 잃으면 가진 것은 의미를 상실하고 미래는 암흑으로 변한다. 그것이 희망을 버리지 않아야 하는 절박한 이유일 것이다. 듀프레인이 레드에게 남긴 편지에는 이렇게 적혀 있었다.

"희망은 좋은 겁니다. 가장 좋은 것일지도 몰라요. 그리고 희망은 사라지지 않아요."

끝까지 견뎌내라! 고통은 끝날 테니까

희망이 현실로 되기까지 인생은 복잡미묘하다. 톱니바퀴에 모래가 뿌려진 것처럼 여기저기서 잡소리가 나고, 출처를 알 수 없는 쇳조각에 기계는 굉음을 내며 위태롭게 돌다가 멈춰 선다. 〈청개구리 설화〉에 나오는 청개구리처럼, 내가 원하는 대로 인생은 움직여 주지 않는다. 희망은 현재가 바라는 것보다 못한 상태일 때 마음에 품는 기대이며, 미래의 바람직한 상태를 말한다. 지금을 견디지 못하면 희망은 말 그대로 희망 사항일 뿐이다. 희망의 실현은 고통이 지난 후에 찾아온다.

희망의 영어 단어 'HOPE'를 풀어보면 이렇다.
H – Hold
O – On
P – Pain
E – Ends
"Hold On! Pain Ends."
"끝까지 견뎌내라! 고통은 끝날 테니까."

고통은 당신에게 가르침을 주고 나면 사라질 것이다. 마음에 희망을 품고 고통과 시련이 끝날 때까지 참아내고 견디면 희망은 현실이 된다. 우리는 불가능을 희망하지 않는다. 희망은 가능하다고 생각하니까 희망하는 것이다.
'다음 시험에서 1등 하겠어.'

‘꼭 그 기업에 입사하고 말 테다.’

누구나 이루고 싶은 꿈을 갖고 있다. 머릿속에 희망을 그린다면 현실에서 닥치는 과정의 고통을 즐겁게 받아들일 수 있어야 한다. 희망이 현실이 되기 위해서는 그만한 대가가 필요하다. 고통은 지급해야 할 필수 비용이다.

7가지 핵심 문장

1. 누군가에게 일어나는 일은 나에게도 숙명처럼 다가온다.

2. 현실을 극복하는 일은 거대한 힘이 아니라 마음의 평정으로부터 시작한다.

3. 북풍이 바이킹을 만들었다.

4. 두려움에 과감히 맞설 때 나를 괴롭혔던 괴물의 굴레에서 벗어날 수 있다.

5. 위기는 나약한 마음에는 저항하고 강한 마음에는 굴복한다.

6. 불가능에서 가능성을 찾는 것이 긍정이다.

7. 끝까지 견뎌내라! 고통은 끝날 테니까.

Section 4
당신은 운명을 개척할
심장을 가졌는가

인간의 위대함이란 무엇일까?

밀란 쿤데라Milan Kundera의 『참을 수 없는 존재의 가벼움』에 다음과 같은 글이 나온다. "인간을 위대하게 만드는 것은 아틀라스Atlas가 하늘을 어깨에 지고 있듯이, 인간도 자신의 운명을 짊어지고 산다는 것이다." 올림포스 신들과 티탄족 간의 싸움에서, 아틀라스는 제우스 반대편에 섰다가 제우스의 분노를 사며 하늘을 떠받치는 벌을 받게 된다. 지구본 모양의 천체를 두 손으로 받친 채 머리와 어깨에 이고 있는 형상이 바로 아틀라스의 모습이다.

아틀라스처럼, 인간도 가늠할 수 없는 자기 운명의 무게를 어깨 위에 얹고, 때로는 넘어질 듯 살아간다. 어깨가 무거울수록 발걸음은 힘겨워 보이고 표정은 일그러져 간다. 운명은 얄궂게도 우리를 짓누른다. 우리가 가진 국적, 성별, 기후, 자원, 인종, 타고난 성격조차도 모두 운명이다. 부유한 나라에서 태어나면 굶을 일이 없지만, 가난한 나라에서는 배고픔에 시달린다. 자원이 풍부하면 풍족하게 살 수 있고 자원이 빈약하면 궁핍한 생활에서 벗어날 수 없다.

운명을 보는 관점은 문화에 따라 차이가 있다. 서양에서 운명을 뜻하는 단어는 fate와 destiny이다. fate가 정해진 운명(신의 뜻)으로 거역할 수 없는 것이라면, destiny는 운명의 가변성에 긍정적 뉘앙스를 풍기고 있다. 동양에서의 운명 관은 불교에서 말하는 업(業報, karma), 연기(緣起, conditioned genesis), 윤회(輪廻, the eternal cycle of birth)와 관련이 있다. 업은 과거의 행위가 현재와 미래에 영향을 준다는 것이고, 연기는 모든 것은 연결되어 있다는 원리이다. 또한 윤회는 업에 따라 다음 생이 결정되기를 수레바퀴처럼 반복하는 것을 말한다.

우리 앞에는 분명 운명의 강이 흐르고 있다. 대부분은 강 앞에서 멈춘 채 강을 건너지 못하고 운명을 그대로 받아들인다. 하지만 일부는 용기를 내어 강을 건너 또 다른 운명을 찾는다. "운명은 용기 있는 자 앞에서는 약하고, 비겁한 자 앞에서는 강하다."라는 말은 운명도 바꿀 수 있다는 희망적 표현일 것이다.

운명에 순응하면 운명대로 살아가야 한다. 태어날 때 받은 운명을 고스란히 생을 마감하는 순간까지 안고 갈 수도 있지만, 그럼에도 우리는 운명에 몸부림을 치며 더 좋은 학교, 더 좋은 직장, 더 좋은 사람, 더 좋은 인생을 꿈꾼다. 운명을 송두리째 바꿀 수 없더라도 우리는 운명을 변화시키려고 끊임없이 시도하고 있다. 이 모든 시도가 운명에 순응하지 않고 운명을 더 좋은 곳으로 데려가기 위한 발버둥은 아닐까?

삶이란 내 운명을 잘 개척해 나가는 일이다. 운명을 바꾸려는 인간의 노력이 멈추지 않는 한 인간은 위대한 존재일 수밖에 없다.
"당신은 운명을 개척할 심장을 가졌는가?"
이 질문에 "그렇다."라고 대답할 수 있다면 당신의 운명은 달라질 수 있다.

세상은 꿈꾸는 자에게 문을 열어준다

어떤 말을 만 번 이상 되풀이하면 반드시 미래에 그 일이 이루어진다고 한다. 정성을 다하면 하늘도 감동한다고 했던가? 희망을 품고 계획을 실행에 옮길 때 좋은 기운은 나에게로 온다. 행동하지 않으면 행운의 문을 열어주는 자의 눈에 띄지 않는다. "하늘은 스스로 돕는 자를 돕는다."라는 말은 자신이 주체적으로 노력하고 열정적인 모습을 보일 때, 하늘이 행운이라는 메신저를 보내 도와준다는 뜻이다. 서핑하는 사람에게는 큰 파도를, 하늘을 나는 새에게는 바람을, 목표를 향해 쉼 없이 달리는 사람에게는 기회를 준다.

미셸 드 몽테뉴Michel de Montaigne는 "어느 곳을 향해 배를 저어야 할지 모르는 사람에게는 어떤 바람도 순풍이 아니다."라고 말하며, 방향 없이 헤매는 사람에게 순풍이 의미 없음을 간파했다. 배가 향하는 방향으로 바람이 불어도 돛을 올리지 않고 노도 젓지 않는다면, 배는 추진력을 잃고 제자리에서 맴돈다. 세상은 꿈꾸는 자의 것이다. 꿈꾸지 않는 자에게 기회라는 순풍은 그냥 스쳐 지나가는 바람이다.

힘겨운 발걸음이 쌓여 산 정상을 오르고, 흘리는 땀방울이 모여 마음속에 품은 꿈을 이룬다. 꿈을 버리고 미래를 희망하지 않는 일은 미친 짓이다. 꿈꾸고 희망하는 대로 인생의 궤도는 수정을 거듭하고, 그 길목에 있는 행운의 문은 두드리는 자에게 열린다. 행운의 문을 여는 열쇠는 손에 쥐어져 있지 않고, 희망을 꿈꾸고 다가서는 사람의 뜨거운 심장에 있다.

도전은 매력적인 유혹이다

석기시대를 시작으로 인류 최초의 문명, '수메르Sumer'를 거치며 현대에 이르기까지, 인류의 역사는 정체하지 않고 도전을 이어오고 있다. 돌도끼를 만들어 사용하던 인류가 20세기에 바다와 하늘을 넘어 새로운 도전을 우주로 쏘아 올렸다. 도전하지 않았다면 지금도 사냥하며 하늘에 운명을 맡긴 채 살고 있지는 않았을까? 석기시대에서 역사시대로 오기까지 인류를 발전시킨 요인은 현재에 만족하지 않고 한계에 맞서 싸우는 도전이었다.

바퀴의 발명으로 이동 수단의 혁명을 이루고, 종이와 문자, 인쇄술은 정보 저장과 전달 속도를 높였다. 인류 최초의 항생제 페니실린은 인간의 수명을 비약적으로 연장하며, 질병과의 싸움에서 역사적인 전환점을 마련했다. 에디슨은 전구 필라멘트를 찾기 위해 1,000번이 넘는 실패를 경험하면서도 도전을 멈추지 않았으며, 제임스 다이슨James Dyson은 5,126번의 실패를 겪고 진공청소기를 개발했다. 헨리 포드Henry Ford도 수많은 도전 끝에 미국의 자동차 시대를 이끈 'Ford Model T'를 시장에 내놓았고, 산악인 엄홍길은 38번의 히말라야 등반 도전에서 18번의 실패를 맛보았다. 크고 작은 실패를 거듭해도 우리는 도전을 멈추지 않았다. 도전은 희생과 인내를 요구하지만, 굴복하지 않는 인류는 이를 감수하고라도 도전을 받아들였다.

도전은 다른 사람이나 내가 가본 적 없는 전인미답前人未踏의 길을 가는 것이다. 두렵고 실패가 있어도 가능하다는 믿음이 우리를 움직이게 한다. 우주를 향한 인류의 도전처럼 거창하고 눈에 띄는 일만이 도전은 아니다. 새로운 일을 하고, 새로운 환경에 적응하고, 계획을 실천하는 일도 인간의 한계를 시험하는 도전이다.

인류 역사가 말해주듯이, 우리 몸에는 가늠할 수 없는 '도전의 피'가 살아 숨 쉬며 흐르고 있다. 현실에 안주하지 않고 도전하면서 인간은 발전해 왔다. 도전은 현상을 깨고 불가능을 뛰어넘으려는 숭고한 인간 정신이다. 도전할 때 운명은 바뀔 수 있다. 주저하고 도전하지 않으면 나 자신뿐만 아니라 그 어떤 것도 원하는 대로 바뀌지 않는다. 도전의 유혹은 멈추지 않고 계속될 것이다.

자신을 믿어라

자신을 의심하면 성취할 수 있는 일은 어디에도 없다. '자기 신뢰Self-reliance'는 자신에 대한 믿음이다. 할 수 있고 할 수 없음은 중요하지 않다. 당장은 100% 할 수 있다고 장담하지 못하더라도, 일단 시작하면 해낼 수 있다는 자기 확신을 자기 신뢰라고 할 수 있다.

직장에서 일을 맡기면 건성으로 하는 직원이 있고, 고민의 흔적을 남기며 확실하게 일 처리하는 직원도 있다. 믿음을 주지 못하고 성의 없이 일하는 직원에게 맡기고 싶은 일은 없다. 중요한 일이라면 자기 책임을 다하고 일을 깔끔하게 처리하여 신뢰를 주는 직원이 선택받는다. 이 상황을 자신에게 대입시켜 보면 전자는 자기 불신이고 후자는 자기 신뢰가 된다. 자기 신뢰가 없으면 타인에게 신뢰를 주지 못하고 자신으로부터도 부정당한다.

자신을 신뢰하면 장애물은 문제가 되지 않는다. 자신을 믿고 인내심을 발휘하며 문제를 하나씩 해결해 나간다. 난관을 헤쳐 나갈 수 있다는 자신에 대한 믿음은 일을 해결하는 특별한 재능으로 작용한다. 자기 신뢰가 없으면 쉬운 일도 가장 어려운 일이 된다.

'자기 불신은 정신적 자살 행위와 같다.' 자기 불신은 나는 할 수 없다고 주문을 외우고 자신의 실패를 바라는 일이다. 자신을 긍정하며 자신을 믿을 때 세상도 나를 신뢰한다. 자신을 믿어라. 성공은 자기 신뢰로부터 시작한다.

행동해야 할 때는 망설임이 없어야 한다

생각이 끝나면 행동으로 옮겨야 한다. 행동해야 할 때 생각이 많아지면 행동은 일어나지 않고 머뭇거린다. 그 사이 기회를 놓치고 시기를 지나치고 만다. 주저하면 생각을 행동으로 옮길 수 없다.

"숙고할 시간을 가져라.
그러나 일단 행동할 시간이 되면 생각을 멈추고 돌진하라."

나폴레옹 보나파르트Napoleon Bonaparte의 어록은 행동할 때는 과감하게 하라는 주문이다. 기세 있는 행동은 성공 확률을 높인다. 이것저것 생각하고 있는 사이에 시간은 저 멀리 달아나 있다. 행동해야 할 때 머릿속에 드는 생각은 아이디어가 아니라 잡념이다.

생각은 행동으로 옮길 때 가치를 가지고 재능은 드러낼 때 꽃피울 수 있다. 생각만으로 바뀌는 것은 아무것도 없다. 행동하지 않으면 내가 생각하는 일들은 상상 속에 머문다. 미국의 사상가인 랄프 왈도 에머슨Ralph Waldo Emerson은 행동의 중요성을 이렇게 표현했다.
"1온스ounce 어치의 행동은 1톤ton 어치의 이론보다 가치 있다."

변화에 필요한 두 가지는 생각과 행동이다. 의지나 생각이 없으면 행동이 일어나지 않는다. 생각이 있더라도 행동으로 옮기지 않는다면 변화는 생각에 머문다. 행동은 자기 생각을 실천하는 방법이다. 행동이 뒤따를 때 실질적인 변화가 시작된다. 파블로 피카소Pablo Picasso는 "행동은 모든 성공의 기본적인 열쇠"라고 말했다. 성공하고 싶다면 생각을 행동으로 옮겨라. 변화와 성공은 당신의 행동을 기다리고 있다.

생각하는 대로 살고 사는 대로 생각한다

생각은 방향을 잡아준다. 머릿속에 생각의 지도를 그리면 행동은 지도가 가리키는 방향을 의식하지 않아도 따라간다. 긍정적으로 생각하면 희망적으로 살려고 노력하고, 부정적으로 생각하면 자포자기하며 비관적으로 산다. 기업인은 기업가 관점에서, 급여 생활자는 직장인의 시각에서 현상을 바라본다. 또한 부자와 가난한 사람이 보는 세계는 서로 다르다.

생각하는 대로 살려면 생각부터 긍정적이고 미래지향적이어야 한다. 생각은 행동을 지배하므로 삶을 대하는 마음가짐과 태도는 중요하다. 긍정하는 사람에게 나쁜 조건, 불리한 상황은 문제가 되지 않는다. 미래지향적인 생각은 과거와 현재에 만족하지 않고, 지금보다 더 나은 인생을 설계하고 도전하게 한다. 그들은 자기가 생각한 대로 목표한 이상을 갈구하며 살아간다. 반면에 나태한 사람은 진취적이고 긍정적이며 미래지향적으로 생각하지 않는다. 과거에 집착한 사람이 미래를 꿈꾸며 살지 않고, 불만으로 가득한 사람이 현실을 긍정하는 일도 없다. 우리는 결국 자기가 사는 대로 생각한다.

‘생각이 삶을 결정하고 또 삶이 생각을 결정한다.’ 긍정적이고 진취적인 생각은 삶을 변화시키고 그 삶은 다시 생각을 변화시킨다. 자기 인생의 주인이 되는 방법은 주체적으로 사는 것이다. 피동적으로 살면 결국 사는 대로 생각할 수밖에 없다. 인생의 설계자는 자기 자신이어야 한다.

자신의 운명을 바꾸고 미래를 계획한 대로 사는 일은 자신의 신념과 가치관이 담긴 생각의 씨앗을 뿌려 성장시켜 나갈 때나 가능하다. 폴 발레리Paul Valery의 “생각하는 대로 살지 않으면 사는 대로 생각하게 된다.”라는 말은 우리의 삶과 운명에 울림을 주고 인생을 자극한다. 우리의 인생은 우리가 생각하는 것에 달려있다.

현실에서 도망친다고 낙원을 갈 수 없다

현실이 고통스러우면 본능적으로 도망치고 싶은 마음이 든다. 견디기 어려운 상황이나 고통의 시간은 누구에게나 계절처럼 찾아온다. 고통을 벗어나기 위해 도망치는 것이 유일한 방법일 때도 있지만, 최악의 선택일 때도 있다. 도망칠 수 없는 현실이라면 현실을 받아들이고 맞서는 수밖에 없다. 인내의 시간을 거치지 않고 이루어지는 일은 없다. 고통 끝에 마음의 평화가 찾아오면 현실을 외면하지 않은 선택이 옳았다고 생각한다. 자신의 결정과 행동에 자부심을 느끼고 안도의 한숨을 내쉰다.

현실을 피해 도망친 곳에 천국이 아니라 또 다른 지옥이 기다릴 수도 있다. 도망치는 삶으로 인생을 도배한다면 자신에게 얼마나 부끄러운 일인가.

'이럴 줄 알았으면 그때 도망치지 않아야 했는데….'

피할 수 없으면 즐기라고 말한다. 피할 수 없는 현실에 몸부림칠 때 현실은 더 고통스러울 수밖에 없다. 현실을 받아들이고 충실해지는 것만이 고통이라고 생각하는 현실을 극복하는 합리적 대책이다. 여기서도 견디지 못하는데 다른 곳으로 도망친들 그곳에서는 견딜 수 있을까? 도망친 곳에도 또 다른 의미에서 견딜 수 없는 고통이 분명 있을 것이다.

지금 있는 이곳이 지옥이기도 하고 천국이기도 하지만, 지옥과 천국으로 만드는 것은 자기 자신이다. 현실을 살아야 하는 이에게 고통은 필연적이다. 고통을 거부하면 현실은 지옥이고, 고통을 받아들이면 천국이 된다. 천국과 지옥은 모두 내 마음 안에 있다. 운명을 개척하려면 현실의 고통을 피하지 않고 이겨내려는 강한 정신이 필요하다. 고달픈 현실에서 도망치려는 자에게 운명은 더욱더 가혹해진다.

미래의 바다엔 희망이 가득하다

역사 이전에 바다에는 인간이 없었다. 그들에게는 배를 만드는 기술도, 바다를 지배할 심장도 갖고 있지 않았다. 육지에서 인간은 야생의 위협을 받았다. 수렵 생활로 생명을 유지하는 것조차 힘겨운 일이었다. 더구나 바다는 인류가 다가설 수 없는 미지의 세계였다. 끝없는 수평선과

거센 파도, 보이지 않는 심해는 공포의 대상이었다.

그렇다면 지금의 바다는 어떤 상황일까? 인간이 만든 수많은 배와 해양구조물이 바다를 점령하고 있다. '마린 트래픽Marine Traffic'은 바다를 오가는 배들의 항로를 실시간으로 빼곡하게 표시하며 배의 안전을 확보한다. 어느새 바다는 교통체증을 겪을 정도로 혼잡해졌다. 항구와 운하는 정박하고 통과하려는 배들로 가득 차 있어 순서를 기다려야 할 정도로 붐비고 있다. 어느새 바다의 지배자는 인간으로 교체되고 있었다.

월터 롤리Walter Raleigh는 "바다를 지배하는 자가 무역을 지배하고, 무역을 지배하는 자는 세계의 부를, 그리고 세계를 지배할 것이다."라고 말했다. 남극점과 북극점의 최초 정복자인 노르웨이의 아문센Amundsen도 거친 바다를 건너야 했다. 바다를 극복하면서, 인류의 영토는 대륙을 떠나 다른 대륙과 연결하며 지배력을 세계로 확장해 나갔다. 바다를 두려워한 인류가 바다를 통해 세계를 하나로 만든 것이다.

미래는 역사 이전의 바다와 같다. 알 수 없는 두려움이 존재하지만 극복할 수만 있다면 미래는 바다처럼 무한한 가능성을 품고 있다. 주저하지 말고 미래를 향해 목표라는 배를 바다에 띄워라.
'미래의 가능성은 가슴에 품은 꿈의 크기와 같다.'

인생은 반전을 허락한다

우리는 못살다가도 잘살고, 혼자 있다가도 짝을 찾고, 실패하다가도 성공한다. 변화무쌍한 현실은 사람을 불안정하게 만들지만, 반전을 꿈꾸는 사람에게는 기회로 다가온다. 삶에 변화가 없다면 노력할 이유도, 열정을 불사르며 도전할 명분도 사라진다. 가난한 집에서 태어난 사람이 평생을 가난 속에 살아야 할 이유는 없다. 알아채지 못할 뿐 기회는 누구에게나 열려있다.

『후한서』에 나오는 이야기로, 중국 황하강 상류의 협곡인 용문은 급류로 인해 큰 물고기도 여간해서는 오르지 못한다고 한다. 그러나 오르기만 하면 물고기는 용으로 변한다는 전설이 전해지는데, 출세한다는 의미의 '등용문登龍門'은 여기에서 유래되었다. 입신출세의 제도로 예전에는 과거제도가 있었고, 현대에는 고시제도가 그 역할을 하고 있다. 엄격한 신분제도 시대에도 최소한 숨 쉴 구멍은 있었다. 가능성이 바늘구멍만큼이나 작더라도 빛이 들어오는 곳을 찾을 수만 있다면, 누구도 반전의 꿈을 버리지 않았다.

자기 결정권을 박탈당한 채 태어난 대로 사는 것만큼 불행한 일이 또 있을까? 아무런 시도조차 해보지 못하고 평생 운명의 굴레를 어깨에 메고 사는 삶은 지옥일 것이다. 어제까지는 땅만 내려다보고 걷다가 오늘은 하늘을 보며 걷는 반전은 인생 묘미의 극치다. 자동차 키를 건네받아 발레파킹해 주던 사람이 어느 날 자동차 키를 건네며 발레파킹을 맡기는 극적인 상황은 카타르시스를 느끼게 한다. 영화 〈유주얼 서스펙트〉에서 버벌 킨트(Kevin Spacey 분)가 경찰서를 나선다. 절뚝거림이 사라지는 발걸음과 함께 '카이저 소제'로 변해가는 장면은 반전의 극치로 뇌리에 남아 있다.

반전을 가슴에 품은 인생은 현상을 다른 시각에서 본다. 인생은 도전의 대상이고 꿈을 실현할 잘 짜인 무대다. 그 무대 위에는 인생의 주인공인 자신이 서 있고 무대를 휘저으며 재능을 마음껏 펼친다. 현실의 장애를 뛰어넘어 잉어가 용문에 올라 용이 되는 것처럼, 인생의 극적인 반전은 누구에게나 열려있다. 세상은 도전할 만한 가치로 가득하다. 하루하루를 열심히 사는 일은 인생 반전을 위한 첫걸음이 된다.

7가지 핵심 문장

1. 삶이란 내 운명을 잘 개척해 나가는 일이다.

2. 세상은 꿈꾸는 자의 것이다.

3. 도전은 현상을 깨고 불가능을 뛰어넘으려는 숭고한 인간 정신이다.

4. 성공은 자기 신뢰로부터 시작한다.

5. 행동해야 할 때는 망설임이 없어야 한다.

6. 고통을 거부하면 현실은 지옥이고, 고통을 받아들이면 천국이 된다.

7. 미래의 가능성은 가슴에 품은 꿈의 크기와 같다.

Road 2

살아있는 것은
진화한다

성장   자기 계발   성공

UNSTO
PPABLE

어렵기 때문에 못 하는 것이 아니라,
감히 도전하지 못하기 때문에
어려운 것이다.

루키우스 안나이우스 세네카 Lucius Annaeus Seneca

Section 1
배움에는 끝이 없다

자신에게 투자해라

'투자'란 이익을 얻기 위해 일이나 사업에 자본을 대거나, 시간이나 정성을 쏟는 행위를 말한다. 경제주체가 예금, 적금, 주식, 채권, 파생상품, 원자재, 부동산 및 기타 실물자산이나 금융자산을 사들이고 보유하면, 자산에서 이익이 발생한다. 투자는 투자자산을 뜻하고, 자산은 부채와 자본을 통해 조달되며, 부채와 자산으로 구매된 자산은 수익을 창출해야 한다. 자산이 수익을 내지 못하면 무수익자산이 되어, 부채 차입에 따른 비용만 발생하게 되므로, 손익은 마이너스가 된다. 대표적으로 법인에서 임대수익도 발생하지 않는 비사업용 토지(임야 등)를 보유하는 경우가 이에 해당한다.

자신에게 투자하라는 뜻은 자신을 자산으로 보고, 자산이 수익을 낼 수 있도록 자산가치를 높이는 행위를 실천하라는 의미다. 워런 버핏은 "자신에게 투자하는 것이 최고의 투자다."라고 말했다. 자신을 몸이 자산인 프로축구선수라고 생각하면 '자신에게 투자하라'는 개념을 쉽게 이해할 수 있다. 경기 능력을 끌어올리기 위해 팀 운동과 개인 운동을 하고, 개인 코치를 섭외해 부족한 부분을 보완하여, 경기에서 성적을 낸다면 그의 몸값은 올라간다.

그렇다면 자신에게 투자하기 위해 무엇을 해야 할까?

1. 책을 읽고 지식을 쌓아야 한다.

목표와 연관된 분야나 앞으로 계획 중인 영역의 지식을 갖추어야 한다. 지식을 쌓는 일은 정서적 안정감을 주고 통찰력을 길러주며 인문학적 소양도 갖게 한다. 워런 버핏은 "독서를 이기는 것은 없다."라는 유명한 말로, 독서의 가치를 다른 것보다 최우선에 두고 있다. 성공한 사람들의 공통점은 엄청난 양의 독서였다.

2. 건강한 몸을 만들어라.

꾸준한 운동을 통해 기본 체력을 길러야 한다. 무슨 일을 하더라도 건강이 뒷받침되지 않으면 목적을 이루기 어렵다. 강한 체력은 꾸준함의 원동력이며 어려운 시기를 버티게 하는 힘이다. 또한 모든 행복의 기초도 건강이다. 건강을 잃으면 모든 것을 잃는다고 하지 않았던가? 강철멘탈도 결국은 체력에서 나온다.

3. 취미를 갖자.

몸과 함께 정신도 건강해야 한다. 생활에 활력을 주고 스트레스를 풀어주는 취미는 삶의 질을 높여준다. 취미는 감성을 풍부하게 하고 다양한 경험의 기회를 제공하여 사회적 관계 강화에도 도움이 된다. 게다가 독특한 취미는 자신만의 매력으로 작용한다. 취미가 발전하면 장래에 본업 또는 부업이 되기도 하는데 미래를 경제적으로 대비하는 수단이 될 수도 있다.

자신에게 투자하기 위해서는 필요한 시간 확보가 우선이다. 내용 없는 관계나 일들에 시간을 낭비하면 자신에게 투자할 시간이 부족해진다. 열심히 살았다고 생각하는데 특별히 이루어 놓은 것이 없다면 의미 없는 곳에 시간을 낭비한 것이다. 여러 가지 일을 한꺼번에 벌이기보다 생활을 단순화시켜 시간을 계획적이고 집중적으로 사용해야 한다.

'자신에게 투자하지 않으면 나의 자산가치는 늘어나지 않는다.' 자신은 항상 최고의 투자자산이다. 자기 계발을 통해 자신의 자산가치를 높이고 생산적인 수익원으로 만들면, 투자수익은 자산가치의 증가에 따라 저절로 늘어난다. 자신에게 투자하고 발전하지 않으면 더 나은 내일은 없다. 투자의 시작은 자신에게 투자하는 것이고 자기 투자의 첫걸음은 '배움'이다.

인생의 롤 모델이 필요한 이유

〈마이크로소프트〉 창업자, 빌 게이츠의 롤 모델은 기부왕 찰스 피니 Charles Feeney였고, 〈애플〉의 스티브 잡스는 불세출의 천재, 레오나르도 다

빈치를 롤 모델로 삼았다. 빌 게이츠는 "부자로 죽는 것은 수치"라는 말로 그의 기부 철학을 내비쳤다. 스티브 잡스가 탄생시킨 혁신적인 스마트 폰에 르네상스 시대를 대표하는 거장의 창의력과 예술혼이 엿보이는 것도 우연이 아니다. 그들은 자신의 롤 모델을 따라 재능을 펼치고 새로운 패러다임을 창조해 냈다.

롤 모델은 '자기가 해야 할 일이나 임무 따위에서 본받을 만하거나 모범이 되는 대상'을 말하는데, 그 분야에서 두각을 나타내거나 독보적인 존재감을 드러내는 사람이다. 반드시 유명해야 할 필요는 없으며 일상생활에서 만나는 사람 중에서도 고를 수 있다. 자기 분야에서 닮고 싶은 사람이나 다른 분야라도 롤 모델로 삼고 싶은 사람이 있다면 내가 할 일은 뚜렷해진다. 그것은 그들의 생각과 행동, 특성을 흡수해 내 것으로 만드는 것이다. 존경하거나 닮고 싶은 사람이 생기면 한 사람이 다른 사람의 제스처, 말투 또는 태도를 무의식적으로 모방하는 행동, '미러링mirroring'이 시작된다. 롤 모델은 목표 의식을 일깨우고 사회생활이나 개인 수양에 가이드 라인을 제공하여 코치 임무도 수행한다.

롤 모델 설정을 통해 얻을 수 있는 장점을 알아보자.
1. 목표가 생긴다.
자기 분야의 롤 모델을 설정하면 성과목표가 명확해진다. 그가 이루었던 성과는 내가 이루어야 할 목표가 되어 명확한 목표 의식이 생긴다. 중간에 슬럼프가 와도 이겨내는 힘을 준다.

2. 인생이 흔들리지 않는다.

목표에 맞춰 생활방식이 바뀌고 삶이 충실해진다. 주변의 흔들기에도 동요하지 않는다.

3. 위기관리 능력이 생긴다.

목표를 이루는 과정에서 오는 시련을 극복하고, 인내심과 좌절하지 않고 다시 일어서는 생존능력을 배운다.

4. 롤 모델의 태도와 인격을 배운다.

롤 모델이 성공 과정에서 겪었던 경험과 자세, 태도를 배우고 내 것으로 받아들이며, 성공하는 사람의 가치관과 삶을 대하는 방식을 공부할 수 있다. 자기 분야가 아닌 다른 분야에서 롤 모델을 찾는다면 인간적인 측면이 중요한 선택 기준으로 작용한다.

한 분야에서 높은 성과를 낸 사람은 보통 사람과는 다른 면모를 갖고 있다. 닮고 싶은 사람에게서 배워야 하는 것은 결과가 아니라, 과정에서 쏟은 노력과 태도다. 열정과 패기, 일을 대하는 자세와 사람과의 관계 방식을 내 것으로 소화해 낸다면, 그들과 같이 성공하는 삶을 살아갈 수 있다. 롤 모델은 나침반처럼 인생의 방향을 알려준다.

지식은 미래를 밝히는 등불

아는 만큼 불확실은 제거되고 모르는 만큼 불확실을 키운다

상황이나 일이 불확실하여 미래에 전개될 내용을 알 수 없을 때, 사람은 불확실로 인한 스트레스를 받고 불안을 느낀다. '불안'이란 특정한 대상 없이 막연히 나타나는 불쾌한 정서적 상태, 안도감이나 확신이 상실된 심리 상태다. 이 불안을 키우는 원인 중 하나는 신뢰성 있는 정보의 부족이다.

역사는 반복된다

역사를 아는 것은 경험지식에 의한 미래의 불확실성을 제거하는 방법이다. 역사적으로 평화는 힘의 균형이 유지되는 상태일 때 나타나고, 전쟁은 힘의 균형이 깨질 때 일어난다. 힘의 균형이 맞지 않는 상황이라면 분쟁이 일어날 가능성을 예상할 수 있으며, 역사는 이를 사례로 말하고 있다.

매년 되풀이되는 건조한 날씨와 바람이 부는 봄이면 대형산불이 발생하고, 산불 피해를 보았던 경험은 특히 봄에 화재에 대한 경계수위 단계를 올리게 만든다. 바다에서 해수면 온도가 상승하는 '엘니뇨el Niño'가 발생하면 어획량이 급감한다. 농작물 생산도 감소하여 곡물과 식품 가격이 오른다. 모기의 증가로 유행병은 늘고 지구 환경 변화로 생태계가 위협

받는다. 엘니뇨의 존재와 발생을 안다면 준비해야 할 일은 명확해진다.

지식은 미래를 밝힌다

또한 경기를 반영하는 경제지표가 악화하면 미래의 경제는 저성장 국면에 접어들거나 역성장할 것으로 예측할 수 있다. 충격을 최소화하기 위한 대응책이 필요한 시점이다. 지식을 통해서 미래의 주도 산업이 어떻게 바뀌고 준비하고 해야 할 일을 알 수 있다면, 미래의 불확실성을 많은 부분 해소할 수 있다. 지식은 다가올 미래를 예고해 주는 풍향계다.

우리는 폭넓은 영역의 지식을 받아들여야 한다. '지식은 광범위하게 연결되고 하나의 유기체로 살아있을 때 큰 가치를 갖는다.' 독립적인 개개의 지식이 가지는 가치는 지식으로써의 역할에 제한이 따르고, 종합적이지 않은 단편적 수준에 머문다. 역사, 경제, 문화, 예술, 철학, 인문학 등 다양한 지식을 흡수하면, 미래를 예측하고 이해하는데 깊이와 정확도를 더해준다. 결합한 지식의 힘은 단편적 지식을 벗어나 새로운 아이디어도 생성해 낸다.

지식은 어둠 속에서 우리가 가야 할 길을 안내하는 횃불이다. 횃불의 밝기 차이는 지식의 깊이와 폭에 따라 영향을 받는다. 과거의 경험지식과 새로 알게 된 지식, 그리고 사유를 통하여 얻는 통찰의 결과물은 미래의 어둠을 걷히게 하는 빛이 된다.

배움에는 끝이 없다

매월 한 번 직원 교육을 할 때, 교육자료 소제목으로 사용된 문장은 '배움에는 끝이 없다'는 문구였다. 20분 내외의 짧은 시간 동안, 교육 내용은 사고 예방과 업무 관련 내용, 그리고 인문학으로 채워진다. 직장인이기 전에 한 인간으로서 인간의 가치와 문화, 역사를 아는 것이 중요하다는 생각 때문이었다. 매달 이야기 주제를 고민하고 선정하는 일은 업무 외의 또 다른 숙제였다.

내가 아는 것이 있어야 비판할 수 있고, 나의 잘못을 꾸짖을 지식이 있어야 나를 되돌아볼 수 있다. 누군가를 가르치려면 배우려는 사람보다 다양하고 깊은 지식이 필요하다. 배우지 않으면 올바른 가치관이 자리 잡을 수 없고, 귀로만 듣고 눈으로는 본 적이 없는 떠도는 지식이 나를 지배하게 만든다. 그릇된 지식은 모르는 것만 못하다.

많이 배운다고 잘 살지는 않지만, 적어도 어떻게 살아야 하는지의 방향을 알 수 있어 혼란스럽지 않고 주체적으로 살 수 있다. 지금보다 더 나은 삶을 살려면 배움에는 끝이 없어야 한다.
'아는 만큼 성장하고, 모르는 만큼 퇴보한다.'
『서경』에 보면 "배우지 않으면 담장을 보는 것과 같다."라는 말로 배움을 강조하고 있다.

배우는 것이 당장에는 쓸모없는 것처럼 보여도 언젠가는 빛을 내는 순간이 온다.

"나를 공부하고, 사람을 공부하고, 사는 방법을 공부해라!"

자신의 가치를 돋보이게 하는 방법의 하나가 열심히 일하는 모습과 배움을 게을리하지 않는 태도다. 더구나 배움은 자기 자신을 더 나은 사람으로 만드는 노력이므로, 자신을 존중하는 고상한 방법이기도 하다. 겉모습만 보기 좋게 가꾸지 않고, 보이지 않는 마음과 정신도 아름답게 꾸미고 싶다면 배움은 최고의 선택이다.

승정원일기 - 왕의 하루

왕의 하루를 일기 형식으로 기록한 『승정원일기』에는 왕의 일정이 고스란히 기록되어 있다. 승정원承政院은 지금의 대통령 비서실에 해당하며, 정3품의 여섯 승지 중 도승지都承旨가 비서실장 역할을 담당했다. 승정원은 출세가 보장된 엘리트 코스로, 다섯 임금을 모신 황희, 조선의 천재 율곡 이이, 임진왜란의 일등 공신 서애 류성룡 등이 승정원을 거쳐 갔다.

『승정원일기』에 따르면, 왕은 아침에 왕실 웃어른들에게 문안 인사를 시작으로 조회, 보고서 결재, 회의, 행사, 경연 등 바쁜 일과를 소화했다. 사극에서 보는 것과 달리 왕은 하루 종일 몹시 고된 일에 시달렸다. 애정 행각이나 권력다툼은 극적 재미를 위한 소재의 하나였을 뿐, 일과 중 많은 시간을 차지한 것이 경연經筵이었다. 왕은 하루 세 차례에 걸쳐 신하들과 유고 경전, 역사서를 토론하는 경연을 통해, 통치자로서의 배움을 이어갔다. 경연이 길어지는 경우, 다음 날 새벽에 끝나기도 했다는 기록도 있다. 왕도 신하들과 대등하게 토론하려면 지독하게 공부해야 하는 학생이었다. 국정 통치자로서의 책무가 중대하여 국왕은 자의든 타의든 배움의 끈을 놓을 수 없는 자리였고, 신하들은 그런 왕의 과외교사 역할을 자처했다.

영화 〈사도〉의 대사 중에 영조는 세손인 정조에게 "왕이라고 늘 칼자루를 쥐는 것도 아니고, 신하라고 늘 칼끝 쥐는 것도 아니다."라고 하고, 사도세자에게는 "임금이 공부(가) 모자라고 대님 하나만 삐딱해도 멸시하는 것이 신하다. 이 나라는 공부가 국시國是고, 예법이 국시야."라고 말한다. 조선 시대의 국왕은 왕이라고 해도 공부하지 않으면 신하들의 등쌀에 살아남기 어려웠다. 나날이 발전하지 않는다면 조선의 왕도 오늘날의 우리도 앞날을 보장할 수 없는 것은 마찬가지다.

아랫사람에게 묻는 것을 부끄러워하지 않는다

2차대전 영화 중 〈U-571〉은 독일의 에니그마enigma 암호 탈취를 두고 이루어진, 독일 잠수함과 미국 잠수함 간의 대결이라는 사실에 허구를 가미하여 제작된 영화다. 미국 잠수함 함장이 작전 중 사망하자, 타일러(Matthew McConaughey 분) 대위가 함장의 임무를 맡는다. 하지만 위기 상황에 제대로 대처하지 못하고 부하들의 물음에 "I don't know."라고 무책임하게 말하자, 고참 Chief(부사관)로부터 충고를 받는다.

"해군에서 지휘관은 신과 같은 존재입니다. 두려움과 존경의 대상이고 전지전능하죠. 다시는 부하들 앞에서 '모른다'고 하지 마세요. 그 '세 글자'가 전 승무원을 죽일 수도 있습니다. 이제 대위님이 함장입니다. 알거나 모르거나 모든 일은 함장이 결정합니다."

Chief의 충고를 따른 타일러 대위는 이후 암호를 탈취하는 임무를 완수하며 영화는 끝을 맺는다. 지휘관이 가져야 할 자질을 표현한 이 대사는 지휘관이나 책임자의 위치에 있는 사람이라면, 기억하고 마음에 새겨야 할 자세를 말하고 있다.

일반 조직에서도 직원을 둔 책임자는 전지전능하다면 더할 나위 없지만, 그렇지 않더라도 믿음을 줘야 한다. 무책임하게 모른다는 말을 쉽게 하지 않아야 하고, 알든 모르든 '결정'이라는 고유의 역할을 충실히 수행해야 한다. 하지만 고유 권한인 결정 업무를 제외하고, 아랫사람이나 부하직원에게 물어보는 일이 부끄러운 것은 아니다. 모르면서도 아는 체하는 것보다, "이것도 몰라요?"라는 순간의 창피함을 무릅쓰고 정확히 알려는 자세가 요구된다. 새롭고 정확한 정보를 많이 확보할수록 양질의 의사결정 가능성은 높아진다.

중요한 일을 결정하는 자리는 사소한 일에 시간을 쓰지 않는다. 최고 책임자가 지엽적인 사항까지 알아야 할 필요는 없다. 하지만 부족한 부분에 모르는 내용이 있다면 학식이나 경력, 지위가 나보다 못하거나 아래라고 하더라도, 기꺼이 묻고 배워야 한다.

'배움의 대상은 항상 위에만 있지 않고 아래에도 있다.'

지금 나의 손에 들려 있는 책은 어떤 책일까

통계에 따르면, 성인 10명 중 6명이 1년에 책 한 권을 읽지 않는다고 한다. 사실 책 한 권을 읽는 것이 생각만큼 쉽지 않다. 책 읽는 습관이 들지 않으면 일부만 보고 덮어 버리는 실패의 전형적 패턴을 반복한다. 영상문화가 발달하고 매체의 다양성으로 책을 잡을 기회가 적어진 것도 한 몫하고 있지만, 그것이 전부는 아닐 것이다. 나심 탈레브Nassim Taleb는 이렇게 말했다. "책을 읽지 않는 사람은 읽을 줄 모르는 사람과 다를 바 없다."

지금도 국군 부대도서관에는 '진중문고'가 있다. 2차대전 당시에 미군에게는 책이 필수 휴대품이어서, 배낭이나 포켓, 군복 바지의 건빵 주머니에도 책이 들어 있었다. 『전쟁터로 간 책들』을 보면, 2차대전 중 미국은 유럽과 태평양 전선에 1억 2천 권의 책을 보냈다고 한다. 전쟁의 공포 속에 책은 오락 수단이었고 희망이었다. 병사들은 포탄이 떨어지는 참호 속에서 자신을 둘러싼 지옥을 잊어버리기 위해 책을 읽었다. 병사들에게 책은 총과 같은 무기였다. 책은 그들의 피곤한 영혼을 위로해 주었고 지친 마음에 용기를 불어넣었다.

시대가 변하고 넘쳐나는 다양한 콘텐츠 속에 책 읽기가 쉬운 일은 아니어도, 책을 읽으면 다음과 같은 긍정적 효과를 얻을 수 있다.

1. 긍정적 가치관 형성에 도움을 준다.
2. 지식과 사고의 폭이 확대된다.
3. 다른 시대를 이해하고 그 시대의 인물을 만날 수 있다.

4. 표현 방법을 배울 수 있다.

5. 가치 판단 기준을 세울 수 있다.

6. 스트레스 해소 수단이 된다.

7. 지루함을 달래준다.

8. 힘들 때 삶의 위안을 얻는다.

9. 문제의 해결책을 알려준다.

10. 지혜를 얻을 수 있다.

또한 부가적으로 책을 가까이하면 자신을 드러내고 지식인처럼 보이게 하는 효과도 있다. '텍스트힙 TextHip'은 책 읽기를 세련된 것으로 여기는 트렌드로, 책을 소비하는 방식이 하나의 문화현상으로 자리 잡은 것을 말한다. 벽돌 전공책을 가슴에 품은 채 패션의 일부로 쓰이기도 하고, 책과는 무관한 사람들의 출판기념회나 공항용 퍼포먼스에 활용되기도 한다. 책의 본질과는 무관하지만 책이 주는 효과는 지식을 넘어 쓸모가 있음을 증명하고 있다. 책이 패션이나 퍼포먼스의 소품이라고 하더라도, 삶의 전쟁터에서 희망과 위안을 주는 '진중문고' 한 권은 전쟁터의 총처럼 나를 지키는 무기가 된다. 그렇다면 지금 나의 손에 들려 있는 진중문고는 과연 어떤 책일까?

경제학과 인문학은 삶의 필수과목

인간 생활의 기본 3요소는 의식주다. 의식주에 필요한 재화는 값을 치르고 구매해야 하는데, 필요한 재화와 교환할 수 있는 수단이 바로 화폐, 즉 돈이다. 직업이 수입만을 목적으로 하지 않지만, 직업을 갖는 가장 큰 이유는 소득일 것이다. 하지만 소수를 제외하고는 직업을 통한 수입만으로 여유 있는 생활을 기대할 수 없다. 그렇다고 지출을 줄이는 것도 한계가 있다. 효과적으로 투자하고 비용을 관리하는 방법을 공부하지 않으면, 굶지는 않더라도 문화적 빈곤에서 벗어나기 힘들다.

경제 공부라고 해서 반드시 경제학의 대가들이 펴낸 두꺼운 책들을 봐야 하는 것은 아니다. 다양한 경제 관련 책이나 잡지, 신문을 구독하거나, 인터넷 콘텐츠를 활용하여 경제와 가까워지는 것은 좋은 습관이다. 경제의 기본 개념을 익히고 각국의 경제정책, 통화정책, 환율 변동 추이 등 경제를 움직이는 요인을 알아간다면, 경제라는 시스템과 시장원리에 대한 이해도는 높아진다. 우리는 경제 원리를 바탕으로 경제의 두 축인 실물경제와 금융 경제를 통해 경제적 부를 창출해 나갈 수 있다.

경제학과 더불어 해야 하는 공부가 '인문학(人文學, humanities)'이다. 왜 인문학을 공부해야 할까? 경제학이 원재료라면 인문학은 부재료와 양념 역할을 한다. 이탈리아의 면 요리, '파스타pasta'를 면이라는 원재료만으로 만들 수 있을까? 파스타에 소스나 바질, 기름, 샐러드 같은 부재료가 첨가되어 요리로 만들어질 때 우리가 먹는 파스타가 된다. 마찬가지로 '부

富의 경제학'을 완성해 주는 역할을 인문학이 한다. 세계적인 부자들이 인문학책을 필독하는 이유는 인간의 감정과 심리, 본능을 이해하고, 인간의 사상과 문화 등 근원적인 인간의 문제를 알아야 하기 때문이다. 또한 인문학을 통하여 삶을 대하는 태도와 창의적인 아이디어, 정보를 얻을 수도 있어 경제활동을 포함한 인간 활동 전체의 균형적 이해에 도움을 준다.

자산을 취득할 때 변하지 않는 진리는 '자산은 싸게 사야 한다'는 사실이다. 비싸게 사는 순간부터 자산가치는 마이너스가 된다. 정상적인 가치가 5억 원인 자산을 3억 원에 사기도 하고 10억 원에 사기도 한다. 구매 가치를 결정하는 것은 자산의 가격이 아니라 사람의 심리에 달려있다. 3억에 산 사람은 시장의 구매심리가 바닥일 때 샀을 것이고, 10억에 산 사람은 구매심리가 높을 때 자산 가격이 오를 것이라는 전망으로 샀거나, '포모FOMO'에 휩쓸려 샀을 수도 있다.

'자산시장에서 눈에 보이는 경제적 가치는 자산 가격이 아니라, 인간의 심리적 가치에 따라 결정된다.' 경제와 더불어 인간의 심리를 알게 될 때, 합리적으로 가격을 판단할 수 있고 리스크를 줄여가며 수익을 창출할 기회를 얻을 수 있다. 경제에는 인간의 심리가 개입되어 있다. 부의 확대를 통해서 행복한 삶을 이루고 싶다면 반드시 경제학과 함께 인문학을 공부해야 한다.

너는 글을 쓰거라. 나는 떡을 썰 테니

조선 시대에 집안이 어려워 떡 장사를 하게 된 홀어머니가 있었다. 아들의 교육을 늘 안타까워했던 어머니는 아들을 절에 보내 공부시켰다. 아들은 10년 동안 공부하겠다고 다짐했지만, 약속한 기간을 채우지 못하고 4년 만에 절에서 내려왔다. 어머니는 자신만만해하는 아들의 글솜씨를 보고 싶어 했다. 어머니는 등불을 껐다.

"너는 글을 쓰거라. 나는 떡을 썰 테니."

어머니와 아들의 어둠 속 매치는 그렇게 성사되었다. 이윽고 등불이 켜지고 결과를 확인한 아들은 고개를 들지 못했다. 자신의 글은 알아보지 못할 정도로 엉망이었지만 어머니가 썬 떡은 반듯했다. 아들은 다시 절로 들어가 약속한 공부를 마치고 조선을 대표하는 명필가 중 한 명이 되었다. 그 이름이 조선 중기 서예가 한석봉이다.

교훈적 설화, 〈한석봉 이야기〉가 주는 교훈은 크게 다섯 가지다.

첫째, 배움, 성장

둘째, 어머니의 사랑(아들의 성공)

셋째, 자만하지 않는 것

넷째, '최고의 교육은 행동으로 보여주는 것'이라는 가르침

다섯째, 직업이 요구하는 전문성의 수준

〈한석봉 이야기〉는 단순히 어둠 속에서 이루어진 글쓰기와 떡 썰기의 대결이 아니다. 어머니는 아들에게 배움의 자세를 알려주고 배움의 경지

를 몸소 깨우쳐 주었다. 분야가 달라도 '배웠다는 사람의 수준은 이런 것'이라며 어머니는 행동으로 보여주며 꾸짖었다. 독자는 이 이야기에서 마음에 새겨야 하는 여러 가지 교훈을 배우고 지혜도 얻는다. 500년 전 이야기를 단순히 동화 같은 옛날이야기로 가볍게 생각한다면 나를 살리는 배움의 불빛을 놓칠 수 있다. 배움의 대상은 시대를 가리지 않는다. 배우려는 사람은 사소한 것에서도 깨달음을 얻는다.

세상을 보는 마음의 눈이 없으면 두 눈을 뜨고도 세상을 보지 못한다. 하지만 마음에 눈이 있다면 어둠 속에서도 세상을 볼 수 있다. 배움은 마음의 눈을 뜨게 하고, 어둠 속에서도 세상을 볼 수 있는 혜안을 길러준다. 자만은 배움을 더디게 만드는 훼방꾼이다. 늘 겸손한 자세로 배움을 마주해야 한다.

7가지 핵심 문장

1. 자신은 항상 최고의 투자자산이다.

2. 아는 만큼 불확실은 제거되고 모르는 만큼 불확실을 키운다.

3. 지식은 어둠 속에서 우리가 가야 할 길을 안내하는 횃불이다.

4. 아는 만큼 성장하고, 모르는 만큼 퇴보한다.

5. 배움의 대상은 항상 위에만 있지 않고 아래에도 있다.

6. 배우려는 사람은 사소한 것에서도 깨달음을 얻는다.

7. 자만은 배움을 더디게 만드는 훼방꾼이다.

Section 2
한 단계 도약을 위한
마음가짐

자신의 한계를 정하면 성장은 멈춘다

차고에서 소자본으로 창업하여 세계적 공룡기업으로 성장한 회사로는 〈마이크로소프트〉, 〈할리데이비슨〉, 〈애플〉, 〈아마존〉, 〈구글〉 등이 있다. 우리나라에는 이병철 회장이 창업한 〈협동정미소〉는 〈삼성〉의 모태가 되었고, 정주영 회장의 쌀가게 〈경일상회〉는 〈현대〉라는 그룹으로 성장하였다. 시작은 미미했지만, 그들이 만들어낸 결과는 시간을 지나 거대하고 위대해졌다.

창업자들이 그 지역에서 성공하는 것을 목표로 삼고 성공을 이룬 뒤에, '여기가 나의 한계'라고 생각하며 그 자리에 만족하고 머물렀다면, 지금과 같은 세계적 기업으로 성장할 수 없었다. 처음에는 작은 목표였을지라도, 성공을 반복하면서 그들은 자신의 한계치를 시험하고 목표를 끌어 올렸다. 그들에게 계획된 목표는 있었지만, 성장을 제한하는 한계를 두지 않았기 때문에 가능한 일이었다.

대다수의 사람은 일정한 목적을 달성하거나 위치에 오르면 '한계를 절 감한다'는 말로 성장의 싹을 잘라 버린다. 지금까지 이룬 것도 대단한 일인데 여기에서 더 성장하는 일은 불가능하다며 성장을 시도하지 않는다. 성장에 따른 일시적 피로감이 몰려오지만, 시도 해보기 전에 한계를 정하는 일은 자신을 낮춰보고 자신에게 무례를 저지르는 행위다.

'해보기 전에는 인간의 한계를 알 수 없다.'

작은 돌부리에 걸려 넘어지는 나약한 인간이 달에 발자국을 남겼다. 인간의 한계는 정해져 있지 않다. 더구나 각종 기술의 발전은 인간의 능력을 끝없이 끌어올린다. 한계는 현재의 능력에 자신을 가두는 관념적인 울타리에 불과하다. 태어날 때부터 인간의 한계가 정해져 있는 것은 아니다. 있지도 않은 한계를 미리 정하면 자신의 잠재된 능력과 가능성을 발휘하지 못한 채 성장은 멈춘다.

모든 일은 마음이 불러들인다

내 마음이 불러들인 일이 나에게 일어난다.
내게 일어나는 사건은 내 마음이 생각하는 일이다.
나에게 오는 사람은 내 마음이 부른 사람이다.
내가 가는 길은 내 마음이 가고 싶어 하는 길이다.
마음이 생각한 일이 생기고, 마음이 부른 사람을 만나고,
마음이 선택한 길을 간다.

나에게 일어나는 일이 나와 맞지 않는다면,

지금의 나와는 다른 나를 원한다면,

마음에 변화가 필요하다.

나에게 일어나는 일은 내 마음에 어울리는 일뿐이다.

어제보다 나은 나,

오늘보다 나은 내일은 내 마음의 변화에서 시작한다.

모든 것은 오직 마음이 지어낸다는 '일체유심조一切唯心造'는 대승불교의 수행 방법서인 『화엄경』의 핵심 사상이다. 원효대사가 당나라 유학길에 경험했던 해골 물 에피소드는 이 말에 바탕을 두고 있다. 내가 어떤 마음으로 보느냐에 따라 대상은 달라 보인다. 모든 것은 원래 있었던 것이 아니라 마음이 만들어낸 피조물이다. 『전경』에 있는 '악장제거 무비초 호취 간래 총시화惡將除去 無非草 好取看來 總是花'도 밉다고 제거하면 잡초 아닌 것이 없고, 좋다고 취하면 꽃 아닌 것이 없다는 뜻으로 마음의 중요성을 말하고 있다.

모든 일은 마음을 따라간다. 가뭄에 단비는 농부에게 기쁨이지만, 소풍 가는 아이에게는 슬픔이다. 비 오는 현상은 똑같지만, 받아들이는 사람의 마음에 따라 비는 좋을 수도, 나쁠 수도 있다. 객관적인 현상을 다르게 받아들이는 것은 마음이다. 과거와 다른 나, 오늘과 다른 내일의 나를 원한다면 마음부터 바꿔야 한다. 모든 일은 내 마음이고 내 마음이 불러들인 결과다.

그러니까 네 몸값을 해!

미국의 유명 IT 기업들은 유연한 근무와 차원이 다른 복지 시스템으로, '워라밸'을 중시하는 사람들이 이상적인 직장을 말할 때 자주 언급된다. 하지만 '구글'에서 근무하는 한 관리자는 TV 방송에서 외부에 보이는 모습의 이면을 적나라하게 말해준다.

"많은 분이 자유롭고 자율적인 것만 부각해서 보신다. 자율이 주어진다는 말은 대단히 무거운 책임감이 따른다는 것이다."

입사 후에는 어깨를 짓누르는 중압감에 정신과 치료를 받기도 했다고 털어놓으며, 외부에서 보는 것과 실제는 다르다고 강조한다. 대단히 무거운 책임이라는 것은 바로 '성과'다. 많은 사람들이 부러워하는 자유분방한 기업문화의 대가는 "그러니까 네 몸값을 해!"였다.

너나 할 것 없이 다른 기업, 다른 나라의 눈에 보이는 현실적인 혜택만을 핀셋으로 집어내어 자신에게 적용되기를 원하지만, 혜택을 누리기 위해 부담하는 의무에는 관심이 없는 것 같다. 비교의 함정에 빠지는 가장 큰 오류는 자신에게 유리한 것만 부각하고, 불리한 부분을 빼버린다는 것이다. 예컨대 그 기업은 복지가 좋다고만 말하고, 대신에 업무강도가 세고 성과를 내지 못하면 해고당한다는 사실을 언급하지 않는다.

경제 논리가 아니라도 혜택에는 상응하는 부담이 따라온다. 내가 감당하지도 못할 의무의 혜택만을 강조하는 것은 논리적으로도 맞지 않는 일이다. 좋은 복지를 대가 없이 누리는 일은 없다. '모두가 부러워하는 좋은 혜택은 몸값을 하는 조건이다.' 내가 발전하지 않으면 좋은 혜택은 오늘이 마지막일 수 있다. 내일은 몸값을 할 수 있는 누군가가 그 자리에 앉아 있을 것이다.

단점을 옹호하면 발전하지 못한다

"현명한 군주는 항상 자기에게 단점이 있다고 생각해 나날이 좋아지지만, 어리석은 군주는 자기의 단점을 옹호해 영원히 어리석어진다."

제왕학帝王學의 고전인 『정관정요』에 따르면, 단점을 고쳐야 한다는 생각으로 노력하면 발전할 수 있지만, 단점을 숨긴 채 고치려고 하지 않으면 퇴보한다고 말한다. 사소한 행동, 말투, 관례나 관습을 어기는 일이 타인에게 불쾌감을 준다면 이를 바로 잡아 고쳐야 한다. 나를 객관적으로 보지 못하면 내가 모르고 하는 나쁜 행동이나 습관이 나를 깎아내린다. 단점을 고치는 작은 노력이 모여 나는 괜찮은 사람이 된다.

단점은 누구에게나 있다. 사소한 단점이라면 크게 흠이 되지는 않지만, 사소하더라도 모든 장점을 삭제시키는 치명적 단점은 먼저 고쳐야 한다. 인상은 푸근하고 사람은 좋아 보이는데, 누구나 혐오하는 행동이나 몸짓, 습관은 사람을 정떨어지게 만든다. 자신의 단점을 알면서도 고치지 않으면 자신의 가치를 스스로 떨어뜨릴 뿐만 아니라 발전하는 일도 없다. 현명함과 어리석음의 차이는 사소한 데 있다. 작은 단점이라도 인정하고 고치려고 할 때 현명해질 수 있다.

"모든 단점은 장점이 될 수 있다."

– 리오넬 메시 –

단점이 있는 사람은 그만큼을 더 노력해야만 보통 사람들과 같은 자리에 설 수가 있다. 다른 사람은 알지 못하는 상상 이상의 노력을, 그들은 하고 있다. 한 손이 없는 사람이 골프를 치고 의족을 한 육상선수가 일반 선수들과 경쟁하기도 한다. '성장호르몬 결핍증GHD'을 앓았던 메시는 작은 체구에도 불구하고 세계적인 축구선수로 성장했다. 그들의 단점을 극복하는 정신과 노력은 인간 승리로 존경받는다.

자신의 단점을 드러내며 해야 할 일을 피하지 않고 극복하려는 자세와 태도는 칭찬받아 마땅하다. 단점이 장점이 될 수는 없지만, 단점을 극복하고 목표를 성취하는 순간 인간은 위대해진다. 한 인간이 위대해지면 그가 가진 단점은 장점이 된다.

자기 발전의 조건

로물루스Romulus는 기원전 753년 도시 국가 로마를 건국했다. 로마는 사비니Sabini 인들과 동맹하여 주변 국가들을 정복하며 세력을 확장해 나간다. 그 시대에 전쟁 목적은 약탈이었으며, 곡식, 가축, 재산, 노예를 획득하고 부를 축적했다. 로마인은 많은 전쟁을 치르면서 적의 장점을 발견하면 이를 수용하는 데 주저하지 않았다. 개인 병사들의 방어무기인 작은 방패는 이민족의 큰 방패를 받아들여 전투력을 향상했던 좋은 사례였다.

인류 역사에서 가장 큰 영토를 가진 몽골제국도 정복한 이민족으로부터 자신들보다 잘하는 분야의 제도와 문물을 받아들였다. 또한 정복지의 종교를 수용하여 수도에는 종교별로 사원을 건립하였으며, 인종, 종교, 민족을 불문하고 제국의 일원으로 흡수하는 관용과 포용 정책을 펼쳤다. 자기 민족보다 10배나 많은 정복지 국가를 통치했던 비결은 군사력이 아니라 흡수와 융합이었다.

개인이 외부와 단절한 채 독자적으로 성장하는 데는 분명 한계가 있다. 다른 사람의 좋은 점이나 방식을 받아들이면 나의 능력은 현실적 한계를 뛰어넘는다. 자기 방식에 집착하기보다 타인의 장점을 내 것으로 소화하는 유연한 사고방식과 태도가 개인의 확장성과 발전을 보장한다. 『변신 이야기』를 쓴 로마의 시인 오비디우스Ovidius는 "누구에게서든, 심지어 적에게서조차 배울 수 있다."라는 말을 남겼다. 배우고자 한다면 적은 시대를 바꿀 혁신의 열쇠를 제공한다. 훌륭한 교사는 우리 편이 아니라 적일 수도 있다.

바바리안의 유래와 융합

야만인, 이방인을 가리키는 '바바리안Barbarian'은 고대 그리스어 '바르바로이Barbaroi'에서 유래되었다. 그리스인이 듣기에 이집트, 페르시아 등 이민족의 말이 '바르바르'라는 소리로 들렸다고 한다. 바바리안이 처음부터 '야만인'을 말하는 의미는 아니었으나, 그리스와 페르시아의 전쟁 이후 경멸의 뜻이 들어간 의미로 사용되었다. 우리나라를 포함한 동북아시아에서 다른 민족을 오랑캐라고 부르는 것도 마찬가지다. 동서양을 막론하고 다른 민족이면 모두 야만인, 오랑캐로 불리었고 정복과 멸시의 대상이었다.

민족은 각 민족 고유의 문화를 갖고 국가를 형성하여 다른 국가와 전쟁을 일으켰다. 그것은 국가 간의 충돌이지만, 결국 문화 간의 전쟁이었다. 전쟁이 끝나면 한쪽 문화가 일방적으로 지배하지 않고 서로 간의 문화는 교류되며 융합되었다. 역사에서 문화적 다툼은 늘 존재해 왔지만, 정복 문화는 다른 문화를 소멸시키지 않고 흡수하며 변화를 거듭했다.

민족이나 국가 내에서도 문화 차이, 세대 갈등, 서로 다른 입장은 적대적 감정을 불러일으킨다. 상대를 야만인, 오랑캐로 생각하면 해답이 없다. 자기 것만이 옳고 상대방은 틀렸다는 고집은 갈등만 키운다. 서로 다름을 인정하고 다툼의 접점에서 서로의 문화를 받아들여 화해와 화합을 한다면, 서로 다른 문화는 한 공간에서 존속하며 서로를 닮아갈 수 있다. 사람 사는 사회는 그렇게 융합하면서 발전의 과정을 거쳐왔다. 한 시대를 살고 한 공간에 있다면 상대를 정복의 대상으로만 볼 것은 아니다. 서로를 이해의 대상, 배움과 협력의 대상으로 생각할 때, 인류는 공생하며 진화를 멈추지 않을 것이다.

열정이 실력이다

성공을 이끄는 중요한 열쇠는 무엇일까? 좋은 학벌일까? 아니면 타고난 재능이나 좋은 환경일까? 성공을 좌우하는 것은 많이 아는 지식이나 재능, 총명한 머리와 환경이 아니라, 바로 마음속에 있는 '열정'이다.

열정이 있으면 일을 모르고 재능이 없는 사람도 방법을 찾아서 결과를 만들어낸다. 열정이 있는 사람에게 '불가능'이라는 장애물은 존재하지 않으며, 치우거나 뛰어넘으면 해결되는 문제일 뿐이다. 열정은 사람을 지치지 않고 목적을 향해 발을 내딛게 하는 폭발적인 에너지를 분출한다. 열정에는 한계가 없다. 열정은 미지의 바다를 건너는 도전 정신이고, 추운 겨울에도 꽃을 피우는 뜨거운 마음이다. 열정을 가진 사람이 지나가는 곳에는 없던 길이 새롭게 만들어진다.

열정은 뜨거운 마음만 있으면 가질 수 있는 자산이며, 열정이 있는 사람은 모든 것을 다 가진 사람이다. 넬슨 만델라 Nelson Mandela 는 말했다. "열정은 성공의 핵심이다. 열정을 가지고 노력하면 어떤 어려움도 이길 수 있다." 열정은 살 수도 없고 보이지도 않지만, 열정을 이기는 재능은 없다.

'열정이 최고의 실력이다.'

재능을 뛰어넘는 꾸준함

물방울이 바위를 뚫는다는 '수적천석 水滴穿石'은 작은 노력이라도 끈기 있게 계속하면 큰일을 이룰 수 있음을 나타낸다. 물방울은 바위보다 강하지 않지만, 꾸준함은 바위보다 강하여 마침내 바위를 뚫어낸다. 재능만을 믿고 노력하지 않으면 발전하지 못하고 퇴보하여 끊임없이 노력하는 자에게 추월당한다. 그들은 자신의 재능만 믿고 노력하지 않는 실수를 범했다.

해안에 심어진 바람막이 나무는 오랜 시간 바닷바람을 맞아 육지를 향해 비스듬히 누워있고, 북유럽의 절경인 피오르드는 오랫동안 빙하의 침식 작용으로 U자 모양의 거대한 협곡이 되었다. 물은 바위와 산을 깎고 바람은 풍경을 변화시킨다. 물과 바람이 단단해서가 아니다. 미약한 힘이라도 끊임없이 반복하면 결국 단단한 바위나 나무도 능히 뚫고 눕힐 수 있다는 자연의 법칙이다.

각자의 도전에는 꿈과 목표가 있다. 도전이 성공할 때도 있지만 실패하기도 한다. 실패를 겪으면 흔히 이런 말을 한다.
"난 재능이 없나 봐."
꾸준함과 부족한 노력을 탓하지 않고 재능을 핑계 삼아 변명한다. 재능이 원인이라면 재능이 없는 사람은 할 수 있는 게 아무것도 없어야 한다. 꾸준함은 없는 재능을 만들어내고, 갖고 있는 재능을 더 빛나게 한다. 재능 위에 잠을 자면 재능은 사라지고, 별것 아니라고 생각했던 사소한 노력이 모이면 큰일도 이룰 수 있다.

『열자』에 나오는 고사성어 '우공이산愚公移山'은 우공이라는 노인이 집을 가로막은 산을 옮기려고 대대로 산의 흙을 파서 나르겠다고 하자, 이에 감동한 하느님이 산을 옮겨 주었다는 데서 유래한다. 이 고사는 어떤 일이든 끊임없이 노력하면 반드시 이루어진다는 뜻이다. 시대를 초월하여 스스로 힘써 몸과 마음을 가다듬고 쉬지 않는 '자강불식自強不息'의 자세가 요구된다. 발전과 성공이라는 결실은 재능을 가진 자가 아니라, 끊임없이 노력하는 자가 흘린 땀의 열매다.

최선을 다하겠습니다

일에 대한 의지의 표현으로 "열심히 하겠습니다.", "최선을 다하겠습니다."라는 말을 곧잘 한다. 하지만 이 말은 일을 시작하기 전에 의례적으로 대화의 빈 곳을 채우는 관용적 표현에 가깝다. 누군가 최선을 다하겠다고 말했지만, 정말로 그 사람이 '최선을 다했을까?'라는 의구심이 든다. 최선을 다하겠다는 말이 나쁜 표현은 아니지만, 무엇을 이루려는 의지가 있다면 "반드시 해내겠습니다."라고 굳은 결의로 힘주어 말하는 것이 맞다.

최선을 다한다는 표현 속에는 실패의 여지를 암시하는 내용도 포함되어 있다. 자신이 할 수 있는 능력만큼만 하겠다는 뜻이므로, 최선을 다했는데 안 됐다고 변명할 수 있다. 반면에 반드시 해내겠다는 말에는 자신의 능력 이상을 보여주겠다는 의지와 변명하지 않겠다고 선을 긋는 비장함이 엿보인다.

그렇다면 "최선을 다하겠습니다."와 "반드시 해내겠습니다."라는 대답 중에 어느 쪽이 더 나은 결과를 만들어낼까? 말할 것도 없이 반드시 해내겠다고 말한 사람이 더 우수한 결과를 보여준다. 최선을 다한다고 말한 사람은 말 그대로 '과정'에서 최선을 다했을 뿐이고, 해내겠다고 말한 사람은 '결과'를 보여줘야 했기 때문이다. 말은 힘을 갖는다. 애매한 표현보다는 명확한 말이 목표를 구체화하고 자세와 행동을 변화시킨다. 자신이 내뱉은 말은 다른 사람은 물론 자신에게도 지켜야 하는 약속이다.

마음 자세가 다르면 나오는 결과도 다르다. 불가능을 가능하게 바꾸는 것은 하고자 하는 사람의 확고한 의지에 달려있다. 일의 결과는 마음먹은 의지의 크기에 비례하여 나온다. 무엇을 시작하고 꼭 이루고자 마음먹었을 때는 "최선을 다하겠습니다."라고 말하는 대신, "반드시 해내겠습니다."라고 말하자. 간절하고 또 하고자 하는 의지가 있다면 그렇게 말하는 것이다.

아무것도 하지 않으면 아무 일도 일어나지 않는다

산을 보는 것만으로 산을 오를 수 없고,

바다를 바라보는 것만으로도 바다를 건널 수 없다.

생각만으로 이루어지는 일은 없다.

알면서도 하지 않는 것은 모르는 것이다.

알고 있으면 행동으로 옮겨야 하고,

이루려면 지금 움직여야 한다.

'아무것도 하지 않으면, 아무 일도 일어나지 않는다.'

할 일이 없으면 우선 걷고 뛰기라도 해라.

몸을 움직이면 잠자는 세포와 녹슨 관절이

고통의 아우성을 질러대지만, 그것도 잠시일 뿐이다.

무엇인가 했다는 자기만족과 함께 성취감을 맛볼 수 있다.

작은 성취가 반복되면 큰일은 생각보다 어렵지 않다.

아무것도 하지 않는 것보다

사소한 일이라도 하고 나면 경험이 남는다.

시간의 주인이 되어라

사람들은 필수비용으로 지출되는 돈을 아까워하면서, 돈 주고도 살 수
없는 시간은 아까운 줄 모르고 산다. 시간이 부족하지 않은데도 핑곗거

리 중의 하나가 시간이 없다는 것은 아이러니다. 운동할 시간이 없어서, 책 읽을 시간이 없어서, 짬을 낼 시간이 없어서 등, 책임을 시간 탓으로 돌리는 일은 너무 흔하다. 시간 소비와 낭비는 구분되어야 한다.

'시간은 무료로 제공되는 재화가 아니라, 가치를 가진 가격이다.'
은행에 예금하면 은행은 약정 이자율로 계산하여 이자를 지급한다. 이자는 현재의 소비를 포기함으로써 얻어진 자원(원금)을 소득을 증가시킬 수 있는 다른 곳에 투자하여 얻은 보상(이자)이다. 쉽게 말하면 이자는 시간가치에 대한 가격이다. 시간은 가격을 가진다. 따라서 시간 낭비는 돈을 길에 버리거나 불태워 허공에 날리는 것이다.

시간을 쓴다는 것은 현실을 살고 있다는 뜻이다. 현실을 잘 산다면 시간은 낭비되지 않고 목적을 위해 제대로 소비된다고 할 수 있다. 시간의 가치와 소중함을 안다면 시간은 낭비 없이 유익하게 사용되어야 한다. 시간 관리를 잘하면 하루를 24시간 이상으로 연장하며 살 수 있다. 하루를 25시간으로 살면 일 년에 15일을, 26시간을 살면 한 달을 더 사는 효과를 본다. 시간이 없다는 말은 시간 관리를 하지 않는다는 성의 없는 말이다.

확보할 수 있는 시간의 양뿐만 아니라 시간의 질도 중요하다. 19세기 후반에 이탈리아의 경제학자 빌프레도 파레토Vilfredo Pareto가 그의 정원에서 완두콩을 수확하던 중, 수확량의 80%가 20%의 완두콩 줄기에서 나온다는 사실을 발견했다. 이것이 상위 20%가 전체 생산의 80%를 해낸다는 '파레토 법칙'이다. 하루 10시간을 일한다면 그중 2시간이 8시간 가치의 일을 한다는 의미가 된다. 시간에도 파레토 법칙을 적용하면 일에 우선순위를 정하고 집중하여 사용할 때 효율적이라는 사실을 알 수 있다.

승진시험 준비하던 직원과 문자를 주고받던 중에 이런 문자를 받은 적이 있었다.

"저는 이제 육퇴(육아 퇴근)하고 공부하러 갑니다."

아이 키우는데 시간이 넉넉할 리가 없지만, 그 직원은 필요한 시간을 만들어내면서 자신이 하려는 일에 쓰고 있었다. 시간의 효율성을 100% 끌어올릴 수만 있다면 시간을 고무줄처럼 늘릴 수 있다. 시간 낭비를 줄이는 만큼 시간은 새롭게 창조된다.

"시간의 주인이 되어라!"

시간은 주인을 따라 줄어들기도 하고 늘어나기도 한다. 시간의 주인이 되어 풍부한 시간 자본을 갖는다면 성공할 확률은 그렇지 않은 사람에 비해 높을 수밖에 없다. 인풋과 아웃풋은 비례한다. 쓸 수 있는 시간의 확보는 성공의 필수 자산이다.

7가지 핵심 문장

1. 해보기 전에는 인간의 한계를 알 수 없다.

2. 모든 일은 내 마음이고 내 마음이 불러들인 결과다.

3. 모두가 부러워하는 좋은 혜택은 몸값을 하는 조건이다.

4. 단점을 고치는 작은 노력이 모여 나는 괜찮은 사람이 된다.

5. 배우고자 한다면 적은 시대를 바꿀 혁신의 열쇠를 제공한다.

6. 열정이 최고의 실력이다.

7. "최선을 다하겠습니다."라고 말하는 대신, "반드시 해내겠습니다."라고 말하자.

Section 3
변화와 성장의
기회를 잡아라

네 안에 잠든 너를 깨워라

새는 알에서 나오려고 투쟁한다.

알은 세계다.

태어나려는 자는 한 세계를 깨뜨려야 한다.

새는 신에게 날아간다.

신의 이름은 아브락사스다.

이 글은 헤르만 헤세의 『데미안』에 나오는 문장이다. 핵심 요지는 자기 내면에서 꿈틀거리는 자아를 찾아, 고정된 보편적 관념을 깨뜨리고 숨어 있는 '나'를 끄집어내야 한다는 것이다. 알을 깨는 것은 새로운 세계로 들어가는 첫걸음이다. 알을 깨지 못하면 진정한 자아와 성장은 알 속에서 부화되지 못한 채 빛을 보지 못한다.

우리는 자기 내면을 끊임없이 관찰하고 진정으로 원하는 것이 무엇인가를 찾아내야 한다. 선과 악이 공존하는 신, '아브락사스 Abraxas'는 세상의 이중성과 편견을 깨고, 통합적 시각으로 세상을 바라보는 법을 보여준다. 매일 자기 내면을 닦아주지 않으면 타고난 자신의 자아를 발견하지 못하고 존재 이유를 잃고 만다. 내면이 원하는 대로 드러내고 행동해야 하며, 가로막은 벽을 허물 때 비로소 새로운 세상을 볼 수 있다. 선과 악의 이중성에 갇히지 않고 새로운 세계를 보려면 알을 깨뜨리고 틀에 박힌 세상도 깨야 한다.

자신을 찾는 일은 오로지 자신만이 할 수 있다. 자기 내면이 하는 말에 귀를 기울이고 길을 더듬으며, 자아를 찾아가는 것이 지금 해야 할 일이다. 내 안의 나를 찾아 생각하며 움직여야 한다. 나를 가두었던 관념의 벽이 사라지면 그동안 볼 수 없었던 또 다른 나와 세상을 발견하게 될 것이다. 알을 깨고 나오는 새처럼.

변화와 성장에는 고통이 따른다

"The road to hell is paved with good intentions."

서양 속담에 "지옥으로 가는 길은 선의로 포장되어 있다."라는 이 말은 선의로 한 행동이 좋은 결과가 아니라 나쁜 결과를 가져오기도 한다는 뜻이다. 선의를 경계하고자 할 때 자주 인용되는 표현으로, 선의가 좋은 결과를 낳아야 하지만, 현실은 정반대의 결말로 끝을 보곤 한다. '선의의 역설'은 어디에나 있다.

　18세기 후반 프랑스대혁명 시기에 집권한 공포정치의 대명사, 로베스피에르Robespierre는 "어린아이도 신선한 우유를 마실 권리가 있다."라며 반값 우유 정책을 시행했으나, 건초값보다 싸진 우윳값으로 농가는 젖소사육을 포기하였다. 이번엔 건초값을 내리라고 하자 이번에는 채산성이 맞지 않는다며 농가는 건초생산을 중단했다. 결국 낙농업의 경제 원리에 부딪혀 우유 생산이 줄어들자, 정책을 비웃기라도 하듯 우윳값은 떨어지지 않고 10배나 폭등하였다. 그는 좋은 의도로 정책을 펼쳤으나, 처음부터 손대지 않은 것만도 못한 최악의 결과를 만들어냈다.

　케인스Keynes 이론에 대항하여 자유시장 경제체제를 옹호했던 프리드리히 하이에크Friedrich Hayek는 계획경제 아래에서 개인의 자유는 상실되고 개인은 국가의 노예로 전락한다고 주장하며, 『노예의 길』에서 사회주의 계획경제를 비판했다. 정부의 지나친 개입은 시장을 왜곡하고 자생력을 떨어뜨린다. 도덕적 불감증을 증가시키면서 '도덕적 해이'도 불러온다. 즉 어려울 때마다 도와주면 항상 도와주기를 기대하는 심리를 키워, 자발적 노력의 차단이라는 부작용을 낳는다.

　많은 사례에서 보듯이, 상대방을 위한다는 선의의 행위가 오히려 상대를 망치는 역효과를 부른다. 넘치는 선의가 침투한 '지나친 간섭'은 개인의 생존능력을 약화시킨다. 또한 한 개인의 자주성과 독립성을 해쳐 주체적인 인간으로의 성장에도 방해가 된다. 도와주고 싶은 마음이 간절해도, 가벼운 상처나 쓸림에 마음 쓰지 말고 어려운 길도 걷게 해야 한다. 마음은 아프지만, 지금 걷고 있는 지옥 같은 길은 다름 아닌 천국에 이르는 길이라는 신념이 필요하다.

명확한 목표는 성공의 출발점이다

"You miss 100% of the shots you don't take."

"겨누지 않고 쏘는 샷은 100% 빗나간다." 아이스하키의 살아있는 전설, 웨인 크레츠키Wayne Gretzky가 남긴 말이다. 시속 180km에 근접하는 속도의 퍽(puck, 볼)은 상대의 골문을 향해야 한다. 골대라는 목표를 겨누지 않은 샷은 빗나갈 확률은 100%다. 골 결정력은 떨어지고 퍽은 방향성을 잃는다. 목표 없이 날아간 퍽은 골로 연결되지 않는다.

'목적'은 포괄적이고 추상적이다. 하지만 목적을 달성하기 위해 세우는 '목표'는 구체적이어야 한다. 목적이 이루고자 하는 일이라면 목표는 목적을 달성하기 위한 체계적인 계획이다. 목표는 명확하고, 실행가능해야 한다. '10년 안에 매출액 100억을 만든다.', '10년 안에 부장 승진한다.'처럼, 목표를 숫자로 표시하면 다의적多義的이고, 자의적恣意的인 해석의 여지를 없애 버린다. 목표가 정해지면 목표를 이루기 위한 세부 실천 계획이 수립되고 실행이 뒤따른다.

특별승진하기 위해 1년간 SNS를 차단한 직원이 있었다. 자격증을 취득하고 실적을 올리는 데 집중하느라 연락을 끊다시피 살았다. 1년 후에 그 직원은 특별 승진 대상에 포함되어 자신이 바라는 대로 목표를 이뤘다.

목표를 세우는 효과는 다음과 같이 다양하다.
1. 생각과 행동은 목표에 맞춰진다.
2. 목표는 삶의 방향을 정해주고, 동기부여가 된다.
3. 생활이 단순해지고, 집중력이 높아진다.
4. 목표는 간절한 마음을 불러오고 마음과 행동을 통제한다.
그밖에 수치화된 목표는 측정이 가능하여, 중간 점검이 쉽고 상황에 맞게 조정도 할 수 있다.

이루고 싶은 것이 있다면 명확한 목표를 세워라. 삶을 계획적으로 살게 되고 없던 열정을 불러온다. 명확한 목표는 꿈을 실현하는 행동의 트리거trigger가 된다.

'기회의 신' 카이로스와 오카시오

'카이로스Kairos'는 그리스 신화에 나오는 시간과 기회의 신이다. 그의 모습은 앞머리는 무성하고 뒷머리는 없다. 로마 신화에 나오는 여신 '오카시오Occasio'도 같은 모습을 하고 있다. 앞머리가 풍성해서 기회가 내 앞에 다가왔을 때는 확 잡아챌 수 있지만, 망설이는 순간 기회의 신은 지나가

버리고 뒷머리가 없어서 뒤에서는 잡을 수가 없다. 영어에서 '때'와 '기회'를 의미하는 'occasion', 'opportunity'는 여기에서 유래되었다고 한다.

"기회는 한번 지나면 붙잡을 수 없다."

신화 속 두 신의 모습을 보는 것처럼, 기회의 순간은 오래 머물지 않는다. 기회를 잡으면 행운이, 잡지 못하면 불행이 온다. 때가 지나기 전이면 기회는 유효하지만, 때를 지나면 기회는 사라진다. 적시에 쓰면 약이 되고 지나고 나서 쓰면 독이 되듯이, 기회의 신이 지나갈 때 앞머리를 움켜쥐고 놓지 않아야 한다. 그가 지나간 뒤 그의 뒷머리를 잡으려고 해도 잡을 머리카락이 없다.

기회는 준비된 자에게 오지만, 기회라는 이름표를 달고 오지는 않는다. 기회 여부를 판단하는 몫은 자기 자신이다. 내가 기회를 알아볼 능력을 키운다면 나도 준비된 자 중 한 명으로 기회를 잡을 수 있다. 기회는 지나치기 전에 잡아야 '기회'이고, 기회가 지난 다음에 손에 잡히는 것은 '후회'다.

마음먹었을 때가 최적의 타이밍이다

누구나 살아가는 동안 관심 있거나 하고 싶어 하는 일의 '완벽한 조건을 갖춘 때'를 궁금해하고 때가 오기를 기다린다. 가장 알맞은 시기를 기다리다가 나도 모르는 사이에 때가 지나가 버리고, 시간이 지난 다음에야 아쉬움을 달래며 탄식한다.

‘그때가 타이밍이었는데….’

완벽한 조건을 갖춘 때를 아는 것은 인간은 알 수 없는 ‘신의 영역’에 도전하는 일이다.

실험실처럼 통제된 환경과 과학적 원리가 적용되는 분야가 아닌 일에서, 최적의 시기를 맞추는 것은 불가능하다. 인간의 능력은 기껏해야 비슷한 시기, 가장 근접하는 ‘적기’를 아는 정도에 그친다. 봄이 오면 씨를 뿌리고 가을이면 곡식과 과일을 수확한다. 하지만 대다수는 최적의 타이밍을 ‘몇 월 며칠’로 특정하기를 원하며 시기를 놓치는 오류를 반복한다.

과학이 아닌 일에 오차가 배제된 최적의 개념은 존재하지 않는다. 무엇을 하려고 마음먹었다면 일단 시작부터 해라.

‘마음먹었을 때가 최적의 타이밍이다.’

준비가 덜 되어 있더라도, 일을 진행하면서 상황에 맞춰 계획을 수정하고, 문제를 해결해 나가면 된다. 처음부터 완벽하게 계획을 세운다고 하지만, 사실 계획하고 실행하는 일들의 대부분이 계획대로 되는 경우는 드물다. 남들이 머뭇거릴 때 일찍 행동에 나서면, 남들보다 빨리 시작했다는 심리적 안정감과 함께 시행착오를 수정할 시간도 확보할 수 있다.

일단 일을 시작하면 그 세계에 발을 담근 것이다. 머릿속에만 있을 때는 내 일이 아니지만, 내 손에 잡힌 순간부터는 내 일이 된다. 일이 손에 잡히면 모든 감각을 한 곳에 집중하게 되고, 생각나지 않았던 실행 아이디어도 떠오른다. 시작이 어려울 뿐이지 마음먹었을 때, 열정이 있을 때, 일찍 행동할 때가 '최적의 타이밍'이라는 것을 깨닫는다. 아직도 최적의 시기를 찾아 헤매고 있는가? 최적의 타이밍은 물리적 시간이 아니라 각자의 마음속에 있다. 일의 시작을 생각하는 그 순간이 바로 타이밍이다.

이기고 싶다면 먼저 해라

바둑에서 흑을 잡는 사람은 선수先手의 효과에 해당하는 페널티를 안고 바둑을 둔다. 백 돌을 잡은 사람보다 페널티에 해당하는 집을 더 지어야 이기는 방식인데, 선수의 유리함을 제거하여 공정을 확보하기 위한 수단이다. '이도류二刀流'의 창시자, 미야모토 무사시宮本武蔵는 그의 병법서인 『오륜서』에서 선수의 중요성을 지나칠 정도로 강조하고 있다. 이렇듯 먼저 한다는 것은 우위를 갖고 자기 의도대로 게임을 시작한다는 의미다.

한 걸음 먼저 간 사람은 목적지에 먼저 도달할 수 있고, 기업은 진입장벽을 만들어 '블루오션'의 이익을 독차지한다. 마음도 먼저 전하면 선수의 효과를 얻을 수 있다. 아메리카 인디언은 장례식에 제일 먼저 온 사람에게 집과 재산을 나눠줬다고 한다. 어려울 때 맨 처음 손을 내민 사람은 오래도록 기억된다. 늦은 마음은 고마움을 느끼기보다, 인사치레라고 생각하거나 역효과를 불러오기도 한다.

"앞서가고 싶다면 선수를 잡아라!"

2등은 기억되지 않고 존재하지 않을 수도 있다. 생각하고 있거나 해야 할 일을 하려면 남들보다 먼저 해야 한다. 남들이 모두 할 때 뒤늦게 뛰어들면 마지못해한다는 인상을 줄 뿐만 아니라, 아예 선수의 효과도 기대할 수 없다. 경쟁 시대에 한 박자 빠른 타이밍은 승부를 결정짓는 확실한 전략이다.

승부는 1%가 결정한다

'나는 적당히 살면서 성공한 사람들을 부러워한 적은 없었을까?'

누구나 이런 상상을 한다. 하지만 적당히 하면 당연히 결과도 적당히 나온다. '적당하다'는 말이 나쁜 의미는 아니지만, 결과를 낸 사람들은 적당히 하지 않고, 일정 기간에 자신의 인생을 걸 만큼 치열한 노력으로 승부를 건다. 적당히 하는 사람이 전력투구하는 사람을 따라가는 일은 없다.

물이 끓는 온도는 100℃이지만, 적당히 하는 사람은 99℃까지만 온도를 올릴 수가 있다. 끓는 점 100℃ 도달을 눈앞에 두고도, 그들은 1℃의 차이를 극복하지 못한 채 적당히 산다. 성공과 실패는 1%의 차이로 결정되고, 결과는 100:0이라는 승자독식Winner-takes-all의 잔인한 결과를 남긴다. 적당히 살아서는 1%를 극복할 수 없다.

경쟁사회에서는 남들보다 더 독한 노력을 할 때 차별화가 이루어진다.

비슷한 수준의 사람들 속에서 두각을 나타내려면 그들을 뛰어넘는 노력이 있어야 한다. 차이는 종이 한 장이지만 결과는 사뭇 다르다. 종이 한 장, 1%는 인간의 한계를 의미한다. 한계 상황을 뛰어넘을 수 있을 때 남들과 차별되고, 나는 한 단계 도약할 수 있다.

성공과 실패는 미세한 차이로 결정 난다. 작은 차이가 승패라는 큰 차이를 결정짓는다. 1%의 차이를 만들어내는 것, 그것이 바로 실력이다. 최고를 꿈꾸는 자는 1%를 극복하기 위해 자기 능력을 '완전연소' 시킨다.
"무엇을 시작했다면 반드시 끝을 봐라!"
정상에 서서 다른 세계를 보기 위해서는 1%를 극복해야 한다.

고수가 되는 방법

큰 성과를 냈거나, 사회적으로 성공한 사람들에게 '비법'이 무엇인지를 물어본다. 물어보는 사람의 마음에는 자신도 성공하고 싶다는 욕망이 깔려있다. 하지만 비법을 물어보는 일은 자신이 그 일에 대해 잘 알지 못한다는 것을 드러내는 '자기 폄하'에 가깝다. 그 세계에, 그 일에 충분히 물들고 젖어 있다면 비법이 무엇인지 물어보는 일은 없다.

마라토너가 42.195km를 2시간 10분대에 들어오는 비법을 물어본다면 그를 마라톤 선수라고 할 수 있을까? 100m를 18초에 계속 달릴 수 있는 몸을 만들면 가능한 기록이지만, 몸을 만드는 노력은 하지 않고 비법만 찾는다. 이렇듯 비법은 숨겨져 있지 않다. 지금 그 일을 하고 있는 사람이라면 누구나 다 알고 있고, 또한 알려져도 있다. 비법은 알고 있는 방법의 실천에서 나온다. 열정적인 노력과 끈기가 있다면 사람들이 말하는 비법은 저절로 생긴다.

비법을 찾는 것은 일반화된 방법도 실천하지 않고, 무엇이든 쉽게 얻으려는 자가 늘어놓는 불성실한 변명이다. 고수는 누구나 아는 방법을 인간의 한계치까지 끌어올리며 실행한 소수의 사람이다. 고수가 알려주는 비법은 새로운 것이 없다. 고수와 비법을 찾는 사람의 차이는 '실행력'이다. 비법은 내 안에 있지만, 행동으로 옮기지 않고 비법의 환상만 찾아 헤맨다.

석탄과 다이아몬드

석탄과 다이아몬드는 원자번호 6번의 탄소 Carbon 인 비금속 화학원소로 구성되어 있다. 탄소라는 똑같은 원소로 만들어졌어도 더 높은 온도와 압력을 견디면 다이아몬드가 되고, 그렇지 않으면 석탄이 된다. 구성 원소는 같지만, 환경의 차이가 탄소의 운명을 가른다. 마찬가지로 쇠도 담금질 과정을 거치면 결정구조가 바뀌면서 단단해진다.

견디는 것은 괴로움이나 어려움을 참아내고 인내하는 일이다. 일이 힘들고 어렵다고 회피하다 보면 마음은 나약해지고 위기를 극복하는 힘도

약해진다. 편한 일만 찾고 편하기만을 원한다면 다이아몬드가 되지 못하고, 석탄으로 남아 불구덩이에 들어가는 운명을 맞을지도 모른다. 보상의 크기는 고통의 크기에 비례한다. 누구나 인내할 수 있다면 결과에 따르는 보상에 차이가 있을 리 없다. 견디기 쉽지 않은 일을 인내하고 극복하는 자만이 다른 운명의 주인이 된다.

인생의 다이아몬드가 되려면 고열과 고압에 해당하는 삶의 무게를 견뎌내야 한다. 고통스럽고 어려운 일이 너를 망치는 불행이 아니라, 새로운 모습으로 태어날 기회이자 행운이라는 사실을 알아야 한다. "역경이 나를 성장시킨다."라는 말처럼, 힘든 상황을 극복해 내면 나는 강해지고 가치 있는 존재로 거듭 태어난다.

오늘보다 나은 내일

"다른 사람보다 우월한 존재가 되는 것은 고귀한 것이 아니다. 진정으로 고귀한 것은 예전의 당신보다 더 우월해지는 것이다."

어니스트 헤밍웨이는 자신의 비교 대상은 어제의 자신이라고 말한다. 사람들은 비교의 함정에 빠져 늘 타인과 비교하며 자신을 평가절하하고 있다. 더구나 비교의 대상도 자신과 비슷한 수준의 사람이 아니라, 언제나 자기보다 뛰어난 사람이었다. 시작부터 패배가 예정된 비교를 반복하며 얻을 이익은 없다.

비교는 타인이 아니라 나의 과거와 할 때 비교의 불합리에서 벗어날 수 있다. 예를 들어 코어 운동인 '플랭크plank'를 30초도 버티지 못했던 내가 2분을 버티고 있다면 1분 30초의 능력이 향상된 것이다. 어떤 사람이 2분 30초를 유지하다가 이제는 3분을 버틴다고 하자. 그와 현재 기준으로만 비교하면 나는 1분을 뒤지고 있어 퇴보했다고 해야 한다. 하지만 자신의 과거와 비교해 보면 나는 1분 30초나 성장했고 상대방은 겨우 30초만 성장을 했을 뿐이다. 자신의 절대적 성장치를 반영하지 않고 단순히 숫자만으로 남들과 비교 평가하면 비교 기준에서부터 오류가 생긴다.

개인 특성이나 능력은 사람마다 다르다. 내가 가진 우월한 능력이 있는가 하면 타인도 나와는 다른 분야에서 뛰어난 능력을 갖추고 있다. 조건이 다른 타인과 비교하는 습관은 버려야 할 나쁜 습관이다. '능력이 부족한 사람과 비교하면 성장할 필요가 없고, 능력이 탁월한 사람과 비교하면 좌절만 남는다.' 육상 100미터 세계기록 보유자와 비교하면 내가 성장하는 일은 영원히 없다. 성장의 기준은 타인이 아니라 '어제의 나'여야 한다.

'타인과 비교하면 불행하지만, 어제의 자신과 비교하면 행복해진다.'

7가지 핵심 문장

1. 알을 깨는 것은 새로운 세계로 들어가는 첫걸음이다.

2. 지나친 간섭은 개인의 생존능력을 약화시킨다.

3. 명확한 목표는 꿈을 실현하는 행동의 트리거trigger가 된다.

4. 기회가 지난 다음에 손에 잡히는 것은 '후회'다.

5. 마음먹었을 때가 최적의 타이밍이다.

6. 1%의 차이를 만들어내는 것이 바로 실력이다.

7. 견디기 쉽지 않은 일을 인내하고 극복하는 자만이 다른 운명의 주인
   이 된다.

Section 4
나를 성장시키는 존재

너보다 뛰어난 사람과 벗해라

각자의 인생은 누구를 만나느냐에 따라 춤을 추듯 요동친다. 인생이 꽃피기도 하고 꽃봉오리인 채로 떨어질 때도 있다. 만나는 사람의 중요성은 다른 성장 조건을 뛰어넘을 정도로 크다. 나보다 뛰어난 사람과 어울리고 가까이할 때, 많은 것을 배우고 지금보다 더 성장할 수 있다.

다음은 『법구경』에 나오는 지혜의 말이다.
언제나 옳지 않은 사람을 피하고
어리석은 사람을 가까이하지 마라.
착한 벗을 마음에 두어 따르고
훌륭한 사람을 가까이하라.

시대를 불문하고, 사람은 가려서 만나야 한다. 이해관계를 따져가면서 계산적인 만남을 추구한다는 비판이 있을 수도 있지만, 굳이 나쁜 사람을 만나서 내가 망가질 이유는 없다. 만나는 사람이 주는 영향은 인생을 좌우할 만큼 크기 때문에, 모든 것을 다 얻을 수도 있고 지옥을 경험할 수도 있다. 그러므로 사람을 사귀는 일은 신중해야 한다.

뛰어난 사람은 학식, 지식, 경험, 성품, 지혜가 나보다 뛰어나서 평범한 수준을 넘어서는 사람을 말한다. 내가 만나는 사람이 나의 부족한 부분을 채워주는 사람, 내가 배워야 할 통찰력을 가진 사람이라면 내가 올바르게 성장하는 데 큰 도움이 된다. 특별하게 도움받지 않더라도, 그런 사람을 보는 것만으로도 공부가 되고 나를 성찰하는 기준도 갖게 된다.

벗(서로 친하게 사귀는 사람)은 반드시 나이가 같아야만 하는 것은 아니다. 만장萬章이 맹자에게 벗하는 것에 관해 묻자, 맹자가 말했다.

不挾長 (불협장) 나이를 끼워 넣지 말고
不挾貴 (불협귀) 귀함을 끼워 넣지 말고
不挾兄弟而友 (불협형제이우) 형제를 끼워 넣지 말고 사귀어라.

벗은 나이, 신분, 직책, 태생, 성별과 상관없이 맺을 수 있다. 특히 배울 점이 많은 사람과 벗하는 것은 행운이다. 훌륭한 벗을 사귀는 것은 차에 내비게이션을 장착하는 효과를 낸다. 그들의 지혜는 뿌연 안개 속에서도 빛을 내며, 삶을 명확하게 하고 사소한 잡음에도 흔들리지 않게 중심을 잡아준다. 반면에 배울 점이 없는 사람을 만나면 함께하는 시간은 의미를 상실한다.

벗이라는 행운을 잡았다면 그 사람에게 무엇을 해줄 수 있는가를 생각해야 한다. 받기만 하는 것은 올바른 인간관계가 아니다. 최소한의 균형은 유지해야 관계가 지속된다. 그것은 나의 스승이자 친구인 벗에 대한 예의이기도 하다.

너를 성장시켜 줄 수 있는 사람을 만나라

사람들은 지식과 경험을 바탕으로 타인을 평가한다. 사람을 평가할 때 보는 관점이나 평가 요소가 대부분 비슷해서, 개인별 인물 평가는 큰 편차를 보이지 않는다. 하지만 드러나지 않은 타인의 재능을 알아보는 것은 생각보다 어렵다. 남들과는 다른 시각에서 사고하는 능력, 사물의 본질을 꿰뚫는 통찰력이 있어야만 제대로 사람 보는 눈을 가질 수 있다. 개인이 잠재된 능력을 갖추고 있더라도, 자기 계발을 게을리하고 알아봐 주는 사람도 없다면, 숨겨진 재능은 드러나지 않는다.

사람마다 갖고 있는 재능은 각기 다르다. 재능이 표출되기도 하지만, 아쉽게도 그것을 인식하지 못한 채 묻히기도 한다. 때로는 소극적이고 내성적인 사람이 사람을 만나는 직업에서 적성을 발견하고, 마케팅업무에 맞지 않을 것 같은 사람이 의외의 성과를 창출하여 탁월한 영업 능력을 보여줄 때도 있다. 자신조차도 자신의 재능과 적성을 알아보지 못하는 일은 흔하다.

하지만 누구도 알아보지 못한 재능을 찾아내는 사람을 만나면 성장판은 순식간에 열린다. 묻혀있던 능력이 드러나고 빛을 가리고 있던 베일이 벗겨지기 시작한다. 자기 능력을 알아보는 사람을 만나는 것은 인생의 행운이다. 멜빈 헬리츠Melvin Helizer는 "스타는 태어나는 것이 아니라 만들어지는 것"이라고 말했다. 우리는 사는 동안 자신의 숨겨진 재능을 끄집어내어 빛나게 해줄 인연이 필요하다. 사람을 제대로 만나면 인생은 꽃을 피운다. 내 인생에 피지 않은 꽃이 있다면, 아직 나의 숨겨진 가능성을 발견하고 성장시켜 줄 사람을 만나지 못한 것이다.

스승과 제자

스승은 제자에게 단순히 기술이나 지식만을 알려주고 습득시켜 주는 사람이 아니다. 스승은 제자가 올바르게 성장하는 방법을 고민하고, 제자가 갖춰야 할 인성과 태도, 삶의 자세에 대한 지혜를 주어야 한다. 또한 제자는 가르침을 주는 스승을 존경하고 따라야 진정한 스승과 제자라고 할 수 있다.

사회 속에서 만난 이들은 운명이고 인연이다. 스승이 있기에 제자는 배울 수 있고, 제자가 있기에 스승은 제자를 가르치면서 또 제자로부터 배운다. 가르치고 배우면서 서로 성장한다는 『예기』의 '교학상장敎學相長'은 이를 두고 하는 말이다. 그들은 서로에게 스승이고 제자이다. 스승과 제자는 서로를 신뢰하고 존중하며 사랑해야 하는 특별한 관계다.

'우파니샤드Upanishads'는 가르침을 받기 위해 스승의 가까이에 앉는다는 것을 의미한다. 힌두교 경전『우파니샤드』는 자신이 무지하다는 것을 알지 못하고 지혜롭다는 착각에 빠져있으며, 앞을 보지 못하는 사람의 손에 이끌려 정처 없이 떠돈다고 일깨운다. 또한 "깨달은 스승으로부터 가르침을 받아 참 자아를 실현한 사람은 축복받은 사람이다."라고 하면서, 스승의 존재가 중요하다는 것을 강조하고 있다.

살아가는 동안, 인생에서 길잡이가 돼줄 스승과 배움을 게을리하지 않을 제자가 필요하다. 스승은 제자가 모르고 지나칠 기회를 잡아주고, 제자의 잠재 능력을 개발시켜 자아실현을 돕는다. 스승은 제자의 '페이스 메이커'이면서 인생의 동반자가 된다. 스승은 스승의 역할을 다하기 위해 노력하고, 제자는 스승을 뛰어넘는 성장, 즉 '청출어람'으로 스승의 가르침에 보답해야 한다.

스승과 제자는 상하관계가 아니라 세대를 뛰어넘은 벗이다. 명나라의 양명학자 이탁오李卓吾는 "친구가 될 수 없으면 진정한 스승이 아니고, 스승이 될 수 없으면 진정한 친구가 아니다."라고 하며, 스승과 친구는 다르지 않다고 말했다. 스승과 제자도 서로에게 벗이므로, 둘 사이는 남이 아니라 결국 하나라고 말할 수 있다.

장 자크 루소의 교육

"참으로 이상한 일이다. 모든 것은 조물주에 의해 선하게 창조됐으나 인간의 손길만 닿으면 타락하게 된다."

루소의 교육서인 『에밀』의 첫 문장은 이렇게 시작한다. 루소의 교육은 '사연'이었다. 항상 석합한 환경을 만들어 주는 온실 속 화초처럼 아이를 키운다면, 아이는 변화와 환경에 적응하지 못하고 파멸에 이른다. 그는 아이 스스로 운명을 개척하도록 가르쳐야 한다고 강조한다. 아이에게 필요한 건 과도한 보호가 아니라, 바람이 세차게 부는 자연에 순응하도록 생존력을 키우는 데 있다. 루소는 가상 인물 '에밀'을 통해 스스로 터득하는 방법으로 아이는 성장한다고 보고, 아이의 비위를 맞추거나 어르지 말라고 주문한다.

사람을 가르치는 일은 인간의 본성을 거스르는 훈육의 연속이다. 가르치는 사람도 아이를 교육하기 전에 먼저 인간이 되어 있어야 하고 존경받는 사람이어야 한다. 또한 강제적인 주입식 교육을 통해서는 교육이 제대로 꽃 피우지 않는다. 자연의 시간에 의지해 스스로 경험하고 터득하도록 길을 안내해 주면, 뿌리가 튼튼해져 자생능력을 높여준다. 치명적으로 위험한 순간을 제외하고, 사사건건 개입하기보다 한 걸음 떨어져서 지켜보는 것이 자기 능력 개발에도 효과적이다.

'넘어질 때마다 일으켜 세워주면 일어서는 방법을 깨치지 못한다.' 도와주는 것이 아이의 고통을 덜어준다고 하지만, 실은 아이를 나약하게 만드는 실수를 저지르는 셈이다. 교육은 인내하는 것이다. 가르치는 사람과 받는 사람 모두 참고 견디고 기다리는 것을 배워야 한다. 사람을 교육하는 것은 사명감과 인내심이 없다면 할 수 없는 난이도 최고 레벨의 어려운 일이다.

고통의 손짓은 만족할 만한 초대이다

계단을 오르고 산을 오르면 장딴지의 고통이 느껴진다.
고통을 자초하는 일은 목적을 동반한다.
목적이 있는 고통은 생산적이고 유쾌한 고통이다.
고통의 시작은 성장으로 가는 고속도로에 올라타는 것이다.
그 고속도로를 지나고 나면 목적지에 도착할 수 있다.

빠르고 느린 속도의 문제는 선택사항일 뿐이다.
중요한 것은 언젠가 그곳에 갈 수 있다는 확신이다.
내가 원하지 않는 고통은 아픔을 남기지만,
내가 원하는 고통은 성장을 안겨준다.
고통을 느끼고 있다면 나는 성장 중인 것이다.

고통을 즐겨라!

잘못을 깨우쳐 주는 존재

　타인의 태도나 행동을 교정시킬 목적으로 잘못을 알려주는 일은 생각보다 어렵다. 잘못인 줄 알면서도 나쁜 행동을 하기도 하지만, 대부분은 그 행동이 잘못된 것인 줄 알지 못한 상태에서 일어난다. 잘못이 반복되면 고질적인 습관으로 굳어진다. 잘못된 태도나 행동이 반복되지 않도록 중간에 끊어 주어야 하지만, 세태를 반영하듯 동료나 선배들은 불쾌한 반발이나 불편한 관계를 꺼리며 지적하기를 주저한다. 그럼에도 주의를 환기해 주며 잘못을 바로잡아 주는 올곧은 사람도 있다.

　잘못을 지적할 때, "그렇게 하면 안 돼.", "태도가 잘못됐다.", "틀린 행동이다."라는 부정적인 말을 사용하기보다, 상대의 자존심을 덜 건드리고 자신을 돌아보게 하는 말이 효과적이다.
　"네가 하는 잘못된 행동이나 처신은 너의 가치를 떨어뜨린다."

　자기 행동이 자신의 가치를 스스로 깎아내리는 것을 알면서도 잘못을 반복한다면 그 사람은 구제 불능일 것이다. 마치 쓸린 상처에 약을 바르지 않고 방치하여 상처를 키워내는 것처럼 어리석은 짓도 없다. 공자는 "잘못을 고치지 않는 것이 더 큰 허물"이라고 말했다. 자신을 사랑하는 사람은 자기 잘못을 그냥 지나치지 않는다. 흐트러진 머리카락을 쓸어 올리듯, 그들은 눈에 띄는 잘못을 바로잡아 허물을 없앤다.

　직장에서 업무를 가르치고 동료관계가 깨지지 않는 것도 중요하지만,

불편함을 감수하고라도 올바른 태도와 행동을 알려주는 일은 더 가치가 있다. 상대방을 위한 적절한 지적은 자기성찰의 계기를 마련해주고, 한 인간의 가치 함양 기회를 동시에 제공한다. 또한 올바른 지적은 같은 공간에서 함께 살아가는 사람들이 잘되기를 바라는 관심의 다른 표현이면서, 동료애를 키우는 생산적인 피드백이다. 애정을 갖고 잘못을 깨우쳐주는 것은 그 무엇과도 비교할 수 없는 귀중한 선물이다.

인생의 길잡이, 등대

우리나라 최초의 등대는 인천 앞바다에 있는 '팔미도 등대'다. 인천상륙작전으로 유명해진 이 등대는 한국전쟁의 양상을 뒤바꿔 놓은 상징이 되었다. 칠흑 같은 어둠 속에서 의지할 것이라고는 불빛밖에 없다. 배와 사람에게 어두울 때 필요한 것은 빛을 내는 등대다. 등대가 없다면 방향을 가늠하지 못하고, 좌초나 두려움의 공포에 떨며 갈 길을 잃을 것이다.

물리적 구조물인 등대는 배가 항해하는 진로에 암초나 인공 구조물 같은 위험한 존재를 알리는 신호를 전달한다. 등대의 법적 명칭도 일반인에게는 생소한 '항로표지관리소'라는 이름이다. 바다에 등대가 있다면 육지의 고층 구조물 상부에는 '항공장애등'이 반짝이고 있다. 어두운 밤에 위험물의 존재를 알지 못하면 항공기가 충돌하는 사고가 발생할 수 있어, 이를 예방할 목적으로 설치되어 있다. 바다의 등대는 불빛의 색깔뿐만 아니라 등대의 색깔로도 위험지역을 표시한다. 빨간색 등대는 입항 기준으로 오른쪽에 위험이 있으니, 왼쪽으로 항해하라는 표시다. 흰색일 때는 그 반대다.

등대의 본래 목적은 배의 안전을 확보하는 것이다. 하지만 뱃사람이 아닌 일반인들에게 등대는 위험을 알리는 신호가 아니라 '나아가야 할 길을 밝혀주는 사람이나 사실'을 나타낸다. 망망대해의 어둠 속에 길을 잃은 뱃사람에게도 등대는 '위험 표시등'의 기능만이 아니라, 때로는 방향을 가늠하게 하는 '길잡이'가 되기도 한다.

살아가는 동안 등대 같은 존재가 있다면 시행착오를 줄이고, 삶의 방향도 잃지 않을 것이다. 또한 내가 누군가에게 등대 같은 존재라면 항상 불을 밝게 비춰야 하는 의무가 생긴다. 살다 보면 불 꺼진 등대를 만날 때도 있지만, 인생에서 만나는 사람은 서로에게 위험을 알려주며 가야 할 길도 밝혀주는 등대가 되어야 한다. 서로가 서로에게 불을 밝혀 필요한 존재로 살아갈 때 인생길은 어둡지 않다.

성공을 경험시켜라

작은 성취가 모이고 습관이 되면 큰 성취를 이룰 수 있다. 무엇보다 처음으로 직접적인 성공을 경험하는 것이 중요하다. 작더라도 성공을 체험하는 일은 나의 잠재력을 발견하고 자존감을 높이는 방법이다. 하지만 가본 적 없는 길을 가는 사람이라면 누구나 어려워하고 불안해한다. 그에게 필요한 건 격려와 용기를 불어넣는 일이다.

"할 수 있어. 생각보다 어렵지 않아."

보편적으로 사람은 자신을 과대평가하지만, 과소평가하는 사람도 있다. 충분히 할 수 있는 재능을 갖고 있지만, 자신은 그런 자질이 없다고 예단하며 행동으로 옮기지 않는다. 세상은 아는 만큼만 보이기 때문에, 몰라서 보이지 않으면 성공 가능성이 없다고 생각하는 것도 당연하다. 하지만 가능성을 볼 수 없던 그의 눈을 뜨게 하면, 새로운 도전에 용기를 낸다. 언젠가 직원의 가능성을 믿고 도전의 첫발을 내딛게 한 적이 있었다. '혹시라도 결과가 좋지 않으면 마음에 상처를 받지 않을까?'라는 걱정이 밀려왔다.

"괜찮아요. 저는 도전해 보는 것만으로도 좋아요."

우려했던 것과는 달리 덤덤한 대답에 마음이 놓였다.

바라는 대로 결과를 내고 첫 성공을 이루고 나면, 자기만의 성공 플랫폼을 갖게 되어 도전하는 재미가 생긴다. 성장해야 할 사람들이 성공하는 모습은 아름답다. 성장은 자신의 가능성 찾아내고 남다른 열정과 노력이 더해질 때 찾아온다. 만족할 만한 성과를 내고 난 후에 축하하면서 직원에게 한 마디 건넸다.

"가르치는 사람은 형편없는데, 배우는 사람은 탁월했다."

대기업 CEO와의 오찬

몇 년 전에 인연을 맺어 지금도 만나고 있는 '회장님'이 있다. 몇 개의 대기업 계열사 CEO와 정치, 경제계에서 다양한 활동을 하였고, 지금도 현역으로 여러 직함을 갖고 있다. 호칭 문제를 고민하던 중에 누군가 회장님이라고 부르는 것을 보고 그때부터 그렇게 호칭을 시작했다.

어느 날 회장님으로부터 점심도 할 겸 사무실 방문 계획 전화를 받고, 사무실 신규직원들과 함께하는 식사를 제안해서 승낙을 받았다. 남녀직원 1명씩 총 4명이 점심 식사 자리를 가졌다. 사회생활을 하면서 일반 직원들이 대기업 CEO로 오랫동안 활동했던 경영자와 오찬을 함께할 기회는 거의 없다. 하지만 나이 어린 직원들에게 새로운 경험의 시간은 큰 의미가 있어, 기회가 있을 때마다 비슷한 자리를 만들려고 애쓴다.

성공한 사람은 남들과 차별되는 재능이 있어서 그 자리에 오른다. 성공한 사람을 통해 성공을 간접적으로 배우는 것도 큰 가치가 있다. 『순자』에 나오는 '마중지봉麻中之蓬'은 삼밭에서 자라는 쑥은 붙들어 주지 않아도 곧게 자란다는 뜻이다. 성공한 사람들과 함께하면 나도 올바르게 성장하고 성공할 기회를 얻을 수 있다.

벤치마킹은 사례를 통한 성장의 효과적인 수단이다. 이 용어는 토목작업이나 강물의 높낮이를 측정하기 위한 기준점benchmark 표시에서 유래하였다. 현재는 개인이나 기업의 성과를 개선할 목적으로, 비교 대상을 선정하고 대상의 장점을 흡수하여 실무에 적용하는 핵심 도구로 자리 잡았다. 시장에서 '퍼스트 무버first mover'를 따라 하는 '패스트 팔로워fast follower'의 전략이 바로 벤치마킹이다. 성공한 사람은 벤치마킹해야 할 퍼스트 무버이자, 기준점인 것이다.

성공을 꿈꾸는 사람은 성공한 사람으로부터 많은 것을 배울 수 있다. 그들의 장점을 본받아 내 것으로 만들면 나는 성장하고 성공에 한 걸음 더 다가갈 수 있다.

"성공한 사람으로부터는 지혜를 배우고, 자신은 세상에서 통할 실력을 갖춰라!"

그러면 자신도 성장을 거듭하여 언젠가는 그 자리에 오르는 날이 반드시 올 것이다.

7가지 핵심 문장

1. 착한 벗을 마음에 두어 따르고 훌륭한 사람을 가까이하라.

2. 너를 성장시켜 줄 수 있는 사람을 만나라.

3. 넘어질 때마다 일으켜 세워주면 일어서는 방법을 깨치지 못한다.

4. 내가 원하는 고통은 성장을 안겨준다.

5. 네가 하는 잘못된 행동이나 처신은 너의 가치를 떨어뜨린다.

6. 성장은 자신의 가능성 찾아내고 남다른 열정과 노력이 더해질 때 찾아온다.

7. 성공한 사람으로부터는 지혜를 배우고, 자신은 세상에서 통할 실력을 갖춰라!

Road 3

현재에 충실하라

처세　긍정　통찰

UNSTO
PPABLE

우리는 가진 것을
생각하지 않고
부족한 것만 생각한다.

아르투어 쇼펜하우어 Arthur Schopenhauer

Section 1
현실을 대하는 현명한 자세

평범한 삶이 행복한 삶이다

학교를 마치고 직장을 다니며 결혼하고 가족을 꾸리는 삶은 평균적이다. 특이한 삶은 한때의 짧은 쾌락만을 안겨 준다. 일시적 즐거움에 취하여 자극을 좇고 욕망의 충족에 갈증을 느낀다. 하지만 행복한 삶의 본질은 일시적인 감각을 거부하고 연속적인 일상을 추구한다. 하늘을 나는 좋은 기분도 일시적이다. 머지않아 날개를 접고 지상으로 내려와 땅에 발을 디뎌야 한다. 지상은 삶의 근거지이면서 인생의 중심축이다. 자극 없는 지상에 염증을 느껴 '매너리즘'이라는 위기가 오더라도, 지하에 내려가 보면 지상의 삶이 얼마나 소중한지를 온몸의 감각으로 깨닫게 된다.

지루하고 타격감이 없더라도 평범한 삶만으로 삶은 가치가 있다. 평범함이 행복하다고 느낄 때는 고통을 겪고 있을 때다. 중국속담에 "기적은 하늘을 날거나 바다 위를 걷는 것이 아니라, 땅에서 걸어 다니는 것이다."라는 말이 있다. 살아있음이 기적이고, 살아있기 때문에 땅 위를 걷는 것이다. 삶을 너무 당연시해서는 안 된다. 하지만 사람들은 하늘을 날고 바다를 걷기 위해 몸부림치고 있다. 평범한 삶이 인생 패자의 삶이라고 생각하며.

평범함은 자기를 내세우지 않는다. 유명한 사람은 어딜 가나 눈에 띄어 사생활을 보호받지 못한다. 타인의 시선에 갇혀 거리를 걷고 마트에서 장을 보는 일상도 쉽지 않다. 하지만 평범할수록 자유로울 수 있다. 사람들은 평범한 일상이 곧 행복이라는 사실을 뒤늦게 깨닫는다. 평범함의 가치는 말 그대로 평범한 것에 있다.

"왕관을 쓰려는 자 그 무게를 견뎌라."

희극 『헨리 4세』의 대사에서 유래된 말로, 원문은 "Uneasy lies the head that wears a crown."이다. 높은 자리에는 막중한 책임이 따르고 편할 날이 없다는 뜻이다. 특이한 삶은 평범한 삶보다 몇 배나 더 무거운 인생의 무게를 이겨내야 한다. 왕관을 쓴다고 다 행복하지 않다. 겉모습에 가려진 그들만의 고충을 다른 세계 사람들은 알지 못한다. 별난 사람이 행복할 것처럼 보여도, 사실 행복은 평범한 일상에서 나온다. 평범함이 곧 행복이다.

The Road Not Taken

로버트 프로스트(Robert Frost, 1874~1963)

I shall be telling this with a sigh
Somewhere ages and ages hence:
Two roads diverged in a wood, and I
I took the one less traveled by,
And that has made all the difference.

지금부터 오래오래 후 어디에선가
나는 한숨지으며 이렇게 말하겠지.
숲속에 두 갈래 길이 나 있었다고, 그리고 나는
나는 사람들이 덜 지나간 길 택하였고,
그로 인해 모든 것이 달라졌다고.

이 글은 로버트 프로스트가 쓴 시, 「가지 않은 길」에서 자주 언급되는
구절이다. 이 시는 삶의 갈림길에서 누구나 겪는 선택의 문제를 회상하
듯 표현하고 있어, 많은 사람으로부터 공감과 사랑을 받고 있다. 작가는
두 길에서 어느 길을 선택할지 고민하며 마음에 드는 길을 선택한다. 선
택의 결과는 '한숨'이라는 단어가 말해주듯이 후회에 가깝다. 하지만 다
른 길을 선택하지 않은 한숨일 수도, 어느 길을 가든 하나의 길은 포기해
야 하므로 필연적으로 생기는 후회일 수도 있다.

누구나 매일 결정이라는 선택의 갈림길에 서서 결정의 순간마다 고민에 빠진다. 고민 끝에 하나의 선택을 해도, 잘한 선택인지 아닌지 또 다른 여운이 남는다. 옳은 선택이라고 생각했지만 지나고 나서는 잘못된 선택이었음을 깨달을 때도 있다. 인생 전체로 보면, 다른 길을 가보지 않았기 때문에, 내가 선택한 길을 단정적으로 평가하기는 어려울 것이다.

'새옹지마'의 고사처럼 인생에 좋은 일과 나쁜 일, 재앙과 복은 항상 바뀌어 미리 헤아릴 수 없다. 어떤 선택을 하더라도 자신을 믿고 인생을 충실하게 살면 그만이다. 다른 선택을 했다고 해서 후회가 없지 않지만, 선택에는 항상 다른 선택을 하지 않은 미련이 따른다.

가진 것에 감사한 마음이 필요하다

행복과 불행은 가진 것에 만족하느냐, 불만족하느냐로 결정된다.
충분하다고 생각하면 행복이고, 부족하다고 생각하면 불행이다.
가진 것은 생각하지 않고, 없는 것에만 눈에 간다.
욕망은 불행의 씨앗을 키우고, 가진 것을 잊히게 만든다.

내가 가진 것이 내일은 존재하지 않을 수 있다.
우리는 가진 것을 당연한 것으로 여기고 고마움을 잊고 있다.
신체적, 물질적, 사회적 자산이 영원하다는 착각에 빠져서 산다.
지금이라도 자산의 일부나 전부가 예고 없이 사라질 수 있다.

불확실한 삶에서 확실한 자산은 존재하지 않는다.

지금 가지고 있는 것에라도 감사한 마음을 갖자.

무엇을 얻는 것보다

행복은 가진 것에 감사한 마음을 가질 때 느낄 수 있다.

얻는 것만큼 잃지 않는 것도 중요하다

'피로스의 승리Pyrrhic victory'는 그리스 에페이로스의 왕 피로스 1세가 로마와 치른 여러 번의 전투에서 승리하였지만, 엄청난 손실을 남긴 데서 유래되었다. 아스쿨룸Asculum 전투가 끝나고 한 측근이 승리를 축하한다고 말을 건네자, 피로스는 이렇게 대답했다.

"로마군과 다시 한번 싸워 이런 식으로 이긴다면 우리는 완전히 망하고 말 것이다."

원하는 것을 얻기 위해 희생으로 대가를 치른다. 희생이라면 돈, 시간, 인간관계, 건강 등 하나도 중요하지 않은 것이 없다. 우리는 그 희생을 감수하고라도 중요한 무엇을 얻으려고 한다. 우리가 궁극적으로 추구하는 것은 행복이다. 모든 초점은 행복에 맞춰져 있다. 좋은 학교, 남들이 선망하는 직장, 행복한 가정, 그리고 여유 있는 생활을 위해 경제적, 사회적 창고를 채우기에 바쁘다.

얻는 것에 집중하다 보면 잃는 것에는 둔감해진다. 경주마처럼 좌우를 보지 않고 앞만 보고 달리면 주변에 있어야 할 인생의 중요한 존재가 보이지 않는 순간이 온다. 무엇을 얻기 위해 과도한 시간을 희생하면 행복을 누릴 인생은 짧아지고, 건강을 잃으면 모든 것은 의미를 상실한다. 결국 행복을 위해 다른 것을 희생하면서 원하는 것을 얻었지만, 행복하지도 않고 행복을 누리지 못할 수도 있다.

'피로스의 승리'가 수는 현실적 교훈은 희생할 행복과 바라는 목표가 합리적인 선에서 타협할 때, 원하는 행복을 누릴 수 있다는 것이다. 우리는 행복을 원하면서도 한편으로는 행복을 희생시키고 있다. 우리는 얻는 것에 몰입하느라 정작 중요한 것을 놓치면서 살고 있었던 것은 아닐까? 목표를 위해 희생시켰던 소중한 가치들을 되돌아봐야 한다. 행복을 지나치게 희생하면서 얻어야 할 가치 있는 것은 아무것도 없다.

어느 시대나 세대 차이는 있었다

어느 세대는 꽃길만 걸어왔고,
어느 세대는 가시밭길만 걸어오지 않았다.

세대교체는 주기적으로 찾아오고, 세대의 건강한 순환은 같은 시대를 공존하는 각 세대의 인식에 달려있다. 세대 간 심리적 간격이 작고 교집합이 클수록 완충작용은 효과를 발휘하여 세대 갈등을 줄인다. 세대 간의 이해가 떨어질수록 갈등은 커질 수밖에 없지만, 세대 안에서도 이해가 부족하면 세대 내 불협화음이 끊이지 않는다.

'각 세대에는 그들만의 아픔이 있다.'

할아버지 세대는 나라를 잃었고, 아버지 세대는 전쟁과 배고픔을 겪었다. 그다음 세대는 민주화의 험난한 과정을 거치며 국가부도 사태인 'IMF(The International Monetary Fund) 구제금융'을 견뎌냈다. 그리고 시간이 지나, 또 다른 세대는 현실의 불안과 불확실한 미래의 두려움 속에 살고 있다. 각 세대는 세대 나름의 전쟁을 치른다. 시대적 아픔은 각각의 세대가 느끼는 고통이다.

어느 특정 세대에게만 불공평하게 부여되는 고통은 존재하지 않는다. 다른 세대가 겪었던 아픔은 내가 겪어보지 않아서 작아 보이고, 지금 내가 겪고 있는 고통은 너무 커 보인다. 세계 곳곳에서 일어나는 전쟁이나 자연재해로 수천 명이 죽더라도, 내 손가락에 베인 상처보다 아프지 않다. 죽음과 베인 상처는 비교할 수 없지만, 인간은 자기중심적인 존재라서 내 상처가 더 아프다고 느낀다.

보고 싶은 방식대로 보면 세대 갈등은 영원한 숙제로 남는다. 또한 세대가 거듭할수록 기대치가 높아지면서, 사회는 과거에 비해 발전하는데도 만족보다 불만족이 늘어난다. 인간의 이기적 본성과 기대심리는 세대 갈등을 해결하기보다 악화시키는 요인으로 작용한다.

각각의 시대에 세대 갈등은 필연적이지만, 다른 세대의 가시밭길이 꽃

길로 보인다면 세대 갈등은 완화되지 않고 악화한다. 어떤 세대의 꽃길만 같았던 그 길이 가시밭길임을 알았을 때, 한 세대는 다른 세대를 이해와 온정으로 포용하고, 더 나은 해결책을 만들기 위한 화합의 출발점에 서게 될 것이다.

능력을 뛰어넘는 욕망은 불행하다

사람들은 능력이 부족한 자신을 객관화하지 못하고 갈 수 없는 자리에 욕심을 낸다. 뜻대로 되지 않는 일에 자기를 탓하지 않고 다른 사람을 원망하며 불평을 쏟아낸다. 『논어』에서 공자는 자신의 역량을 키워 알아줄 만한 사람이 먼저 되어야 한다고 강조하며 이렇게 말했다.

"자리가 없음을 걱정하지 말고, 그 자리를 차지할 만한 재능과 학식이 없음을 걱정해야 한다."

사람들은 다른 사람이 하지 못하는 일도 자신은 쉽게 해낼 수 있다는 망상에 사로잡혀 있다. 보는 것과 하는 것은 다른데도 그렇게 생각한다.

자기 능력을 넘어서는 행위는 자신에게 해를 끼친다. 능력 범위 안에서 하는 행동은 만족감을 불러오고, 능력을 초과한 일은 중압감을 낳고 패배감을 안긴다. 내 능력을 뛰어넘는 욕망의 실현을 바란다면 현실은 불행이 가득한 지옥일 수 있다. 지옥에서 벗어나는 길은 욕망을 버리거나, 아니면 욕망을 이룰 실력을 갖추거나, 둘 중 하나밖에 없다.

꿈을 이루고 싶다면 자기 능력과 욕망 사이의 간격을 부단한 노력으로 좁혀야 한다. 욕망은 나태한 자에게 손으로 잡을 수 없는 환상만을 보여주고, 오를 수 있는 사다리를 치워버린다. 하지만 실력을 쌓아가는 자에게는 사다리를 내려주어 손에 잡을 기회를 준다. 능력을 넘는 꿈이 가져다준 불행은 자신이 선택할 결과이지 타인의 잘못이 아니다.

자신을 잘 알면 행복해질 수 있고 알지 못하면 불행해진다. 자기 몸에 맞는 옷을 입을 때, 자연스럽고 보기에도 좋다. 맞지도 않는 옷을 입으면 몸도 마음도 불편하다. 능력을 넘는 욕망이 가득하면 현실을 살 수 없다. 자기 객관화를 통해 지나치지도, 모자라지도 않게 사는 삶이 불행하지 않고 행복한 삶이다.

행복은 작은 데서 온다

큰 성공을 거두고, 높은 자리에 앉고, 남들보다 넉넉한 경제적 풍요가 행복을 보장하지 않는다. 행복을 거창한 데서만 찾으면 행복할 일은 줄어든다. 행복의 크기는 성과와 규모의 크기에 비례하지 않고 작은 것에서도 큰 행복을 느낄 수 있다. 얻는 것만이 아니라, 잃는 것에서도 행복을 찾을 수 있다면 행복할 일은 많아진다. 가진 것 없어도 행복한 사람은 작고 사소한 것에서 행복을 느낀다.

무엇을 얻지 못해도 누군가 보여주는 맑은 미소가 나를 행복하게 하고,

온기 가득한 말 한마디에서도 행복을 느낀다. 어느 날 벌에 쏘여 퉁퉁 부었던 목덜미의 통증이 가라앉으면 행복하고, 비가 온 후 쾌청해진 하늘도 사람을 행복하게 만든다. 걱정이 해결되고 고민이 끝나면 마음은 해방감에 젖는다. 얻는 행복도 있지만, 무엇을 덜어내도 행복은 찾아온다.

소소하지만 확실한 행복, '소확행'은 자신의 의지로 일상에서 자주 느낄 수 있는 행복을 만들어내는 일이다. 사소한 것에도 감사하는 습관은 행복의 영역을 확장한다. 행복은 가까이에 있지만, 우리는 미처 행복을 발견하지 못한 채 지나치고 있는지도 모른다. 주위에 알아채지 못한 행복은 없었는지 둘러보기도 해야 한다. 행복은 곳곳에 숨어있다.

기다릴 수 있으면 기다려야 한다

병 속에 들어있는 흙탕물이 투명하게 맑아지려면 적지 않은 시간을 기다려야 한다. 기다리지 못하고 병을 들었다 났다 하면 기다린 시간은 '리셋reset'이 된다. 분노의 감정이 시간이 지나면서 평정을 찾듯이, 흙탕물은 기다림의 시간 끝에 '중력 작용'으로 맑아진다. 물질도, 정신도 혼란스러울 때는 시간이라는 치료제가 역할을 한다.

시간이 필요한 것은 마음의 안정뿐일까? 상황이 안 좋을 때도 마찬가지다. 지금 곤란한 상황이 긍정적으로 변하기 전에 행동으로 옮겨서는 일을 그르칠 수 있다. 기다림의 미덕은 때를 기다리는 데 있다. 일을 잠시 내려두고 다른 일에 열중함으로써, 조급한 마음을 달래고 기다리는 시간을 쓸모 있게 활용하는 것이 가장 좋은 방법이다. 상황이 호전되기도 전에 참을성 없게 마음이 앞서면 일을 그르친다.

원하는 상품이나 서비스를 먼저 얻기 위해 달려가는 현상을 보통 '오픈런open run'이라고 말한다. 희귀 아이템이나 한정판 제품, 공연 관람권 등이 주요 대상으로, 짧게는 몇 분에서 길게는 며칠 밤을 새우며 자리를 차지하고 기다린다. 기다림의 목적은 원하는 것을 손에 넣는 것이다. 이처럼 기다림의 가치는 꿈의 실현과 맞닿아 있다.

인생에서의 기다림은 때로 고통스럽고 지루하다. 하지만 『두 도시 이야기』의 작가 찰스 디킨스Charles Dickens는 기다림을 긍정하며 이렇게 표현했다.
"기다림은 더 큰 기쁨을 위한 준비가 된다."
성공을 위해서도, 몸과 마음이 치료되고 회복되기 위해서도, 기다림의 시간은 필요하다. 기다림에는 인내, 자기성찰, 희망이 뒤섞여 있다. 기다리는 자는 수행자의 마음가짐으로 시간의 흐름을 지켜본다. 마음이 급해도 기다림을 견디고 즐길 수 있을 때, 삶은 풍요로워지고 더 큰 기쁨이 찾아온다.

오늘은 선물이다

"Yesterday is history, Tomorrow is a mystery. Today is a gift.
That is why it is called the present."
어제는 역사고, 내일은 미스터리지만, 오늘은 선물이다.
그것이 우리가 선물이라고 부르는 이유다.

Present(오늘, 선물)라는 대표적인 동음이의어에 착안한 이 격언은 오늘을 대하는 자세가 어떠해야 하는지를 말하고 있다. 오늘은 다시 오지 않고 오늘이 지나면 과거가 된다. 현재를 단순히 지나가는 하루로 흘려보내는 일은 귀중한 시간을 버리는 것이다. 지나간 역사인 어제에 얽매이고 다가오지도 않은 미래에 불안해하는 것은 현재를 과거와 미래의 희생양으로 삼는 것이다.

인생의 선물인 오늘을 의미 있는 날로 만들어야 한다. 선물의 의미를 퇴색시키지 않으려면 시간을 소중하게 여기고 또한 유용하게 써야 한다. 무의미하게 하루를 보내는 일은 자신에게 불행을 선물하는 것이다. 'killing time'이라는 말이 유행했던 적이 있었다. 말 그대로 시간을 죽이는 것인데, 지루함을 달래기 위해 시간을 알차게 쓰지 않고 그냥 흘려버릴 때 쓰는 표현이다. 시간을 죽인다는 표현은 시간의 가치를 망각하는 한 시대의 낭만적 유행이었다. 유행은 생명을 다하면 변하지만, 지금도 변하지 않은 것은 오늘이 지나면 오늘은 과거가 된다는 사실이다.

"오늘은 인생의 남은 날 중 가장 젊은 날"이라고 한다. 오늘 남겨야 하는 것은 내가 살아왔음을 증명하는 '흔적'이라는 발자국이다. 시간을 죽이는 하루가 아니라 오늘을 생산적인 하루로 만든다면, 오늘이라는 선물은 마음속에 소중한 기억으로 간직될 것이다. 오늘 지난 시간은 다시 돌아오지 않는다.

우연을 가장한 일은 운명이다

'우연偶然'은 아무런 인과관계가 없이 뜻하지 않게 일어난 일이며, '필연必然'은 사물의 관련이나 일의 결과가 반드시 그렇게 될 수밖에 없는 것을 나타낸다. 우연과 필연의 차이는 인과관계가 있느냐 없느냐의 차이로 구별된다. 미처 인과관계를 알아채지 못하여 우연이라고 생각하는 필연도 있을 것이다.

사람들은 때로 우연이라고 생각하는 일을 겪는다. 우연히 사람을 만나기도 하고, 사건이 일어나기도 하며, 예상하지 않았던 상황을 마주칠 때도 있다.

'우연처럼 일어났던 일들이 정말 우연이었을까?'

시간이 흐른 뒤에, 그때 우연같이 일어났던 일들이 사실 필요한 일이었다는 생각이 든다면, 그 일은 우연을 가장한 여신의 특별한 뜻이 담긴 계시, 즉 '티케Tyche'였을지도 모른다.

　티케는 운명, 행운, 우연을 관장하는 그리스의 여신이다. 이에 대응하는 로마의 여신은 '포르투나 Fortuna'였다. 여신의 한 손에는 풍요의 뿔을, 다른 한 손에는 회전하는 운명의 수레바퀴를 들고 있다. 여신은 부와 명예를 가져다줄 수도 있고, 바퀴를 돌리며 행운과 불운으로 운명의 방향을 바꿀 수도 있다. 운명의 수레바퀴와 연결된 우연은 예상하지 못한 사건을 통해 끊임없이 우리를 시험하고 있다.

　우연 같은 일은 우리의 운명을 드러내게 하려는 시도일 것이다. 우리는 자신에게 온 운명 속에서 자기 자신을 찾아간다. 결국 운명의 수레바퀴를 돌리는 것은 여신이 아니라 우리 자신은 아닐까? 운명을 우리가 원하는 방향으로 돌릴 수 있다면 내 운명은 내 손안에 있는 것이다. 우연이 '티케의 계시'라는 믿음을 가질 때 행운과 운명은 우연을 가장하여 우리에게 찾아온다. 우리가 우연이라고 생각했던 것들이 우연이 아닐 수도 있다.

7가지 핵심 문장

1. 별난 사람이 행복할 것 같아 보여도, 사실 행복은 평범한 일상에서 나온다.

2. 선택에는 항상 다른 선택을 하지 않은 미련이 따른다.

3. 행복은 가진 것에 감사한 마음을 가질 때 느낄 수 있다.

4. 행복을 지나치게 희생하면서 얻어야 할 가치 있는 것은 아무것도 없다.

5. 각 세대에는 그들만의 아픔이 있다.

6. 기다림의 미덕은 때를 기다리는 데 있다.

7. 인생의 선물인 오늘을 의미 있는 날로 만들어야 한다.

Section 2
사회생활을 잘하는 비결

존중의 표현, 예절

예절은 나이가 많고 적음에 비례하지 않는다. 즉 나이가 많아도 무례한 사람이 있지만, 나이가 적어도 예의가 바른 사람이 있다는 뜻이다. 어느 종합병원 입구의 신호등 없는 횡단보도 끝에, 길을 건너려는 엄마와 아이가 서 있었다. 정지선에 멈춘 채 그들이 지나가기를 기다렸다. 횡단보도 중간쯤에서, 가던 길을 멈춘 아이는 몸을 돌려 90도로 인사를 했다. 그런 아이를 본 엄마는 빨리 건너자고 보채고, 아이는 인사하느라 잠시 뒤처졌다.

아이가 어른 세계의 예절을 알 리 없겠지만, 전통적 사회규범이나 가치 질서가 많이 훼손된 지금, 어린아이의 기습적인 배꼽 인사는 나를 당황스럽게 한다. 당연하다고 생각했던 행동들이 지금은 희귀해져 버린 탓에, 생뚱맞게 중학교 때 배웠던 '아노미 anomie 현상'이란 단어가 떠올랐다. 규범이 사라지고 가치관이 붕괴하면 사회적으로나 개인적으로 불안정한 상태가 되어 사회 전체가 불안해지는 현상을 말한다.

등산복 상견례가 인터넷에서 화제가 된 적이 있었다. 남자 친구의 부모가 등산복에 운동화 차림으로 상견례에 나타나서였다. 여자 친구는 우리를 무시한다고 생각해서 결혼 보류를 통보했다는 내용이었다.
'예의의 기준은 내가 아니라 상대방이다.'
내 기준으로는 예의라고 생각해도, 상대방이 결례라고 생각한다면 예의를 차린다고 취했던 태도나 행동은 무례가 될 수 있다. TPO(Time, Place, Occasion)에 맞는 격식은 상대를 위한 것이지 나를 위한 것은 아니다.

마음속의 생각을 언어와 몸짓으로 표현하듯이, 격식은 상대방에 대한 존중을 겉으로 드러내 표현하는 방법이다. 보이는 것은 마음의 표현이다. 특히 사회생활에서는 보이는 것이 중요할 때가 많다. 상대방을 불편하게 하는 옷차림뿐만 아니라, TPO를 고려하지 않은 가벼운 태도는 결례가 되어 불쾌와 무시의 감정을 낳는다.

배움 없이 머리가 하얘지면 어린아이보다 나을 수 없다. 세월의 흔적은 나이에서가 아니라 몸가짐에서 나타나야 한다. 무엇을 이루기 전에, 먼저 사람이라면 갖추어야 하는 '예禮'는 선택사항이 아니다. 같이 사는 사회에서 상대방에 대한 존중의 표현, 예절은 반드시 지켜야 하는 필수아이템이다.

사회생활의 시작과 끝은 인사다

인도와 네팔에서 사용하는 인사말, 나마스떼 namaste 는 "당신에게 경의를 표합니다."라는 의미를 담고 있다. 만날 때나 헤어질 때 합장하고 묵례로 하는 인사방식은 존중을 넘어, 상대방을 '신성한 존재'로 인정한다는 의미를 내포한 행위다. 인사의 형태는 문화에 따라 다양한 방식으로 나타나, 양쪽 볼을 가볍게 맞대거나, 포옹, 볼 키스를 나누기도 한다. 우리나라는 고개를 숙여서 하는 인사와 악수가 일반적이다. 나라마다 방식이 다를 뿐, 인사는 상대를 존중하는 표현이라서 사회생활의 기본이고 인간관계의 출발점이 된다.

우리 사회는 인사에 관대하지 않은 편이다. 인사를 잘하면 인사성 바르다고 하지만, 인사 태도가 불량하면 버릇없다는 말과 함께 육두문자 (상스런 욕)가 나올 때도 있다. 실수로 인사하지 않아도 별일 없을 거라는 생각은 사회의 냉혹함을 알지 못하는 순진한 기대일 뿐이다. 인사로 생기는 불쾌한 감정이 깊어지면 눈 밖에 난다. 예의 없는 사람이라고 낙인이 찍혀도 할 말이 없다. 인사성 문제가 사람들 입에 오르내리면, 사회생활에 치명적인 악평을 피할 수 없고 직장생활도 피곤해진다.

사회생활을 상징하는 직장은 자기가 하고 싶은 대로 할 수 있는 곳이 아니다. 마음에 들지 않아도 감정을 눌러 격식을 담아 인사를 해야 하고, 하고 싶지 않은 일도 해야 하는 일터다. 사회에서 기계적으로 인사하는 습관이 들지 않으면 오해 사는 일이 자주 발생한다. 인사할 때는 웃는 얼굴과 정중한 태도로 격식을 담아 인사하자.

'사람을 보고 인사하지 않는 것은 자기가 먹는 우물에 침을 뱉는 것과 같다.'

인사는 그 사람의 얼굴이다.

기적을 부르는 화합의 힘

『맹자』에는 "하늘의 때는 땅의 이로움만 못하고 땅의 이로움은 사람의 화합만 못 하다."라고 하고, 『역경』에는 "두 사람이 힘을 합치면 쇠도 끊을 수 있다."라는 말로, 화합하면 이루지 못할 일이 없음을 강조하고 있다. '적은 내부에 있다'고 하는 말은 화합이 이루어지지 않아 조직의 힘이 한 곳에 집중되지 못하는 상황을 나타낸다. 화합하지 않으면 조직은 분열되고 공동 목표를 달성하는 일도 어려워진다. 공동체 조직에서 중요한 것은 사람들 간의 화합이다.

"팀보다 위대한 개인은 없다."라는 말도 화합의 중요성을 말하고 있다. 스타성 있는 선수가 팀의 일원이라면 팀의 성적을 내는 일이 수월하지만, 좋은 성적의 전제는 '팀워크'가 살아있는 화합이다. 아무리 우수한 선수가 있더라도, 팀워크가 없다면 팀의 능력을 제대로 발휘하기 어려워 승리를 장담할 수 없다. 예를 들어 축구에서 수비, 미드필더, 공격수가 패스로 연결되는 팀워크를 발휘할 때 골 결정력을 높일 수 있다. 공격수가 우리 측 골라인에서부터 혼자 공을 몰고 상대 골문까지 드리블하여 슈팅까지 마무리하지는 않는다. 스포트라이트는 공격수가 받더라도 모두가 화합하여 이루어낸 골이다.

화합은 혼자서 할 수 없는 일을 가능하게 만든다. 팀플레이를 하지 않는 개인이 한 명이라도 끼어있으면 팀워크는 무너진다. 직장에서도 같이 일하는 분위기에 찬물을 끼얹는 사람이 조직의 단합을 해친다. 줄다리기에서 엇박자가 생기면 십중팔구 상대팀에게 끌려간다. 화합을 위해서는 자신을 절제하거나 분발하여, 전체의 페이스에 발을 맞추고 단합할 때 원하는 공동 목표를 이룰 수 있다. 고대와 현대, 동·서양을 막론하고 '단합은 집단의 가장 큰 가치이다.'

지휘자의 손에는 악기가 없다

오케스트라의 지휘자는 연주하는 곡을 재해석하고, 연주의 시작과 끝을 알리며, 박자와 리듬을 통일하는 역할을 한다. 곡 해석은 지휘자의 몫이다. 같은 곡이라도 지휘자에 따라 연주되는 곡의 결과물에는 차이가 있다. 지휘자는 악기를 들지 않은 음악가이다. 수많은 악기를 조율하여 아름다운 음악을 새롭게 창조하는 것이 바로 마에스트로Maestro, 지휘자의 음악이다.

지휘자의 역할은 하나의 곡이 완성되도록 오케스트라 단원을 하나로 통합하는 것이다. 단원은 지휘자의 지시에 맞춰 자기 악기를 연주해야 한다. 한 연주자가 이렇게 말한다.

"지휘자님의 곡 해석을 이해하지 못하겠어."

악기 연주자의 곡 해석은 자기 역할을 벗어난 일탈행위다. 악기 연주자가 지휘자의 곡 해석에 맞는 연주 지시를 거부하고 자기가 해석하는 방식대로 연주한다면, 연주곡의 전체적인 균형은 깨진다. 마찬가지로 지휘자가 악기 연주자의 연주가 마음에 들지 않는다고 해서 대신 악기를 잡아도 안 될 일이다.

자신의 역할을 망각하고 주제넘게 나서면 일이 엉뚱한 방향으로 흘러간다. 각자의 욕구를 억누르고 맡겨진 역할에 충실할 때, 모든 것이 조화를 이뤄 원하는 결과를 얻을 수 있다. 역할에 맞지 않는 행동과 순전히 관심받기 위해 연출된 퍼포먼스는 전체의 화합을 해친다.

침묵은 말보다 강하다

사람은 태어날 때
그 입안에 도끼를 가지고 나온다.
어리석은 자는 말을 함부로 함으로써
그 도끼로 자신을 찍고 만다.

부처의 말은 '말의 위험성'을 경고하고 있다. 많은 말은 공허함과 감정 소진을 남긴다. 말이 많아지다 보면 말실수를 피할 수 없고, 상대방이 말할 기회도 빼앗는다. 많은 말보다 적은 말이 자신을 지키는 수단이다. 상황에 따라서 침묵은 긍정을 뜻하기도 하고, 말보다 강력한 부정의 의사 표시로도 쓰인다. 분노의 침묵이 있고 무시의 침묵도 있다. 침묵이 하나의 의미만을 가지지 않으며, 침묵은 다양한 상황에서 많은 뜻을 복합적으로 나타내는 또 다른 언어로 사용되고 있다.

백 마디 말보다 짧은 침묵이 효과적일 때가 있다. 누군가가 잘못으로 꾸중을 들어야 할 때, 침묵은 상대방의 상상력을 자극하여 갖가지 생각을 떠올리게 한다. 말 없는 정적이 상대의 잘못을 책망하고 훈계하는 것이다. 또한 차가운 눈빛을 동반한 침묵은 말할 수 없는 오싹함을 전달한다.

말하고 싶을 때 침묵하는 연습을 해보자. 변명하고 싶고, 말하고 싶더라도 침묵의 기회를 놓치지 않을 배짱과 느긋함을 가질 수만 있다면, 잃는 것보다 얻는 것이 많아짐을 알게 된다. 물고기가 낚시에 걸리는 것은 입을 열고 있기 때문이다. "열린 입은 화를 부르고 열린 귀는 지혜를 부른다."라고 했던 어느 수도사monk의 말처럼, 말이 필요할 때만 입을 열어야 지혜로울 수 있다. 침묵은 소리 없는 마음의 언어이며, 말이 통하지 않을 때 줄 수 있는 최고의 대답이다.

정상은 잠시 머무는 자리

산을 등산하는 일은 우리의 삶과 많이 닮아있다.
오르는 길과 정상, 그리고 내리막길을 걸어야 한다.
정상에 오르는 과정은 성장 구간이다.
성장 구간에서는 영혼까지 갈아 넣으며 비약적으로 성장해야 한다.

이 시기에 성장하지 않으면 성장판이 닫혀 성장할 시기를 놓친다.
탄탄한 실력을 기르고 인내를 배우는 고난의 시기다.
정상에 오르는 과정은 인생의 축소판이고,
정상을 밟는 것은 내가 살아온 길을 증명하는 방법이다.

과정은 길고 험난했지만, 정상은 오래 머무는 곳이 아니다.
교만해지고 우쭐대다가 치욕을 겪으며 추락하는 일도 흔하다.
정상에서는 항상 몸가짐을 조심해야 한다.
때로 정상의 희열은 세상을 다 가졌다는 착각을 일으킨다.

정상에서 자만하면
내려오는 길은 오르는 길보다 험난한 여행길이 된다.
정상에 서면 내려올 일만이 남아 있다.
내리막길은 정상의 높이만큼 길고 가파르다.

망설임은 좋은 일도 의미 없게 만든다

유대교 경전인 『탈무드』에 이런 구절이 있다. "이 세상에는 지나치게 많이 사용해서는 안 되는 것 세 가지가 있다. 빵을 만들 때 넣는 이스트yeast와 소금, 망설임이 그것이다."

먼저 이스트는 빵 발효과정에서 중요한 역할을 하는 미생물이다. 빵을 부풀어 오르게 하고 맛과 풍미, 영양 가치를 높이지만, 많이 사용하면 알레르기를 유발하거나 식감을 망칠 수도 있다. 소금도 마찬가지다. 적당히 사용하면 음식의 맛과 신진대사, 에너지 생산에 필수적이지만, 지나치면 음식 맛을 짜게 하고 고혈압 등 기저 질환underlying disease의 위험을 증가시킨다.

마지막으로 망설임이다. 망설임은 기다림과 다르게 주저하는 것이다. 기다림은 계획된 의도라면, 망설임은 확신을 갖지 못하여 판단을 보류하거나, 행동으로 옮기지 못하는 심리 상태를 말한다. 망설임은 시간이 지나면 후회로 남는다. 예컨대 때에 맞는 도움은 환영받지만, 때늦은 호의는 빛바래고 고마움은 사라진다. 즉 망설임은 선한 행동을 의미 없게 만든다.

르네상스 시대 인문학자였던 에라스무스Erasmus는 "인간을 실패하게 만드는 가장 큰 두 가지 장애물은 망설임과 두려움이다."라고 말했다. 망설임은 자기 확신과 용기의 부족이다. 망설임은 나쁜 일을 저지르는 것과 같다. 망설임이 불러온 뒤늦은 행동은 후회를 남기고 찾아온 기회를 날려버린다. 망설임의 사용 한도는 줄일수록 좋다.

보이지 않으면 마음에서도 멀어진다

"Out of sight, out of mind."

인류가 탄생한 이래 통용되는 이 주제는 아직도 유효한 것처럼 보인다. 눈에서 멀어진다는 것은 교류가 뜸해진다는 뜻일 것이다. 친했던 사이도 발길이 뜸해지면 관계가 서먹서먹해진다. 하지만 멀리 있어 만나지 못해도 마음을 주고받는다면 보이지 않아도 멀어지지 않는다. 사실 자주 눈에 띈다고 없던 마음이 생겨 반드시 가까워지는 것도 아니다. 마음이 맞지 않으면 가까이 있다는 것도 소용없는 일이다.

'불원천리不遠千里, 지척천리咫尺千里'라는 말이 있다. 마음이 있으면 천리도 멀지 않고, 마음이 없으면 가까워도 천리가 된다. 한동안의 연락 두절을 변명하고, 상대방의 섭섭한 감정을 조금이라도 누그러뜨릴 목적으로 이렇게 말하곤 한다.

"전화할 시간이 없었어."

"어쩌지? 그동안 너무 바빠서 시간이 나지 않았어."

시간을 핑계 삼는 것은 정석처럼 굳어져, 이젠 긴 공백의 어색함을 달래주는 애교에 가깝다. 시간이 없어서라기보다 마음이 크지 않은, 미안한 감정을 섞어 에둘러 표현한다. 하지만 문자 한 통 남길 시간조차 없는 것은 아니다. 우스갯소리로 '손가락에 깁스했냐?'는 말을 들어도 할 말이 없다.

　누군가가 항상 그 자리에서 기다려줄 것이라는 아날로그적 감성이 지배하던 시대는 지나갔다. 관계가 소원해지고 단절되기 전에 인연의 끈을 당겨보자. 계절을 핑계 삼아 "추운데 어떻게 지내고 있어?"라고 안부를 묻거나, 직설적으로 "그냥 걸었어. 통화한 지 오래돼서⋯."라는 말을 건넬 수도 있다. 만남도, 연락도 없이 시간이 흐르면 마음은 굳어지고 관계는 끊어진다. 마음을 얻기는 어려워도, 마음을 잃는 것은 고개를 돌리는 순간보다 빠르다. 인연을 이어가고 싶다면 너무 늦지 않게 마음의 문에 노크해야 한다.
　"똑똑"

거울은 먼저 웃지 않는다

　"어린아이는 하루에 300번 웃고 어른은 10번을 웃는다."라는 신문 기사를 본 적이 있다. 곰곰이 생각해 보면 나이가 들수록 웃는 횟수가 줄어드는 것을 체감한다. 나이가 들면 책임이 늘고, 의무가 생기고, 스트레스나 불안 같은 얼굴 찡그리는 일이 많아지면서 웃을 상황이 줄어든다. 어린아이처럼 별것 아닌 일에도 천진난만하게 깔깔대며 웃었던 적이 언제였을까?

일본인 작가, 가네히라 케노스케金平敬之助가 쓴 수필집『거울은 먼저 웃지 않는다』라는 책은 제목만 봐도 작가가 무엇을 말하려는지 알 수 있다. 이발사였던 어느 만담가(漫談家, 이야기꾼)의 셋째 아버지가 입버릇처럼 했던 말이라고 한다. 직업적으로 거울을 봐야 했던 그는 거울에서 깨달음을 얻었다. 내가 웃지 않으면 거울이 웃지 않고, 무표정한 얼굴로 인사를 건네면 상대의 얼굴도 거울을 보는 것처럼 표정이 없다.

연구 결과에 따르면, 웃음은 스트레스 호르몬인 코르티솔cortisol과 에피네프린epinephrine을 감소시키고, 엔도르핀endorphin처럼 사람들을 활기차고 건강하게 하는 물질의 분비를 증가시킨다고 한다. 웃음은 신체와 정신을 건강하게 만들고, 유대관계를 형성하는데 필수적이다. 웃음은 상대방을 반갑게 맞이하는 표현이다. 무표정하거나 웃음기가 사라진 싸늘한 얼굴로 인간관계가 형성되고 유지되는 일은 없다.

나를 웃게 만드는 사람은 나를 건강하게 만들고 나에게 행복을 주는 사람이다. 주변에 웃는 사람이 많다면 행복지수가 올라가고 내가 느끼는 행복감도 커진다. 자신도 모르는 사이에 나오는 습관적인 미소나 웃음은 상대방을 기분 좋게 만들며 상대방에게 뜻밖의 행복도 선물한다. 내가 웃으면 거울도 웃고 옆에 있는 사람도 웃게 만든다. 상대방의 웃는 모습을 보고 싶다면 내가 먼저 웃어야 한다.

스마트한 보고 방법

직장은 공동 목표를 위해 구성된 계약 집단이다. 기업의 목표는 수익 창출이고 이익을 발생시키지 못하는 기업의 존재가치는 사라진다. 부채를 감당하지 못하는 한계기업은 살아남을 수단을 취해야 하며, 이익을 내는 기업도 해결해야 할 문제는 매일 발생한다. 기업을 움직이는 직원의 자질은 문제에 접근하여 해결책을 마련하고, 업무를 수행하는 능력에서 결정된다고 볼 수 있다.

기업에 문제가 발생하면 단순히 문제가 된 사실만 보고 하는 경우가 많다. '직원이 부족하다', '사업 추진이 안 되고 있다'고 문제점만 나열하는 식으로 보고한다. 문제해결을 위한 보고라기보다는 문제 제기 수준에 가깝다. 그 보고 속에는 '다음 대책은 누가 하겠지?'라는 생각이 들어있다. 보고는 직장생활에서 중요한 의사소통 방식이지만, 보고 방법을 잘 모르는 경우가 의외로 많다. 직장에서 능력 있는 직원으로 인정받고 싶은가? 효과가 탁월한 방법이 있다.

보고 방법을 다음과 같이 할 때 직원의 평가는 달라진다.
1번. 무엇이 문제인가?
2번. 문제가 왜 발생했는가?
3번. 대책은 무엇이 있는가?
4번. 대책 중에 무엇이 가장 낫다고 생각하는가?

문제가 발생했을 때는 문제 발생 사실뿐만 아니라, 문제에 대한 원인 파악과 대처 방법도 같이 생각하고 보고하면 완벽한 보고 요건을 갖추게 된다. 스마트한 직원은 문제를 말하면서 대책까지도 제시하여 결정의 질을 높여주는 지원자 역할에 충실하다. 1번에서 4번까지의 과정을 거치는 보고는 문제의 원인을 파악하고, 관련 규정을 찾아보며 해결책을 고민했다는 뜻이다. 이 접근 방법을 이용하면, 문제가 발생할 때마다 직원의 업무능력과 함께 문제해결 능력은 향상되고, 똑똑한 직원으로 신뢰를 쌓아가며 능력도 인정받게 된다.

'내가 최고 결정권자라면 어떻게 문제에 접근할까?' 이런 생각을 갖는다면, 대책이나 대안없이 문제만 보고하는 일은 없다. 직장에서는 보고만 잘해도 능력 있는 직원으로 인정받는다. 보고는 상하 간 소통의 핵심 통로다. 스마트한 보고는 나와 조직 모두를 유기체로 인정하고 일에 몰입했을 때나 가능하다. 넓은 시야를 갖고 일에 접근하는 직원의 업무 성과는 그렇지 않은 직원에 비해 좋을 수밖에 없다.

7가지 핵심 문장

1. 예의의 기준은 내가 아니라 상대방이다.

2. 인사는 사회생활의 기본이고 인간관계의 출발점이다.

3. 단합은 집단의 가장 큰 가치이다.

4. 역할에 맞지 않는 행동과 튀는 행동은 전체의 화합을 해친다.

5. 말이 필요할 때만 입을 열어야 지혜로울 수 있다.

6. 망설임이 불러온 뒤늦은 행동은 후회를 남기고 찾아온 기회를 날려버린다.

7. 상대방의 웃는 모습을 보고 싶다면 내가 먼저 웃어야 한다.

Section 3
실력보다 중요한 것들

태도란 무엇인가?

에티튜드_{attitude}라고 하는 태도의 사전적 의미는 이렇다.

첫째. [행동과 모습] 몸의 동작이나 몸을 가누는 모양새

둘째. [마음가짐과 사고방식] 어떤 일이나 상황 따위를 대하는 마음가짐, 또는 그 마음가짐이 드러난 자세

셋째. [의견과 입장] 어떤 일이나 상황 따위에 대해 취하는 견해

태도는 인지적 측면 및 행동적 경향과 밀접하게 관련되어 있다. 개인의 가치 성향이 타인의 눈에 보이고 들리는 것이 태도다. 이렇듯 태도는 퍼스널리티_{personality} 및 지각 등과 연결되어 있으며, 호의적이거나 비호의적인 것과 같은 생각의 표현이다. 다시 말해, '태도란 어떤 관념, 사상이나 사람에 대해 개인이 어떻게 느끼고 있는가를 몸과 언어로 반영하는 것이다.' 예를 들어 긍정과 부정, 적극과 소극은 관념·사상에 대한 태도이고, 친절과 불친절, 예의와 무례는 사람에 대한 태도다. 현재와 일, 미

래를 긍정하거나, 타인에게 친절하고 예의 바르면 일반적으로 태도가 좋
다고 말한다.

"당신의 태도가 당신의 인생을 결정한다."

사람들은 실력이 중요하다고 생각하고 실력이 있다면 성공한다고 믿는
다. 간혹 눈살을 찌푸리게 만드는 것은 산수 수준의 능력을 수학 실력으
로 착각하는 사람도 있다는 것이다. 실력은 자아 도취적 착각에서 벗어나
사실을 객관적으로 증명할 수 있을 때 인정받을 수 있다. 하지만 진정한
실력을 갖추더라도, 현실은 실력만으로 성공의 길을 열어주지 않는다.
'실력이 중요하지만, 성공의 전부는 아니다.'
실력을 갖추고 있더라도 일을 대하는 자세와 적극성, 인간성 등 소양
문제는 실력을 인정받는 데 걸림돌이 될 수 있다. 불량한 태도는 자신의
실력을 스스로 까먹는다. 이 사회에는 실력보다 더 중요하게 생각하는
'태도'라는 가치가 있음을 잊어서는 안 된다.

사회생활에 필요한 태도를 다른 말로 표현하면 '사람됨'이다. 실력이
있더라도 성실하지 않고 자기중심적인 사람을, 사회에서는 썩 달가워하
지 않는다. 저급한 말투, 무례한 행동이나 말, 거만한 자세를 가진 사람
은 태도가 좋다는 말을 듣지 못한다. 사람의 평가는 한 부분이 전체를 평
가하지 않고, 다른 요인까지 합산하는 종합 평가 성격을 띤다. 실력이 있
다고 태도를 소홀히 해서는 좋은 평가를 받을 수 없다.

예를 들어 실력이 자동차의 엔진이라면 태도는 차의 디자인, 내외장재, 제조사에 해당한다고 볼 수 있다. 차를 살 때 엔진의 배기량이 유일한 의사결정의 요인일까? 사람에 따라 디자인이 중요할 수도 있고, 품질이나 브랜드가 선택 기준이 되기도 한다. 이렇듯 현실은 엔진 성능 지표인 배기량의 크기가 차량 선택의 결정적 요인으로 작용하지 않는다. 마찬가지로 사회생활에서 실력이 가장 중요하지만, 거기에 올바른 태도까지 갖추어야 성공하는 인생을 살 수 있다. 스콧 해밀턴 Scott Hamilton 은 태도의 중요성을 이렇게 말하고 있다.

"인생의 유일한 장애는 나쁜 태도이다."

'싸가지 없다'의 의미

'싸가지 없다'는 말은 주로 불친절하거나 예의가 없고, 못된 성격을 가진 사람에게 많이 쓰는 표현이다. 말이 짧고 중간에 상대의 말을 자르거나, 직장에서는 의전 (儀典, protocol) 을 무시한 채 직급에 맞지 않는 무례한 행동을 일삼으면 예외 없이 듣게 되는 말이다. 보통 상대방이 나를 무시한다는 느낌을 받았을 때, 욕과 함께 이 말이 불쑥 튀어나온다. 사회적 역할 행동의 오류는 종종 서로가 얼굴 붉히게 만든다.

'싸가지'는 씨앗의 '싹'과 새끼를 의미하는 강아지, 망아지의 '아지'에서 왔다고 한다. 어원적 의미는 '싹의 눈', 즉 '작은 싹'이라고 하며 '싹수'라고도 하는데, '싹수'의 전라도 방언이 '싸가지'다. '싸가지 없다'는 본래 싹의 눈이 없으니, 씨앗이 제대로 자랄 수 없다는 의미로 '장래성이 없다'고 말할 때 사용했는데, 지금은 아주 부정적인 의미로 쓰이고 있다. 이 말이 처음에는 욕이 아니었지만, 어느새 욕으로 사용되고 있다.

누군가로부터 이 표현을 직간접적으로 듣는다면 그 사람과의 인간관계는 최악이라고 봐야 한다. 특히 나이 또는 직급의 차이가 있을 때는 몸짓, 말 한마디, 표정도 신경을 쓰고 조심해야 이 말을 듣지 않는다. 보통 나이, 서열을 따지는 관계에서 이 표현이 자주 사용된다. 상대방이 버릇없다고 생각하면 싸가지 없다는 말이 나오는 것은 불을 보듯 뻔하다.

사람 관계가 좋을 때도 있고 나쁠 때도 있지만, 좋은 관계가 아니라도 인간관계에서는 최소한 지켜야 할 선이 있다. 싸가지 없다는 말은 욕으로 끝나지 않는다. 그 말속에는 나는 너를 사람으로 보지 않는다는 무서운 감정적 의미도 포함되어 있으므로, 항상 몸가짐을 바로 해야 한다. 호평을 받기까지는 시간이 걸리고 노력이 들어가는 데 반해, 악평을 얻는 데는 순간에 보이는 불량한 행실만으로도 충분하다.

상대를 존중하는 말

옛사람들은 자기를 낮춤으로써 친구를 존중하였다. 하지만 언제부터인가 친구를 낮추어 부르는 나쁜 문화가 이어져 왔는데, 친구의 배우자를 제수(弟嫂, 동생의 아내)라고 부르는 표현이 그것이다. 친구를 자기 동생쯤으로 생각하는 것이다. 상대를 존중할 대상이라고 생각한다면, 상대의 배우자를 부를 때 사용하는 표현도 달라야 한다. 제수라고 부르는 것보다 친구 배우자의 이름을 불러주거나 누구 엄마라고 불러주는 것이 더 낫지 않을까? 자기의 아들뻘 되는 사람에게도 자신을 낮추어 존중했던 선조들의 겸손은, 자신을 높이고 상대가 깎아내리며 사는 우리를 부끄럽게 만든다.

친구는 나에게 배움을 주는 스승 같은 존재라서, 자신을 낮추고 친구를 높여 존중하는 옛 문화는 친구를 대하는 태도를 다시 생각하게 한다. 친구를 낮추어서 내가 얻을 이익이 있다면 그 관계는 친구가 아니라 이해관계의 하나라고 봐야 한다. 지금도 나이가 비슷한 동료나 아랫사람의 성 뒤에 붙여 상대방을 조금 높여 부를 때, '형'이라는 말을 쓰는 사람들이 간혹 있다.

"김 형, 이것 좀 해줄래?"

나이로는 아래지만 친근한 표현으로 자신을 낮추고 상대방을 높여 존중하는 것도 같은 맥락이다.

친구를 존중할 때 자신의 가치도 떨어지지 않고 올라간다. 자신을 존중해주는 사람을 싫어하는 이가 있을까? 나를 낮추어 상대를 높이고 존중하는 일이 예스럽다고 하더라도 그럴만한 가치가 있는 일이다. 특히 자신보다 나이나 직위가 적거나 낮을 때 존중해주는 모습은 자신의 고상한 품격을 드러내며, 말하는 사람을 더 품위 있어 보이게 한다.

거짓말은 가장 큰 죄악

종교의 경전을 보면, 어느 종교를 막론하고 금지하는 것이 '거짓말'이다. 거짓말은 사실이 아닌 것을 사실인 것처럼 꾸며 하는 말인데, 거짓말하는 사람이나 다른 사람이 받을 이익이 목적이다. 이익은 금전만을 뜻하지 않는다. 처벌을 받지 않거나 자신의 가치를 높이고, 감정이나 비밀을 감추는 행위로 얻는 무형의 이익도 포함된다. 거짓말 중에는 몸이 아픈데도 "아프지 않나?"라는 물음에 습관적으로 "괜찮아요."라고 하며, 예의상 또는 상대가 걱정하지 않게 하려는 하얀 거짓말도 있다.

거짓말의 가장 큰 해악은

첫째, 신뢰 관계를 훼손하는 데 있다. 사실이 아닌 것을 사실로 얘기하는 행위는 상대방을 속이는 일이다. 특히 역사적으로 군주에 대한 거짓말은 '역모'로 취급되어 대역죄로 다스려졌다. 거짓말이 한 번 들통나면 그 사람이 하는 말은 신뢰를 잃어, 무슨 말을 해도 '거짓말이 아닐까?'라고 생각하며 의심부터 한다. 조직이라면 거짓말하는 사람은 소통의 통로에서 배제된다. 그 사람을 거친 말들은 오염되어 믿을 수가 없기 때문이다.

둘째, 질서를 어지럽힌다. 사회 구성원 간에 전달되는 거짓말은 결과적으로 조직 전체를 혼란스럽게 만든다. 진실을 알 수 없어, 서로 간에 불신하는 분위기를 조장한다.

셋째, 양심의 가책으로 인한 자존감의 추락이다. 거짓말은 양심의 가책을 느끼게 한다. 거짓말이 탄로 나면 자존감은 땅에 떨어진다.

거짓말은 거짓말을 덮기 위한 거짓말을 낳아 악순환을 반복한다. 거짓말을 해서도 안 되지만, 특히 나쁜 거짓말은 순전히 자신의 이익을 위해 상대방을 속이는 거짓말이다. 이타적이지 않고 이기적이며 자기중심적 거짓말은 인간관계를 송두리째 파괴한다. 거짓말은 쌓아온 신뢰를 추락시키고 관계를 깨뜨려 사회를 불신하고 병들게 만든다. 거짓말을 대수롭지 않게 생각해서는 안 되며, 사소하더라도 거짓말을 하지 않고 정직하게 말하는 습관이 몸에 배어야 한다.

개미와 매미의 우화

흔한 말은 아니지만, 사람들이 가끔 쓰는 말 중에 '한량閑良'이라는 단어가 있다. 한량은 일정한 직업 없이 놀고먹는 양반 계층을 뜻하는 표현이었다. 요즘에는 본업이나 일에는 관심 없고, 딴짓하거나 놀면서 소득은 꼬박꼬박 챙기는 사람을 비꼬아 말할 때 사용한다.

「개미와 매미」의 우화에 나오는 매미가 한량이라면 한량이다. 남들은 일할 때 매미는 밤낮으로 노래만 불렀다. 찬 바람이 부는 겨울이 오자, 여름에 일하지 않아 먹을 것이 없던 매미는 개미에게 모아둔 식량을 빌려달라고 한다. 개미가 일할 때 매미가 일하지 않았던 것을 알게 된 개미는 "여름에는 노래를 불렀으니, 겨울에는 춤을 추면 되겠구나."라고 하며 식량을 빌려주지 않았다.

'성실'은 사람 사는 사회에서 중요한 가치를 가지는 미덕 중의 하나다. 하는 일에 거짓이 없고 정성을 다하는 사람을 좋아하고 신뢰하지 않을 사람은 없다. 성실한 사람은 공짜를 거절하지는 않지만, 자신의 노력 없이 공짜가 주는 마음의 빚은 반드시 갚아야 할 부채로 인식한다. 성실한 사람은 최소한 받은 만큼은 갚아야 직성이 풀리는 가치관을 따르고 있다. 그런 까닭에 성실한 사람은 남에게 하는 부탁도 어려워한다. 부탁은 내가 해야 할 일을 다른 사람이 대신 해주는 행위로 받아들인다.

성실한 사람은 부당하게 일 처리를 하거나 다른 사람을 속이지도 않으며 정직하다. 말과 행동은 신뢰할 수 있고 예측할 수 있다. 겉으로 드러내지 않으면서도 자기 자리에서 해야 할 일을 잘 알고 있으며, 자신의 책임을 다하려고 한다. 성실한 태도는 특출난 성과를 내지 못하더라도 타인에게 정성을 다한다는 자세를 보여주고, '최선'이라는 인간 가치를 실천하여 사회 안에서 서로 신뢰하도록 만드는 역할을 한다.

공동체의 꽃, 품앗이

품앗이는 주로 농촌에서 일어나는 1:1의 교환노동 관습이다. 일한다는 뜻의 '품'과 갚는다는 뜻의 '앗이'가 결합한 합성어로, 혼자 할 수 없는 일을 필요할 때 서로 도와주는 공동체 내의 생활 경제학이다. 기계화와 산업화가 뿌리내리기 이전의 농촌은 품앗이가 일상이어서 쉬는 날이 없었다. 지금은 품앗이가 거의 사라졌지만, 김장할 때나 애경사가 있을 때 서로 도움을 주고 슬픔과 기쁨을 함께 나누며 명맥을 이어오고 있다.

품앗이의 전제는 '신뢰 관계'의 성립이며, 상대가 필요로 하는 일손을 내가 제공하면, 상대도 내가 필요할 때 노동을 제공한다는 절대적 믿음이 있어야 가능하다. 제공한 노동을 되받지 못하면 공동체의 질서는 깨지고, 이를 어긴 사람은 공동체에서 퇴출을 감수해야 한다. 과거와 마찬가지로, 현재도 자기 것만 챙기는 사람을 사회나 조직에서 환영하지 않는다.

꼭 품앗이가 아니라도 서로 도움 주고 도움받는 것이 사람이 사는 법칙이다. 도움이 필요한데도 모른 척하거나 도움을 받고도 고마움을 모른다면, 사람 냄새 없는 삭막한 세상이 될 것이다. 인간은 사회적 동물이다. 남에게 전적으로 의지하며 살아서도 안 되지만, 자신이 감당할 수 있는 적정선에서 서로 돕는 '상부상조'는 같이 사는 사회가 삐걱거리는 마찰음을 내지 않고 원활하게 돌아가도록 윤활유 역할을 한다. 인간의 가치와 질서는 신뢰를 바탕으로, 서로를 돕고 사회적 규범을 존중할 때 지켜질 수 있다.

세상을 보는 눈, 통찰력

야구에서 스트라이크존을 벗어나는 공, 볼_{ball}에 방망이가 나가 헛스윙하며 삼진을 당하는 선수를 볼 수 있다. 심지어 바운드되는 공에 방망이를 휘둘러 고개를 숙인 채 타석에서 물러나는 모습은 보는 사람에게 안타까움을 자아낸다. 타자가 스트라이크존에 들어오는 공을 쳐야 한다는 사실에는 의문의 여지가 없다. 볼에 방망이가 나가는 것은 투수의 공이 탁월하거나, 타자의 선구안이 부족해서일 것이다.

야구는 투수 우위의 경기다. 대부분 타자는 2할대 타율에 머문다. 타자가 10번의 타석에서 3번만 안타를 쳐서 살아 나가도 3할 타자가 된다. 타자에게 3할은 강타자의 상징이고 공격력의 중요 지표다. 3할대 타자도 삼진을 당하지만, 공을 고르는 능력인 '선구안(選球眼, batting eye)'이 부족하기보다, 투수의 공이 타자를 속일 정도로 좋기 때문일 것이다. 야구에서 10할 타율을 가진 선수는 없다. 삼진을 잘 당하지 않고 안타를 30% 비율로 생산해 내는 것만으로도 우수한 선수라고 인정받는다.

야구가 투수에게 유리한 경기인 것처럼, 인생은 세상이 우리를 시험하는 위치에서 경쟁하는 세상 우위의 무대다. 따라서 인생에서도 세상을 보는 선구안, 즉 안목(眼目, 통찰력)의 유무가 인생의 방향을 가르는 '터닝 포인트'가 된다. 사람을 보는 눈, 기회라는 타이밍을 알아보는 눈을 갖는다면, 인생은 3할을 넘어 꿈의 타율인 4할도 바라볼 수 있을 것이다.

세상 우위의 불리한 싸움에서도 패배를 줄이며 살아가는 방법을 터득해야 한다. 인생에서 3할 타자가 되는 방법은 나를 위험에 빠뜨리는 인생의 볼에 손이 나가지 않고, 스트라이크존에 들어오는 공을 놓치지 않는 것이다. 좋은 사람을 놓치지 않고 나쁜 사람을 흘려보낸다. 그리고 때가 아니면 인내하고 때를 만나면 기회를 잡는 것이 인생의 스트라이크존 앞에서 해야 할 일이다. 인생의 갈림길에서는 통찰력이 큰 힘을 발휘한다. 세상을 보는 눈은 험난한 인생길을 순탄한 포장길로 바꿀 만큼 강력하다.

결핍의 유혹을 이겨내는 냉철함

결핍은 있어야 할 것이 없어지거나 모자란 상태를 의미한다. 결핍의 순간 유혹은 소리 없이 찾아온다. 결핍이 생기면 감각적이고 본능적인 감정이 마음을 지배하여 이성적 판단을 어렵게 만든다. 정체된 고속도로에서 버스전용차로나 갓길로 진입하고 싶은 욕망이 일어나고, 빅토르 위고Victor Hugo의 『레 미제라블』에서 장 발장이 가족에게 줄 빵 몇 개를 훔치는 것처럼 불법을 저지르게도 한다. 안타깝게도 생계형 범죄자였던 장 발장은 빵 몇 개를 훔친 죄로 징역 19년을 살았다.

살아가는 동안 결핍의 유혹은 끊이질 않는다. 결핍의 힘은 마른 스펀지가 물을 빨아들이는 것만큼 강력하여 유혹을 끊어내기가 쉽지 않다. 잘못된 선택은 상황을 회복할 수 없을 정도로 악화시키고 인생을 망치게 할 수도 있다. '외로울 때 사람을 만나지 말라'고 하는 것은 이성적 판단이 결여된 '결핍의 위험'을 지적한 말이다. 목마르다고 바닷물을 마시면 갈증은 해소되지 않고 목만 타들어 간다.

결핍과 관련해서 자주 언급되는 용어가 '터널링 효과_{Tunneling Effect}'로, 어두운 터널 속에서 멀리 보이는 출구의 빛에만 집중하느라 주변 상황을 제대로 파악하지 못하는 현상을 말한다. 하버드·프린스턴 대학 연구팀이 발표한 자료에 따르면, 결핍은 IQ 저하, 좁아지는 시야, 실수의 증가, 충동적이고 비이성적 결정 같은 부정적 영향도 초래한다. 하지만 결핍이 꼭 부정적 상황만을 촉발하는 것은 아니다. 결핍은 부족함을 채우려는 욕구가 강해, 십중력을 증가시키고 결핍 상황 탈출이라는 동기부어로 성장의 기회가 되기도 한다.

결핍은 정서적 긴장 상태가 지속되는 '인지능력의 위기 상황'이다. 현실과 상황을 바로 보는 냉정함을 유지하고 좁아진 시야를 넓힌다면 결핍의 부정적 영향을 줄일 수 있다. 결핍 상황일수록 객관적 현실 인식과 이성적 판단은 되돌릴 수 없는 실수를 방지하는 정신적 해자_(垓子, moat)라는 사실을 잊지 않아야 한다.

실수를 줄이는 것이 핵심이다

운전 경험이 있는 사람이라면 고속도로에서 빠져나가야 할 톨게이트를 놓치고 먼 길을 돌아간 경험이 한 번쯤은 있다. 운전에만 신경 쓰지 않고 다른 생각 하다가 바보 같은 실수에 자책하고 한숨을 쉰다. 사외강사 한 분은 경북의 구미교육원에서 강의가 있었는데, 구례교육원으로 착각하여 전남 구례로 오신 분이 있었다. 그는 교육생이었던 나에게 물었다.

"여기가 구미교육원인가요?"

"구례교육원인데, 구미하고 착각하신 것 같습니다."

강사는 한 글자 실수로 첫 강의를 펑크내고, 다음 강의도 장담할 수 없게 되었다.

인간관계에서는 한 번의 실수가 수십 년 우정을 깨뜨리고, 서로를 바라보며 살던 사람을 등 돌리게 만든다. 평소에 잘해줬어도 인간의 뇌는 이를 망각하고 실수한 것만 기억하여 잔인하게 응징한다. 의도하지 않은 실수로 좋았던 관계는 자비 없이 파멸의 길로 들어선다. 실수는 그동안 쌓아왔던 관계를 완전히 무너뜨려 인생의 일부였던 사람을, 소중한 인연을 내 삶에서 떠나보내야 한다. 실수는 특히 인간관계에서 가장 냉혹한 면모를 드러낸다.

일반적으로 얻는 것은 새로운 성과물을 획득하여 자산을 증식시키는 행위이고, 실수를 줄이는 것은 가진 것을 잃지 않는 자산 보존 행위라고 한다. 얻는 것에만 치중하면 잃지 않아야 하는 것에는 소홀해진다. 밑 빠진 독에 물을 붓는 것만큼 어리석은 짓은 없다. 실수는 공들여 쌓은 탑도 무너뜨린다.

성과 없이 실수만 줄여도 삶과 일, 관계의 절반은 성공이다. 큰 성과가 아니라도 실수를 피해 가며 조금씩 쌓아가는 누적된 성과는 '티끌 모아 태산'이듯 큰 성과를 뛰어넘는다. 실수를 줄이는 일은 자신을 지키는 보험이자 성과를 두 배로 확대하는 마법이다. 성과를 만들어내는 것보다 더 중요한 것은 실수하지 않는 것이다.

마무리의 어려움

'책거리'는 책 한 권을 완독했을 때, 스승에게 송편 등 음식을 대접하여 감사의 마음을 전하던 풍습이다. 학기가 끝나고 열렸던 '종강 파티'도 책거리의 하나였다. 의욕적으로 책 읽기를 시작하지만, 중간에 덮어두고 쳐다보지 않았던 중도 포기를 적어도 몇 번은 겪었다. '처음 일을 시작하여 끝까지 마무리하는 일은 인간 의지의 결정체가 아닐까?' 처음 시작한 일의 끝맺음, 마무리는 그만큼 어렵다.

'행백리자반구십行百里者半九十'은 100리를 가려는 자는 90리를 가고서 반쯤 갔다고 여긴다는 뜻이다. 마지막 10리가 지나온 90리와 맞먹을 정도로 힘들어서, 마지막까지 긴장을 놓아서는 안 된다는 교훈을 담고 있다. 마무리를 제대로 하지 못해 벌어놓은 90리를 까먹는 일은 생각보다 많다. '마지막 고개를 넘기기가 가장 힘들다'는 말도 이와 일맥상통한다.

육상, 빙상 스포츠 경기에서, 결승선을 앞에 두고 우승 세리머니를 하다가 2등 선수에게 추월당하는 장면을 간혹 볼 수 있다. 2등 선수는 마지막까지 전력을 다했고, 1등 선수는 결승선을 눈앞에 두고 미리 자축의 샴페인을 터트렸다. 결승선을 통과하는 순간까지도 자신이 1등으로 통과했다고 착각하여 민망한 세리머니는 계속된다. 농구에서 버저비터에 역전당하기도 하고, 야구에서는 9회 말에 끝내기 안타를 허용하여 승리를 놓치기도 한다. 마무리를 잘하지 못해서 벌어놓은 것을 한꺼번에 날리는 일은 언제든지 일어날 수 있다.

　시작하는 일도 쉽지 않지만, 마무리를 잘하기도 어렵다. 처음의 마음을 마지막까지 흔들리지 않고 유지하는 것이 쉬운 일은 아니다. 성과가 나타나기 시작하면 초심은 흐릿해지고, 자만이 빈틈을 비집고 들어온다. 마무리가 어려운 것은 긴장이 느슨해진 심리적 영향이 크다. 승부가 오차범위 내에 있다면 집중력을 끌어 올려야 한다.
　'자만은 언제나 적이다.'
　특히 마지막 순간에 교만에 빠지거나 방심해서는 안 된다. 실패의 함정은 대체로 일의 마무리에 숨어있다.

7가지 핵심 문장

1. 당신의 태도가 당신의 인생을 결정한다.

2. 사소하더라도 거짓말을 하지 않고 정직하게 말하는 습관이 몸에 배어야 한다.

3. 성실은 사람 사는 사회에서 중요한 가치를 가지는 미덕 중의 하나다.

4. 서로 도움 주고 도움받는 것이 사람이 사는 법칙이다.

5. 세상을 보는 눈은 험난한 인생길을 순탄한 포장길로 바꿀 만큼 강력하다.

6. 성과를 만들어내는 것보다 더 중요한 것은 실수하지 않는 것이다.

7. 자만은 언제나 적이다. 마지막 순간에 교만에 빠지거나 방심해서는 안 된다.

Section 4
삶을 밝히는 통찰

인디언과 옥수수밭

북미 인디언의 성인식은 옥수수밭에서 이루어졌다. 규칙은 옥수수밭에서 한 번 지나간 길은 되돌아갈 수 없고, 한 번 선택한 옥수수를 다른 것으로 바꿀 수 없다는 것이다. 아이들은 더 좋은 옥수수를 기대하며, 튼실한 옥수수를 발견하고도 선택하지 못한 채 마지막에 가서는 쭉정이 같은 빈약한 옥수수를 손에 쥔다. 옥수수밭에서 이루어진 성인식은 지혜를 테스트하는 시험적 성격을 띠었다.

현실에서도 '더 좋은 기회가 오지 않을까?'라는 기대로 좋은 기회를 놓치고, 시간이 흐른 뒤에서야 그때보다 좋은 기회가 없었음을 알아차린다. 사람들은 흔히 '최고'와 '최선' 사이에서 고민하고 결정을 미룬다. 완벽이라는 '최고'를 추구하면 주어진 상황에서 가장 좋은 '최선'은 눈에서 멀어지는 법이다. 결국 시간에 쫓겨 급한 마음에 차선책도 아닌 그보다 못한 선택을 하고 만다.

그렇다면 옥수수밭에서 좋은 옥수수를 고르는 방법은 무엇이었을까? 옥수수밭의 길이가 100m라고 하면 50m까지는 옥수수를 관찰만 하면서 지나치는 방법도 좋은 전략이다. 상위 10% 안에 들어가는 옥수수의 크기와 여문 정도를 머릿속에 기억하고, 남은 25~50m 안에서 기준에 들어맞는 옥수수를 선택한다면, 100m에 다다랐을 때 선택의 시간에 쫓기며 부실한 옥수수를 고르는 실수는 하지 않았을 것이다. 전략의 부재는 선택의 순간에 혼란을 부른다. '할까? 말까?' 망설이며 머뭇거린다.

최고는 아니어도 최선이라는 만족할 만한 선택을 할 수 있다면, 옥수수밭에서처럼 쭉정이를 손에 쥐는 실수를 줄일 수 있다. 앞뒤 가리지 않고 최고만을 고집하는 지나친 욕심은 최선이라는 기회를 흘려보낸다. "최고를 추구하되 최악을 대비하라!"는 경구警句는 인디언들이 하고 싶었던 이야기의 핵심은 아니었을까? 삶에서도 최악을 대비할 때 최고는 아니더라도 제일 나은 선택을 할 수 있다. 최선은 최고와 최악 사이에 '리스크 헤지'가 처방된 현실적 타협점이자 선택의 판단 기준이 된다.

마음의 재판관

영국의 정치 경제학자이자 윤리 철학자였던 애덤 스미스Adam Smith는 『도덕감정론』에서 '공정한 관찰자impartial spectator'를 언급하며, 신은 자신의 대리인으로 마음의 재판관인 '양심'을 만들었다고 한다. 사람은 태어날 때부터 양심이라는 재판관을 인정하고, 언제나 자신을 양심의 법정에 설 수 있도록 했다.

신이 양심을 만들었다고 해도 사람마다 가지는 양심이 모두 일치하지는 않는다. 양심의 판단 기준은 시대와 문화, 사회관계, 살아온 과정에 따라 변화하고, 동양의 양심과 서양의 양심, 중세의 양심과 현대의 양심은 그 준거기준에서 차이를 보인다. 그에 따라 개인이 가지는 양심은 가변적이고 획일적이지 않다.

그런데도 시대와 문화를 초월한 양심의 보편적 기준은 '어질고 착한 선량한 마음'이다. 선량한 마음이 없는 양심은 기대할 수 없다. 타인이 우리를 판단하기 전에, 우리는 매 순간 양심의 재판정에 서고 있다. 유죄 선고를 받으면 '양심의 가책'이라는 마음의 고통 속에 살아야 한다. 양심의 가책이라는 고통에서 벗어나려면 선량한 마음과 행동이 필요하다. 양심에 따라 행동할 때 마음의 재판관은 무죄를 선고한다.

양심의 법은 끊임없이 우리를 양심의 법정에 세워 판결을 내리고 있다. 양심의 재판정에서 당당해지려면 선량하고 양심에 어긋나지 않게 생각하고 행동해야 한다. 법의 사각지대에서도 양심의 재판관은 항상 우리를 지켜보며 심판하고 있다.

"그렇다면 오늘 당신에게 선고된 양심의 재판 결과는 무죄인가? 유죄인가?"

인생의 세 가지 신호등

신호등의 색깔은 빨강, 노랑, 초록 3가지다. 빨강은 위험, 노랑은 주의, 초록은 안전을 의미한다. 인생에서 녹색 신호등일 때는 모든 일이 순조롭고 어려운 상황이 없다. 불가능할 것 같던 일도 기적처럼 현실이 되고 고민과 걱정이 사라진다. 하는 일은 탄력을 받아 승승장구하는 시기다.

황색 신호등일 때는 주의해야 한다. 언제든지 브레이크를 밟을 수 있는 준비를 하고 있어야 하며, 주변 상황을 살펴 빠르게 위험에 대비해야 한다. 빠른 판단으로 위험지역을 벗어나거나, 속도를 줄여 정지해야 하는 선택의 순간이 온다. 판단을 미루면 이러지도 저러지도 못한 채 위험지역에 머무를 수 있다. 긴장을 늦추지 않고 경계심을 끌어올려야 하는 시기다.

적색 신호등일 때는 그야말로 비상사태다. 위험 상황을 무시하는 섣부른 행동은 불행한 결과를 초래한다. 태풍경보라는 적색 신호가 내려진 바다에서 위험을 대수롭지 않게 여기며 항해하는 배는 난파라는 재앙을 불러오고, 교통신호를 무시하는 질주는 대형 사고로 이어진다. 적색 신호등일 때는 녹색 신호등이 켜지기를 차분히 기다려야 한다. 인내의 시간을 견디지 못하고 행동할 때, 인생의 비극은 필연적으로 발생한다.

닥치는 불행은 인생의 신호를 무시한 예측된 결과다. 주의신호에 주의하고 위험신호에 섣부른 행동을 하지 않는다면, 피해를 줄이며 위기 상황을 넘길 수 있다. 인생이 주는 신호에 맞춰 사는 삶이 인생의 추락을 막고, 안전과 성장을 동시에 확보하며 살아가는 방법이다.

이카로스의 날개

『그리스 · 로마 신화』에서 아버지 다이달로스Daedalus와 아들 이카로스Ikaros는 미노스Minos로부터 탈출하기 위해, 새의 깃털을 모아 밀랍을 이용하여 날개를 만들었다. 다이달로스는 밀랍이 녹지 않도록 태양 가까이 날지 말라며 이카로스에게 경고했지만, 새처럼 하늘을 나는 신기한 기분에 들뜬 이카로스는 아버지의 경고를 무시하고 태양 가까이 날았다. 하늘을 난지 오래가지 않아 태양의 열기에 밀랍은 녹아내렸고, 날개 잃은 이카로스는 바다에 추락해 익사하고 말았다.

들뜨는 기분을 방치하면 흥분한 마음은 이성을 마비시킨다. 뜨거운 가슴을 차가운 머리로 통제하지 않으면, 일시적인 기분에 휩싸여 자신의 현실을 바로 보지 못하고 실수를 남발한다. 이카로스는 자신의 한계를 망각한 채 주의하지 않아 화를 자초한 것이다. 하늘을 나는 꿈은 실현되었지만, 추락이라는 날개 달린 자의 숙명이자 비극으로 끝을 맺었다.

기쁨과 흥분은 위험을 동반한다. 긴장할 때는 사고가 나지 않아도 긴장이 풀리고 주의하지 않는 순간, 행운의 여신으로 가장한 불운은 그 틈을 비집고 들어와 불행을 안겨준다. 행운 속에는 불운도 같이 있지만, 행운에 취하지 않는 사람에게 불운은 모습을 드러내지 않는다. 하늘을 나는 비상은 세상을 다 가진 기분을 느끼게 하지만, 추락은 끔찍한 일이다. 이카로스는 높이 날지 않고 낮게 날아야 했다.

둔한 필기가 총명한 머리보다 낫다

'둔필승총 鈍筆勝聰'은 둔한 필기가 총명한 머리보다 낫다고 하여 메모의 효용성과 가치를 강조한 말이다. 메모는 생각이 도망가거나 사라지지 않게 붙잡아두는 기록이다. 일정은 탁상용 달력에 적고, 생각은 메모로 남겨 보관한다. 어제의 일도 가물가물한데 몇 년 전 일이 머릿속에 온전히 보관되어 있을 리가 없다. 기억의 소멸은 자연스러운 망각의 과정이다. 중요한 일이 기억나지 않아서 곤혹스러운 상황에 부닥치기도 하고, 기억해 내느라 이것저것 들춰보며 귀중한 시간을 낭비하기도 한다.

메모는 시간을 계획적으로 쓰게 만들어 주는 수단이며, 번뜩이는 아이디어를 기록하고 중요한 일을 잊지 않게 글로 기억하는 방법이다. 레오나르도 다 빈치와 아이작 뉴턴은 지독한 메모광으로 유명했다. 에디슨도 항상 주머니에 노란색 메모장을 갖고 다니며 평생 3,400권의 메모 노트를 남겼다고 한다. 크리스토퍼 놀란 Christopher Nolan 감독의 〈메멘토〉에서 주인공 레너드 (Guy Pearce 분)는 단서를 잊지 않기 위해 사진을 찍고, 메모하고, 문신을 한다. 기억은 오염되고 가공되며 때로는 잊힐 수 있다.

기억은 기록이 아니라 해석이며 불완전하고 왜곡되어 진실을 보장하지 않는다.

'기록은 기억을 지배한다.'

기억을 오래 보관하고 되살리는 방법은 머리와 가슴이 아니라 기록으로 남기는 것이다. 유네스코 세계기록유산, '조선왕조실록'이 없었다면 조선의 역사는 다른 나라의 기록에 의지해 불완전하게 해석되고 이해되었을지도 모른다.

메모를 습관화하는 일은 아날로그 보조기억장치를 하나 더 갖고 다니는 효과가 있다. 주 기억장치가 고장 나면 백업된 보조기억장치가 잊힌 기억을 복구해 준다. 자신이 총명해도 기억은 기록을 따라가지 못한다. 자신의 불완전한 기억으로 잊히는 생각을 오래 보관하는 방법은 메모를 활용하여 기록하는 것이다. 메모는 기억 속에서 사라질 수 있는 한 개인의 역사적 흔적을 문자로 남겨준다.

문제를 해결하는 의외의 방법

오래전 읽었던 책에서 냉전 시대 첩보 기관 책임자가 국가 간 민감한 문제로 고민하던 중, 평소 습관대로 일어나는 상황들을 메모지에 쓰면서 문제해결의 힌트를 얻었다는 내용이 있었다. 보통 문제가 생기면 머릿속에서 뒤죽박죽인 상태로 해결의 실마리를 찾으려 하고, 글로 내용을 적어 가며 고민하지는 않는다. 방법이 독특하다는 생각에 복잡한 문제를 정리하거나 해법을 찾을 때 시험 삼아 해본 적이 있었다. 그것이 '키들린의 법칙Kidlin's Law'이었다는 사실을 안 것은 비교적 최근이다.

이 법칙은 '문제를 명확히 정의할 수 있다면 그 문제의 절반은 해결된 것'이라고 할 수 있다. 문제를 글로 정의하면 문제를 객관적으로 이해하는 데 도움이 된다. 문제가 명확해지면 가능한 해결책도 추려지면서 문제해결의 절반이 끝난다는 것이다. 머릿속에서는 복잡하지만, 문자로 쓰게 되면 문제가 눈에 보인다는 점이 핵심이다.

복잡해서 해결하기 어려운 문제가 생겼을 때 키들린의 법칙을 활용해 보자. 생각으로만 문제의 해결책을 찾으려고 하면 간단한 문제는 쉽게 풀리지만, 복잡한 문제는 관념 속에서 뒤엉켜 문제가 더 꼬이는 것을 경험한다. 문제 해결책이 떠오르지 않으면 머리는 아프다. 신체 기초 대사량 중 20%를 소모하는 뇌가 많은 에너지를 사용하게 되어, 몸은 육체노동을 한 것보다 더 심한 피로를 느낀다.

하지만 머릿속 문제를 문자로 시각화하여 눈으로 보면서 풀면 얽히고 설킨 문제해결이 한결 쉬워진다. 백 번 듣는 것보다 한 번 보는 것이 나은 것처럼, '문제의 시각화'는 문제에 접근하는 방식에 변화를 주어 해결책을 찾는 방법이다. 머리로만 문제를 해결하려는 생각에서 벗어나 시각을 활용한 문제해결 방식으로 접근해 보자. 색다른 아이디어와 문제의 답이 떠오를 것이다.

악마는 디테일에 있다

"The devil is in the details."

디테일detail은 말 그대로 세부 사항이다. 디테일은 전체의 일부분이고 세부적인 내용이지만, 사소하지 않아 빠뜨리지 않고 확인해야 하는 중요 사항이다. 디테일은 상품 품질의 완성도에 큰 영향을 미치는 구체적이고 작은 부분이다. 음식 재료는 최고 품질을 자랑하지만, 양념인 소금을 많이 넣어 음식을 망칠 때, 소금의 양이 여기에서 말하는 디테일이다.

상품에 가입하거나 구매 계약을 체결하면서, 작은 글씨로 쓰인 면책조항, 단서 조항을 꼼꼼히 확인하지 않아 손해가 발생해도 배상받지 못하는 경우가 있다. 건축물을 설계할 때도 실수로 빠뜨린 계단 하나가 불편을 낳고 건물의 완성도를 떨어뜨린다. 오차를 벗어난 자재 사용으로 건물의 구조적 결함이 발생할 수도 있다.

건축가 미스 반 데어 로에Mies van der Rohe가 건축 설계에서 세부 사항의 중요성을 강조하며, "신은 디테일에 있다."라는 말을 자주 사용했다. 지금은 이 말이 "악마는 디테일에 있다."라고 바뀌어 속담처럼 널리 사용되고 있다. 이 표현은 세부 사항이 전체 성패를 좌우할 만큼 중요하다는 의미로 쓰인다. 전체적으로는 문제 될 것이 없을 것처럼 보여도, 작은 오류가 큰 문제를 일으킬 수 있다는 경고성 표현이다.

또한 겉은 단순하고 평범하게 보여도, 교묘한 방법으로 부분적인 사항에 불리한 조항을 삽입하여 사람을 속이는 수법을 설명할 때도, 이 표현은 유용하게 쓰인다. 보기 좋은 포장에 현혹되어 악마의 디테일을 보지 못하면 덫에 걸려든다. 사악한 존재로 사람을 악으로 유혹하고 멸망하게 만드는 '악마'의 이미지를 생각한다면 이 말은 설득력을 더한다. 악마는 전면에 나서지 않고 숨은 채 디테일을 통하여 원하는 것을 손에 넣는다.

여기에서 말하는 악마는 나쁜 것, 실패, 독소조항을 의미한다. 세밀한 사항을 주의 깊게 살피지 않으면, 작은 부분이 큰 문제를 일으키는 원인이 되고 전체를 망치는 결과를 낳는다. 표면적으로는 그럴듯해 보여도, 부분적으로 살펴보면 예상하지 못한 문제나 일의 복잡함, 아킬레스건이 될 만한 위험이 숨어 있을 수 있다. 지나치기 쉬운 수많은 디테일에 주의를 기울이고 관심을 가질 때, 실패에서 벗어나고 안전을 확보할 수 있다.

강자와 약자를 대하는 승부의 자세

살아있는 유기체는 강자를 만나면 긴장하고, 약자를 만나면 긴장이 풀어진다. 사람도 마찬가지여서 중요한 미팅이나 회의에서는 긴장감이 올라가고, 아는 사람들과 편한 자리에서는 긴장감이 떨어진다. 긴장할 때 신체는 아드레날린adrenaline을 분출하여 감각기능을 활성화하고 인지능력을 향상시킨다. 시험을 앞두고 짧은 시간에 많은 공부량을 소화해 낼 수 있는 것은 긴장의 긍정적 효과다. 하지만 긴장이 고조되면 판단이 흐려지고 이성적 사고가 어려워진다. 긴장이라는 단어는 활시위가 팽팽하게 당겨진 것에서 유래되었다. 당겨진 활시위처럼 마음과 몸이 굳어져 사고와 행동은 경직된다.

국내에서는 좋은 성적을 내던 선수가 국제 대회만 나가면 자기 기량을 발휘하지 못하고, 기대 이하의 성적을 내는 경기를 할 때가 있다. 세계 대회에서도 충분히 성적을 낼 수 있는 선수지만, 실망스러운 경기 결과를 안겨준다. 반면에 국내에서 크게 주목받지 못하던 선수가 국내를 떠나서는 좋은 성적을 거두며 사람들을 놀라게 한다. 똑같은 능력을 갖췄지만, 한 선수는 기대 이하의 성적을 내고 한 선수는 기대 이상의 성적을 낸다. 그렇다면 극과 극의 차이를 만들어낸 것은 과연 무엇일까?

긴장은 신체와 정신의 정상적인 기능을 방해한다. 긴장하면 제 실력을 발휘하지 못하고 긴장이 풀어져도 결과는 마찬가지다. 중요한 것은 마구 날뛰는 감정을 진정시켜 평정을 찾는 일이다. 강자 앞에서는 여유를 갖고 약자 앞에서는 방심하지 않도록 긴장을 조절할 때, 자기 실력을 발휘할 수 있다. 강자 앞에서 두려워하고 약자 앞에서 자만하면, 자기 능력을 온전히 보여주지 못하여 승부의 결과는 볼 것도 없이 패배다.

긴장은 약이 되기도 하고 때로는 독이 된다. 긴장을 조절하는 능력은 모두가 예상하는 결과를 뒤집을 수 있는 비장의 무기다. 능력이 같은 선수라면 성적을 내고 못 내고의 차이는 경쟁 상대와 마주할 때 긴장 조절 능력의 유무였을 것이다. 강자와 약자 앞에서 긴장의 강도는 상대에 따라 달라야 한다. 승부는 멘탈 관리에서 결정된다.

쓸모없음의 쓸모란 무엇인가

주변에 흔하고 널린 게 자갈이다. 평소 가치를 두지 않는 이 물건은 어디에 쓰일까? 자갈은 대표적으로, 긴축재료로 쓰이고, 정원이나 주치장의 조경용 자재로도 사용된다. 또한 큰 정원석이 흔들리지 않게 작은 돌로 괴거나, 물건의 수평을 맞출 때도 찾게 된다. 이렇듯 평소에는 아무런 가치를 두지 않고 쓸모없다고 생각하지만, 효용가치가 없을 것 같은 존재도 나름대로 쓰임을 갖고 있다.

장자莊子는 "사람들은 쓸모 있음의 쓰임을 알고, 아무도 쓸모없음의 쓰임을 알지 못한다."라고 말했다. 좋은 나무는 베어져 목재나 다른 용도로 쓰이고, 쓸모없다고 생각한 나무는 살아남아 큰 나무가 되어 쉴 그늘을 만들고 숲을 이룬다. 세상에 불필요한 존재는 없으며, 쓸모가 있든 없든 나름의 가치를 갖고 각자의 쓸모에 맞춰 쓰일 뿐이다. 쓰이지 않는다고 해서 쓸모없다고 생각할 일은 아니다. '쓰임이 없는 것이 곧 쓰임이다.' 특출나지 않은 평범함의 위대함도 이와 같은 맥락이다.

좋은 재목은 도끼에 맞아 나무의 생명을 다하지 못하고 요절하지만, 버려진 나무는 수명을 다 누리니 무엇이 좋고 나쁨인지 구분하기 어렵다. 쓰임이 있으면 있는 대로, 없으면 없는 대로, 생사의 갈림길에 서서 자신의 운명에 몸을 맡기고 쓸모에 맞춰 삶은 그렇게 흘러간다. 쓸모없다고 생각해도 쓸모없음을 누가 단정적으로 말할 수 있을까? 쓸모의 판단은 지금이 아니라 먼 미래에나 가능할지도 모른다.

선택의 끝은 순정

'카 튜닝'은 자동차의 성능이나 외관상 변화를 주기 위해 자동차에 가하는 모든 작업을 말한다. 대부분은 차를 멋있게 보이려는 목적이다. 차주에게는 멋있어 보일지 모르나, 튜닝의 가장 큰 단점은 시각적 이질감이다. 제짝 같지 않고 부자연스럽다. 튜닝의 성과가 나타나지 않거나 싫증이 나면 비용을 들여가며 원상회복을 생각하게 되는데, 그때가 되면 '튜닝의 끝은 순정'이라는 자조 섞인 말이 저절로 나온다.

튜닝은 자기만족이다. 아름답다고 느껴지는 것은 자신만의 착각이 불러온 결과이다. 시각적, 기능적으로 아름답다고 생각했던 것들이 순간의 유혹이었다는 것을 뒤늦게 깨닫는다. 순정의 아름다움은 덧칠하지 않은 것이다. 애초의 목적과 다르게 꾸밈이 본래의 가치를 저렴하게 만들고, 멋으로 하는 개조가 오히려 차량의 성능을 저하시킨다.

사람도 자신만의 개성을 훼손하는 꾸밈보다, 부족한 부분이 드러나도 있는 그대로가 더 매력적이고 아름답다. 많은 말보다 짧은 말이 의사전달에 효과적이고, 비싼 포장지로 감싼 선물이 신문지에 마음을 담은 장

미꽃 한 송이만 못 하다. 말 없는 눈빛이 말보다 많은 의미를 전달하기도 하고, 꽃반지가 다이아몬드 반지보다 사람의 마음을 울린다. 사치와 허영으로 자신을 화려하게 치장하는 일은 자기 본래의 모습을 보기 흉하게 왜곡시킨다.

사람이나 말은 화려하고 과도하게 치장할수록 거짓일 때가 많다. 진정으로 아름다워지고자 하면 보이는 모습을 치장하기보다 자기 내면을 아름답게 가꾸어라. 알베르트 슈바이처Albert Schweitzer 는 이렇게 말했다. "우리에게 가장 근본적인 것은 우리 자신 속에서 빛을 가지려고 노력하는 것이다. 내부에서 빛이 꺼지지 않도록 노력하면 밖은 저절로 빛나는 법이다."

7가지 핵심 문장

1. 최선은 최고와 최악 사이에 '리스크 헤지'가 처방된 타협점이자 선택의 판단 기준이 된다.

2. 양심의 법은 끊임없이 우리를 양심의 법정에 세워 판결을 내리고 있다.

3. 들뜨는 기분을 방치하면 흥분한 마음은 이성을 마비시킨다.

4. 기록은 기억을 지배한다.

5. '문제의 시각화'는 문제에 접근하는 방식에 변화를 주어 해결책을 찾는 방법이다.

6. 악마의 디테일을 보지 못하면 악마의 덫에 걸려든다.

7. 강자와 약자 앞에서 긴장의 강도는 상대에 따라 달라야 한다.

Road 4

나를 지키는 방패,
나를 살리는 창

인간관계　마음 관리　관계의 원칙

UNSTO
PPABLE

인간은 대체로 실체보다는
겉모습으로 사람을 판단한다.
누구나 눈을 갖고 있지만
통찰력을 가진 사람은 드물다.

니콜로 마키아벨리 Niccolò Machiavelli

인간은 대체로 실체보다는
겉모습으로 사람을 판단한다.
누구나 눈을 갖고 있지만
통찰력을 가진 사람은 드물다.

Section 1
독이 되는 관계의 정리

본성이 나쁜 사람을 멀리해라

이 사회에는 다양한 인간군상이 모여있다. 법 없이도 살 수 있는 사람이 있고, 법이 있어도 무시하며 신경 쓰지 않는 사람도 있다. 본성이 선한 사람도 있지만, 본성이 악한 사람도 존재한다. 동양에서 사람의 본성을 보는 시각은 맹자의 성선설, 순자의 성악설, 그리고 본성은 본래 선도 악도 아니라는 고자告子의 성무선악설性無善惡說이 있다. 서양도 타고난 본성에 대해서 다양한 견해가 존재한다. 루소는 성선설, 마키아벨리나 쇼펜하우어는 성악설, 존 로크John Locke의 백지설Tabula Rasa은 성무선악설의 입장과 같다. 본성이 태생적이든, 후천적 학습에 의한 것이든, 나쁜 본성을 가진 사람은 주의해야 한다.

본성이 나쁜 사람은 타인의 이익과 권리를 디딤돌 삼아 자기 이익을 추구하며, 타인이 입을 피해를 생각하거나 이익을 배려하지 않는다. 공동체의 질서를 무너뜨리고 자기의 이익과 편의를 위해 공동체를 희생양으로 삼는 데도 주저하지 않는다. 본성이 나쁜 사람과 어울리거나 그들이 취득한 이익을 공유하면, 나쁜 짓을 하지 않았어도 그들과 한패나 다름없다.

본성이 나쁜 사람이 갖는 특징을 알아보자.

1. 필요할 때 사람을 이용만 한다.
2. 뻔뻔하다. 잘못하고도 잘못을 인정하지 않고 사과하지 않는다.
3. 약강강약强弱弱强. 약자에게 강하고, 강자에게 약하다.
4. 양심이 없고 이기적이다.
5. 자기 이익을 위해 거짓말한다.
6. 책임을 다른 사람 탓으로 돌린다.
7. 피해자 코스프레Victim playing에 능숙하다.

동식물은 한 곳에 집단을 이루어 생장하는데, 생육조건이 맞으면 무리 지어 사는 특성을 보인다. 사람도 마찬가지로, 본성이 나쁜 사람 주변을 보면 비슷한 성향이 있는 사람들끼리 어울리며 교류하는 것을 볼 수 있다. 본성이 나쁜 사람과 가까이하면 나도 물들지 않을 방법이 없다. 일정한 거리를 두고 처음부터 어울리지 않아야 한다. 일시적으로 이득이 되는 일은 있어도 오래가지 않으며, 결국은 영혼을 갉아먹고 거짓된 것만 배우게 된다. 본성이 나쁜 사람을 멀리할 때, 나쁜 사람에게서 받는 피해로부터 나를 지킬 수 있다.

농부와 얼어있는 뱀 이야기

겨울에 농부가 길을 걷다가 뱀이 뻣뻣하게 얼어있는 것을 보고는 불쌍히 여겨 품에 안았다. 농부의 따뜻한 온기에 몸이 녹은 뱀은 본성이 살아나, 자기를 구해준 농부를 본능적으로 물어 죽였다. 농부는 죽어가며 말했다.

"사악한 자를 불쌍히 여겼으니 나는 벌을 받아 마땅해."

'이솝우화'에 나오는 이 이야기는 본성이 사악한 자에게 베푸는 자비는 아무런 소용이 없다는 교훈을 주면서, 자신에게도 피해가 올 수 있다는 섬뜩한 내용을 담고 있다. 본성은 '처음부터 타고난 성질 또는 성품'이라 쉽게 변하지 않는다. 육식동물이 고기를 먹는 '본능'을 거스르고 풀을 먹는 섭식攝食의 변화는 불가능하다. 본성도 같은 맥락이다. 사람의 본성은 겉모습을 바꾸고 본성과 다르게 행동한다고 해서 바뀌지 않는다.

농부처럼 선의로 한 행동이 부메랑이 되어 해를 입는 결과를 초래하기도 한다. 마음이 시키더라도 이성이 통제할 수 있어야 피해를 당하는 고통을 줄일 수 있다. 착한 마음이 때로는 자신을 죽이는 독이 된다. 사악한 사람으로부터 얻을 수 있는 것은 진통제가 아니라 반갑지 않은 고통이다. 악의 뿌리가 살아있는 한 선한 행위는 포장된 모습에 불과하다. 고대 그리스의 시인 소포클래스Sophocles가 경고한 악의 영향은 의미심장하다.

"한 가지 악을 잉태한 영혼은 그 이후로는 어떤 선한 것도 키울 수 없다."

맹자에서 배우는 사람의 본성

『맹자』에 나오는 사단四端은 인간의 본성에서 자연스럽게 나오는 네 가지 마음을 말한다. 맹자는 사람에게 사단이 없으면 사람이 아니라고 봤다. 사람이라면 당연히 갖고 있어야 하는 마음, 즉 사단이 없는 사람을 조심하고 멀리해야 한다. 맹자가 살았던 시대나, 지금이나, 시대는 달라졌어도 변하지 않는 속성이 있다. 그것은 사람의 본성, 마음이다.

사람이라면 갖고 있다는 사단의 내용은 다음과 같다.

1. 측은지심惻隱之心 - 인仁

타인의 불행이나 고통을 보고 연민하고 불쌍하게 여기는 마음을 말하며, 이 마음이 없으면 '이기적인 사람'이다.

2. 수오지심羞惡之心 - 의義

자신의 잘못된 행동이나 부끄러운 일을 했을 때 느끼는 부끄러움과 다른 사람의 부정이나 악한 행동을 보고 미워하는 마음으로 도덕적 감정을 뜻하는 데, 이 마음이 없으면 '뻔뻔한 사람'이다.

3. 사양지심辭讓之心 - 예禮

겸손하고 남에게 양보하는 마음으로 사회적 관계, 인간관계와 연관되며 이 마음이 없으면 '예의 없는 사람'이다.

4. 시비지심是非之心 - 지知

옳고 그름을 판단하는 마음으로 도덕적 판단을 말하며, 이 마음이 없으면 잘못하고도 잘못을 모르는 '분별력이 없는 사람'이다.

사람으로 태어났다고 해서 모두가 올바르게 행동하고 살지 않는다는 것을 누구나 안다. 사이코패스처럼 인간의 탈을 쓴 채 살아가는 사람이 있고, 잠깐 착한 사람 행세를 하다가 어느 순간 본래의 모습을 드러내는 사람도 있다. 맹자가 말하는 사단이 없으면 겉모습만 사람일 뿐 마음과 영혼은 사람이라고 볼 수 없다.

사람이 사람다워야 하고, 사람답게 생각하고 행동해야 인정받고 존중받는다. 파렴치하고 뻔뻔하며 인간적 도리와 분별력이 없는 사람은 인간적으로 교류하거나 가까이하기 어렵다. 지식이 많고 적고, 잘살고 못사는 문제가 아니라, 사람으로 태어났으면 사람다워야 한다. 사단은 인간으로 살아가는 데 꼭 필요한 인간의 본질적인 속성이다. 사단이 없는 사람을 늘 살피고 경계해야 한다.

부정적인 사람을 멀리해라

긍정론자가 건물을 짓는 사람이라면 부정론자는 건물을 허무는 사람이다. 부정적인 사람은 무엇을 이루기보다 실패를 예상하고 후속대책을 찾는 데 고민한다. 긍정하는 사람은 방법을 찾아내는 데 몰두한다면, 부정의 기운이 가득 찬 사람은 불가능한 근거를 찾는 데 시간을 낭비한다. 부정적인 사람과 어울리면 긍정적인 생각과 태도는 사라진다.

마릴린 먼로Marilyn Monroe는 대중에게 각인된 이미지와는 달리 자기만의 철학을 가진 지적인 여성이었다. 그녀의 소장품이 경매에 나왔을 때 경매 목록에는 400권이 넘는 책이 있었다고 한다. 그녀는 이런 말을 했다.

"부정적인 사람을 잘라내는 것은 그들을 증오해서가 아니라 단지 나를 존중하기 때문이다."

먼로는 부정적 기운이 가지는 해악을 간파하고, 부정적인 사람에게서 받는 영향으로부터 자신을 지키려고 했다.

의욕적으로 일을 해보려고 하면 비관적이고 부정적인 사람들은 냉소적인 표정으로 이렇게 말한다.

"그게 되겠어?"

몇 글자의 말이 해보려고 하는 사람의 의지를 꺾어놓는다. 타인의 인생에 추진력을 보태지는 않아도 발목을 잡아서는 안 된다. 부정적인 사람은 늘 그렇다. 그들에게는 가능한 어떤 일도 없어 보인다. 그들과 가까이하면 나도 그들처럼 될 수밖에 없다. 너 자신을 존중한다면 부정적인 사람을 곁에 두지 않아야 한다.

에너지 뱀파이어를 차단하자

만나고 나면 좋은 기분을 느끼게 하는 사람도 있지만, 마음을 불편하고 불쾌하게 하여 기운을 빼놓는 사람도 있다. 이때 느끼는 정신적 탈진 증상은 그날로 끝나지 않고 며칠 동안 몸과 마음을 피폐하게 만든다. 긍정의 기운을 모조리 빼앗겨 빈 껍데기만 남은 듯한 느낌을 받을 때가 있다면 '에너지 뱀파이어 energy vampire'를 만난 탓이다. 남의 에너지를 빼앗는 에너지 뱀파이어에는 나르시시스트 형, 안하무인형, 수다쟁이 형, 불평 불만형 등 형태도 다양하다. 유형에 상관없이 이들은 만나는 사람에게 불편하고 불쾌한 기분을 선물하여 멘탈을 털어버린다.

에너지 뱀파이어는 '블랙홀'처럼 사람의 에너지를 빨아먹는 사람이다. 그들과 같이 있으면 나도 모르는 사이에 에너지가 고갈된다. 에너지 뱀 파이어의 공통적 특징은 이기적이고, 자기중심적이며, 머리에서 필터링 되지 않은 말들을 끊임없이 내뱉는다는 것이다. 공감 능력이 없으면서 공감하는 척하고, 생각해 주는 척하면서도 상대를 깎아내리는 등 호의로 포장된 부정적 에너지를 상대에게 주입하여, 상대로부터는 긍정적 에너 지를 모두 빨아 버린다. 가령 힘든 일이 있을 때,
"힘들겠다. 그래도 참아야지."
"그런데 그건 힘든 게 아니야. 난 더 힘든 경험도 해봤거든."
공감해 주는 척하며 말을 시작했지만, 결국은 위로가 아니라 기운을 빼버리는 말과 함께 자기 자랑으로 끝을 맺는다.

에너지 뱀파이어에게 에너지를 빼앗기지 않는 방법은 관계를 청산하 고, 피할 수 없는 공간에 같이 있다면 교류나 접점을 줄이는 것이다. 맑 은 물에 검은 잉크 한 방울이 떨어지는 것처럼, 그들을 곁에 두면 맑았던 정신은 순식간에 혼탁해진다. 에너지 뱀파이어를 멀리하고 차단하지 않 으면 내가 가진 에너지 표시창에는 빨간 경고등이 깜빡인다.

좋은 사람이라는 착각

사람들과 부딪히지 않고 둥글게 인간관계를 맺으면 '좋은 사람'으로 평가한다. 그들은 특별히 상대를 자극하거나 감정이 섞인 말을 하지 않는다. 성격이 크게 모나지 않아 적은 적지만, 때로 자기 색깔이 명확하지 않아 우유부단하다는 말도 듣는다. 무엇보다 이런 사람들의 가장 큰 특징은 남들이 듣기 싫어하는 얘기를 하지 않는다는 섬이다. 이를 참다못해 악역은 선의의 다른 사람이 맡아 종종 욕을 먹는다.

예컨대 A라는 직원이 큰 잘못을 했어도, 이를 바로 잡아야 할 위치에 있는 B가 아무 얘기도 하지 않고 방관하는 일이 있다. A는 그런 B를 좋은 사람이라고 생각하며 주변에도 칭찬하고 다닌다. 그러자 이 상황을 지나치지 않고 C가 B를 대신해 A의 잘못을 지적하고 주의를 주면, A는 C를 나쁜 사람이라고 말하며 부정적 평가를 퍼뜨리는 일이 없지 않다. 그렇다면 A로부터 좋은 사람이라고 평가받는 B가 좋은 사람이고, C는 나쁜 사람인 걸까?

다른 사람이 듣기 싫어하는 얘기를, 총대를 메고 대신 얘기하고 싶어 할 사람은 그렇게 많지 않다. 내가 하기 싫어도 해야 할 일이 있고 내려야 할 결정이 있지만, 손에 피 묻히기 싫어하는 사람들은 책임을 회피하여 궂은일을 다른 사람에게 미룬다. 일을 못 하는 사람보다 더 무능한 사람은 '해야 할 말을 안 하는 사람', 결정을 떠넘기는 사람'이다. B처럼 책임 있는 자리에 있으면서도 아무런 조처를 하지 않으면 C와 같은 선의의 피해자가 생긴다.

자기에게 잘해주는 사람이 반드시 좋은 사람이라고 할 수는 없다. 꾸지람처럼 남들이 듣기 싫어하는 말도 해야 할 때가 있다. 욕을 먹더라도 남에게 책임을 미루지 않고, 자기 의무를 다하는 사람이 좋은 사람이다. 자기 역할을 다하지 않고 방관만 하는 사람을, 좋은 사람이라고 평가하는 일은 없어야 한다. 사람 좋은 웃음과 관대함으로 포장된 그의 본질은 '비겁함'이다.

나쁜 사람은 언젠가 문제를 일으킨다

'사고 치는 사람이 사고를 친다'는 말은 틀린 말이 아니다. 문제가 있는 사람은 한순간 좋아 보일 수는 있어도 언젠가는 또 문제를 일으킨다. 단 한 번의 선행으로 악한 사람이 선한 사람으로 바뀌지 않는다. 그들은 거짓말을 하고, 착한 것 같은데 악하고, 건전할 것 같은데 타락한 가치관을 따르고 있다. 악하고 타락한 사람에게 올바른 사고와 행동을 기대하는 일은 위험하다. 부정을 저지르는 사람의 캐릭터는 쉽게 변하지 않는다.

문제나 사고를 일으키는 사람의 특징을 보면,
1. 규칙과 규정을 무시한다.
– 자신의 판단이 우선이다.
– 규칙과 규정은 귀찮은 족쇄라고 생각한다.

2. 거짓말을 한다.

– 사실 판단에 혼란을 불러온다.

3. 잘못을 숨긴다.

– 은폐된 잘못이 대형 사고의 원인이 된다.

4. 이기적이다.

– 사고思考의 출발점은 자신만의 이익이다.

– 행위는 언제나 사신의 편의나 혜택을 목석으로 한다.

5. 오만하다.

– 잘난 체하고 자신만만하며 타인을 무시하지만, 근거는 빈약하다.

– 보여주는 강한 추진력은 무식하고, 투박하며, 저급하다.

6. 인식력이 부족하다.

– 인과관계와 사건이 일으킬 파장을 이해하지 못한다.

고의로 사고를 일으킨 사람에게까지 자비를 베풀거나, 관대한 태도를 보이는 것은 큰 실수이며, 잘못을 키우는 불쏘시개 역할을 한다. 관대함이 때로는 큰 재앙을 불러오고, 독이 되어 해를 끼친다. 잘못된 생각이나 행동의 근원을 뿌리째 잘라내야 다가올 재앙을 피할 수 있다. 특히 직장 같은 조직에서 문제 있는 사람은 '요주의' 대상이다. 그들이 언제 사고를 쳐도 이상하지 않다.

중요한 인간적 소양에 문제가 있는 사람과 사귀거나, 직장에서 일을 같이한다면 발생할 위험에 대비하고 있어야 한다. 나쁜 사람은 예외 없이 언젠가 문제를 일으킨다는 사실을 잊어서는 안 된다.

'그들은 터지지 않은 시한폭탄과도 같다.'

선한 사람으로 위장한 그들에게 속는 것은 자신이 인간적이기 때문이다. 카멜레온처럼 변하는 그들의 모습에 현혹되지 않고 속지 않는 것만이 나쁜 사람이 저지르는 악행과 피해에서 벗어나는 길이다. 그들의 본성을 보는 것은 시간의 문제일 뿐이다.

사회화가 덜 된 사람들

주말에 친구들과 점심을 먹고 저수지가 보이는 카페로 차를 마시러 갔다. 정원에는 테이블이 설치되어 있어 커피를 마시며 경치를 감상할 수 있는 곳으로, 어수선하지 않고 소음도 적어 친구들과 몇 번 이용했었다. 카페에는 마스코트 담당인 작은 개 한 마리가 오는 손님을 보고 꼬리치며 맞이해서, 오는 사람들은 한 번씩 머리를 쓰다듬어 주기도 한다.

시간이 얼마나 흘렀을까. 큰 개 두 마리와 가족으로 보이는 10명 정도 되는 한 무리의 사람들이 정원 쪽으로 오고 있었다. 그 순간 카페 견과 낯선 개 두 마리가 서로 보며 짖기 시작했다. 그 소리에 보이지 않던 곳의 개들까지 합세하며 카페의 정적은 깨지기 시작했다. 일행이 함께 앉을 자리가 없는데도 그들은 카페 안을 서성거렸다. 시끄러움과 함께 5분여의 대치 상황이 이어지자, 친구들을 포함해 정원에 앉아 있던 손님들까지 참지 못하고 모두 자리를 떴다. 차를 몰고 카페를 지나치며 고개를 돌려 봤을 때 카페 정원은 이미 그들의 차지가 되어 있었다.

'사회화socialization'는 사회에 적응하며 살아가기 위해서 사회 구성원들과의 상호 작용을 통해 사회생활에 필요한 가치, 기술, 지식, 규범들을 학습하는 것을 말한다. '사회화가 덜 되었다는 것'은 사회 구성원으로서의 학습이 부족하여, 사회와 구성원에게 부담을 지우고 민폐를 끼친다는 말이다. 사회화가 덜 된 사람은 인간의 유대와 결속을 파괴하고 사회질서를 무너뜨린다. 그들은 배려하는 마음과 질서라는 가치를 손톱 밑에 박힌 가시처럼 생각하는 것 같다. 사회화가 덜 된 사람들과 함께 살아가야 하는 모두는 불편해한다. 사회화는 같이 살아가는데 반드시 갖추고 지켜야 하는 질서이자 규범이다. 사회 구성원의 일원이 되려면 적어도 사회화는 되어 있어야 한다.

메마른 사막에 물 붓기

자신의 일부인 감정을 무분별하게 쓰거나 낭비하여 결국 쓰레기통에 버리는 일이 종종 있다. 감정만 버리는 것이 아니라, 감정에 투자된 시간과 에너지, '기회비용'까지 고구마 줄기처럼 한꺼번에 세트로 사라진다. 감정을 쓰고도 후회하지 않으려면 은행에서 대출해 주는 것과 같이 신용 있는 사람에게만 주어야 한다.

회수하지 못할 감정이라면 처음부터 주지 않는 편이 낫다. 감정은 필요할 때마다 무한대로 쓸 수 있는 물건이 아니다. 감정은 서로 만나 교류하는 과정을 거쳐서 하나가 될 수 있을 때 가치를 가진다. 주고받지 않는 일방적인 감정 흐름은 감정의 불균형을 일으키고, 감정 피로감을 한계치에 이르게 한다. 사막에 물을 뿌린다고 메마른 사막이 호수나 강으로 변하지 않는다. '감정 신용'이 없는 사람에게까지 감정을 주는 일은 메마른 사막에 물을 붓는 바보짓이다.

감정은 신용 있고 신뢰할 수 있는 사람에게 주어야만 감정을 회수하지 못하는 '감정 부도'를 막을 수 있다. 감정 부도는 깨진 유리처럼 아무리 노력해도 복구되지 않는다. 깨진 마음의 파편은 눈에 보이지 않을 뿐, 마음 곳곳에 남아 아물지 않은 상처를 찔러대며 고통을 일으킨다. 심리적 타격은 오래가고, 쉽게 회복되지도 않는다. 한번 길 잃은 감정의 메아리는 돌아오지 않는다.

7가지 핵심 문장

1. 본성이 나쁜 사람과 가까이하면 나도 물들지 않을 방법이 없다.

2. 너 자신을 존중한다면 부정적인 사람을 곁에 두지 않아야 한다.

3. 에너지 뱀파이어를 차단하자.

4. 부정을 저지르는 사람의 캐릭터는 쉽게 변하지 않는다.

5. 관대함이 때로는 큰 재앙을 불러오고, 독이 되어 해를 끼친다.

6. 사회화는 같이 살아가는데 반드시 갖추고 지켜야 하는 질서이자 규범이다.

7. 회수하지 못할 감정이라면 처음부터 주지 않는 편이 낫다.

Section 2
마음을 보호하는 방법

거절은 건강한 관계의 시작이다

인간관계에 얽히다 보면, 때로 부탁을 거절하지 못하고 하고 싶은 말을 꺼내지도 못한다. 그리고 시간이 지나고 나서야 '왜 그때 말하지 못했을까?'라고 후회하며 자책한다. 거절하지 못한 일로 끙끙대고, 자신에게 불필요한 의무를 지운 자신을 미워한다. 또한 상대의 불편한 말에 아무 말도 못 한 분노와 불쾌한 감정이 나를 괴롭힌다.

'착한 사람 증후군Nice Person Syndrome'은 타인에게 항상 착한 사람이 되어야 한다는 마음으로, 자신의 감정과 욕구를 억누르고, 타인의 심리적 기대와 요구에 무분별하게 부응하려고 애쓰는 심리 상태를 말한다. 이런 마음은 부탁을 거절하지 못하고, 심리적 피로와 인간관계의 불균형, 무기력감과 정서적 문제를 일으키며 내면을 위축시킨다.

거절을 못 하는 것은 타인의 평가에 민감하고, 사람과의 갈등을 피하려는 강한 심리적 원인에 바탕을 둔다. 자신을 우선시하기보다 타인을 먼저 생각하는 희생적 태도가 거절을 어렵게 하고 자기주장을 제대로 내세우지 못하게 한다. 그렇지만 관계는 상호적이어야 한다. 일방에게만 부담을 지우고, 자기가 말하고 싶은 속마음을 표현하지 못하는 관계는 공정하지 않다. 타인을 위해 자기를 희생하며 사는 것에도 한계가 있다. 무조건적인 배려보다 자기 입장도 주장할 줄 알아야만 정서적 소진, 구속의 굴레에서 벗어날 수 있다. 거절과 자기주장은 건전한 관계의 출발점이다.

거절이나 심리적 불편함의 표현이 나쁜 것이 아니다. 상대방의 요구에 자기 생각을 밝히는 거절의 표현, 상대방의 말에 불편한 내 감정을 사실적으로 말하는 표현은 균형 잡힌 관계를 맺고, 나를 지키는 데도 꼭 필요한 기술이다.

'거절의 고통은 거절하지 못한 후회의 고통을 상쇄한다.'

상대방의 생각이나 요구에 항상 긍정적으로 반응하는 것이 관계의 정석은 아니다. 세계적인 연설가, 지그 지글러 Zig Ziglar 는 이렇게 말했다. "분명한 거절은 항상 거짓 약속보다 낫다." 거절하지 못하고 약속을 지켜내느라 내 삶이 휘둘려서는 안 된다. 올바른 거절은 나뿐만이 아니라 관계도 보호한다. 거절해야 할 때 거절하기 위해서는 내적으로 강해지고, 또한 성숙해져야 한다.

적당한 거리 두기

'골디락스 존Goldilocks zone'은 지구상의 생명체들이 살아가기에 적합한 환경을 지닌 우주 공간의 범위를 뜻한다. 이 용어는 영국 동화『골디락스와 세 마리 곰』에서 유래 되었다. 주인공 소녀 골디락스는 숲속에서 길을 잃고 헤매다가 빈집을 찾아 들어갔는데, 집 안에는 죽 세 그릇이 있었다. 하나는 뜨거웠고, 하나는 차가웠으며, 하나는 따뜻해서 먹기에 적당했다. 그 소녀는 가장 먹기 좋은 따뜻한 죽을 선택해서 먹을 수 있었다.

사람과의 관계에서도 '골디락스 존'은 존재한다. 태양과 지구는 너무 뜨겁지도, 너무 차갑지도 않은 적당한 거리를 두고 있다. 직장에서는 친하게 되면 꾸지람이 어려워지고 서먹서먹하면 관계가 껄끄러워진다. 특히 직원 간의 적당한 거리는 꼭 지켜야 할 원칙 중 하나다. 명분 없이 특정 직원과 친한 모습을 보이면 형평성 문제가 불거지고 질투가 생긴다. 직원 간에 불협화음을 일으켜 조직의 단합을 해칠 수도 있다. 직장에서 공과 사를 구별하고 업무 판단의 냉정함을 유지하려면 일정한 거리를 두는 것이 필수적이다.

사람 관계는 물리적, 사회적으로 적당한 거리를 가질 때 건강한 관계를 유지하고 불편함과 상처받을 일도 줄인다. 친밀한 관계가 좋기는 하지만, 나를 지키기 위해서는 안전거리 확보도 필요하다. 특히 직장처럼 단체생활을 할 때 가까워지고 멀어지려면 누구나 인정할 수 있는 명분이 있어야 한다. 명분 없이 가까워지고 멀어지면 인간관계는 오해를 받기도

하고, 불만의 표적이 되기도 한다. 적당한 거리는 서로의 영역을 존중하는 표현이자, 인적 네트워크를 유지하고 나와 모두를 지키는 방법이다.

약점을 드러내지 마라

동물들은 서열을 가리는 싸움이 아니라 먹잇감이라는 생각으로 상대를 공격할 때, 목표의 약점을 집요하게 물고 늘어진다. 상대의 가장 약한 부분이나, 자신은 공격당하지 않으면서도 상대를 쉽게 제압할 수 있는 취약 부분에 공격이 집중된다. 등 뒤나 뒷다리, 목덜미처럼 방어가 취약한 부분은 중요 타깃이 된다. 사람이 동물과 비슷한 이유는 야생동물의 사냥처럼 상대의 약점을 노리는 공격본능, 즉 야생성이 남아 있기 때문일 것이다.

누구에게나 강점과 약점이 있다. 인간은 자신의 강점을 과시하려고 하지만, 굳이 약점을 드러내려고는 하지 않는다.

'약점은 언제나 공격자의 표적이 된다.'

하이에나는 사자를 보면 두려워하고 피하지만, 상처 입은 사자는 두려워하지 않고 떼를 지어 공격한다. 약점은 천사에게만 보여줘야 하고, 악마에게 노출되는 순간 공격해달라는 신호가 된다. 동물의 세계와 같은 생존과 경쟁의 시대에, '자비'라는 온정적인 단어는 어울리지 않아 보인다. 비열함의 상징인 하이에나와 같은 습성을, 아프리카 초원에서만 볼 수 있는 것은 아니다.

사람 관계가 우호적이고 협력적일 때 약점은 보호되지만, 경쟁적 관계라면 보호되지 않는다. 하지만 보호되더라도, 다른 사람이 해주는 보호는 불안정하고 일시적이다. 누군가에게 의존하여 보호받기보다 자신을 보호할 방패를 갖는 것이 나를 지키는 데 훨씬 더 효과적이다. 무엇보다 나를 보호하는 최고의 방법은 처음부터 약점을 드러내지 않는 것이다. 약점을 보여주지 않으면 공격당할 빌미도 제공하지 않는다. 결국 나를 지켜주는 것은 늘 자신을 되돌아보고, 약점을 노출하지 않는 나의 절제된 언행과 태도에 있다. 물리적 수단만이 나를 지키는 방어 시스템인 것은 아니다.

모두에게 사랑받을 필요는 없다

내가 올바르게 살아왔다면 나를 미워하는 사람은 좋은 사람이 아니다. 나를 싫어하는 사람은 나와 직접적인 이해관계가 있는 상대방일 수도 있다. 그들의 잘못을 내가 알고 있거나 그들이 갖지 못한 훌륭한 자산을 내가 갖고 있어, 질투심에 나를 싫어하는 마음을 드러내기도 한다. 모두에게 사랑받고 싶다는 생각은 욕심이고 환상이다. 모두에게 사랑받는 것이 아니라 사랑받지 않는 것도 행복이다.

나쁜 사람으로부터 사랑받을 이유가 없다. 나쁜 사람으로부터 사랑받는다면 내가 나쁜 사람일 수도 있다는 뜻이다. 좋은 사람으로부터 미움을 받는다면 내게 잘못이 없는지 성찰해야 하지만, 나쁜 사람으로부터 미움을 받는다고 기분 나빠할 일은 아니다. 나는 적어도 문제 있는 그들과 한통속은 아니기 때문이다.

'그래서 때로는 미움받는 것이 오히려 기뻐해야 할 일은 아닐까?'

양은 늑대와 어울려 다니지 않는다. 늑대와 어울리는 양이 있다면 그 양은 양의 탈을 쓴 늑대일 것이다. 모두에게 사랑받을 수도 없고 사랑받아서도 안 된다. 나쁜 사람이 주는 사랑은 거부하고 좋은 사람이 주는 사랑만 받아라. 당신이 좋은 사람이라면 그래야만 한다.

화를 다룰 줄 알면 삶이 편해진다

화(火, angry)가 일어나는 포인트는 개인마다 다르며, 화에 대한 민감도 역시 다르다. 몸 상태가 안 좋거나 온도와 습도로 측정되는 불쾌감, 불쾌지수가 높으면 화날 확률은 높아진다. 똑같은 일에도 누구는 화가 치미는데 반해, 누구는 무덤덤하다. 화가 주는 영향은 개인마다 차이가 있지만, 확실한 것은 화가 영혼을 갉아먹고 평정심을 흩트리는 데 큰 역할을 한다는 점이다. 화는 자신을 상하게 하고 타인에게도 나쁜 영향을 미친다.

사람은 자기 능력을 인정받지 못한다고 느낄 때 화가 난다. 기대에 못 미치는 대우에 화를 내기도 한다. 상대가 기대 이하의 행동을 하거나 결과를 내도 화가 올라온다. 화를 일으키는 이유는 다양하지만, 인간관계에서 일어나는 화의 공통점은 사람들의 태도나 행동이 못마땅할 때 화가

난다는 것이다. '재, 왜 저래?'라고 하면서 화는 올라온다. 경쟁자가 잘나가는 것에 화가 나고, 나보다 못할 것 같은 사람이 잘하거나 잘 사는 것을 봐도 화가 일어난다. 우리나라에는 유독 화가 많아, 미국정신의학회는 한국식 표기인 '화병Hwa-Byung'을 공식 표기로 사용했다고 한다.

화를 참으면 병이 된다. 틱낫한Thich Nhat Hanh은 화를 드러내라고 말한다. 상대방이 내가 화가 난 사실을 모르면 화가 날 상황을 다시 만들거나 화가 난 상황에 주의하지 않게 된다. 일부러 화를 돋우는 사람에게는 잘못된 행동을 지적하고 불쾌한 마음을 표현하여, 잘못을 꼬집어 주어야 한다.

마음의 병, 화도 치료가 필요하다.

첫째, 시간이 약이다. 치유의 시간을 견뎌야 하는 고통은 있지만, 시간이 지나면 대체로 화는 가라앉고 평온해진다.

둘째, 화를 유발하는 사람이나 대상을 차단하는 방법이다. 사람 중에는 무례하거나 말을 곱지 않게 하고 아픈 데를 찌르는 사람이 있다. 이런 사람을 가까이하면 화날 일이 많아진다.

마지막으로, 자기 수양이다. 나를 작은 존재로 생각하고, 상대방이나 화나는 상황(불쾌지수 등)을 이해하려는 마음이 있다면 화를 줄일 수 있다. 세상에는 나보다 뛰어난 사람이 많고 잘사는 사람도 많다. 그들을 인정하지 않으면 평생을 화 속에서 살 수밖에 없다. 병적인 자존감이나 자존심이 화를 불러들인다.

화는 한 번 일어나면 꼬리를 물고 사라지지 않는다. 화를 격리된 방에 가두고 다른 일에 몰입한다면 화가 번지는 것을 조금이라도 막을 수 있다. 화가 날 때는 반드시 몇 번의 심호흡으로 마음을 가라앉히는 시간이 꼭 필요하다. 화가 나면 사람은 감정에 지배되고 화난 상태에서 하는 말은 칼날처럼 날카롭다. 화가 실린 말과 행동은 시간이 지나면 후회를 남기고, 나뿐만 아니라 상대에게도 상처를 준다.

화를 내는 것은 자기 집에 불을 지르는 것이다. 화가 지나간 자리에는 잿더미만 남는다. 분위기를 잡거나 긴장을 유도하려고 일부러 화를 이용하는 일이 아니라면 화를 내서 득이 될 것은 없다. 화는 모두를 속상하게 만드는 치명적인 분노다.

은혜는 쉽게 잊힌다

사람은 자기가 받은 피해는 무덤까지 갖고 가지만, 자기가 받은 은혜는 뒤돌아서면 잊어버린다. 은혜를 입은 사람은 시간이 지나면서 받았던 은혜를 의식적으로 축소하고, 도움이 없었더라도 결과적으로 그렇게 되는 일이었다며 자기합리화한다. 하지만 누군가에게 필요한 도움을 받았다면 '도와주지 않아도 될 일이었어.'라고 하며, 고마움을 의식적으로 퇴색시키지 않아야 한다. 고마움을 잊는다고 고마운 행위가 없어지는 것은 아니다.

은혜는 혜택을 만들어 주는 사람이 자신이 가질 수 있는 혜택을 양보하거나 노력해서 만든 결과물이다. 은혜 안에는 도와주는 사람의 애정과 사려 깊은 마음, 그리고 시간의 희생도 함께 담겨있다. 그런 까닭에 은혜를 누구에게나 베풀어서는 안 되며, 할 수 있다면 사람을 가려서 베풀어야 한다. 10년, 20년이 지나도 은혜를 잊지 않는 사람이 있는 반면에, 연기처럼 날려버리는 사람도 있다. 미국 건국의 아버지 중 한 명이었던 벤자민 프랭클린Benjamin Franklin은 은혜를 잊지 않아야 한다며 이렇게 말했다. "받은 상처는 모래에 기록하고, 받은 은혜는 대리석에 새겨라."

은혜는 쉽게 잊힌다. 은혜는 보답을 목적으로 하지 않는다. 은혜를 마음속에 남겨두는 것은 자신을 해치는 일이다. 은혜를 베푼 자는 기억에서 지워야 하지만, 은혜를 받은 자는 은혜를 잊지 않는 것이 올바른 사람의 도리일 것이다.

기대가 크면 실망도 크다

은연중에 하는 가장 흔한 거짓말은 "밥 한번 먹자.", "자주 연락드릴게요."라는 말이다. 보통 이 말은 몇 달이 지나도 연락이 없어 인사치레로 하는 추임새에 가깝다. 이런 말을 들었다면 대부분의 사람은 기억에 남기지 않고 가볍게 생각한다. 상대방을 무시한다기보다 95%는 연락이 오지 않기 때문이다. 오지 않을 연락을 기다리는 것은 실망만 남긴다. 시골 간이역에서 오지 않을 기차를 기다리며 철로의 한쪽을 응시하는 아름다운 모습은 영화 속에나 있다.

그런데 간혹 연락이 오는 때가 있다. 그때 했던 말을 상기시키면서 날
짜를 잡자고 하거나, 요즘 어떻게 지내냐고 안부를 묻는다. 보기 드문
5%에 포함되는 사람들이다. 함부로 말을 내뱉지 않고, 지나가는 말이라
도 약속을 지키는 사람은 기대를 헛되게 하거나 실망하게 하지 않는다.

'부질없는 기대가 사람 잡는다.'

의례적인 말에 기대를 품거나 과도하게 희망 회로를 돌리면 실망할 일
이 많아진다. 기대는 막연한 희망이다. 구체화 되지도 않은 일이나 사건
에 삶의 무게를 실어주며 확신을 갖는 일은 위험하다. 사람에 대한 지나
친 기대를 접어두고 내 일에 집중하며 사는 것이 슬기롭게 사는 방법이
다. 기대가 크지 않아야 실망하는 일도 적어진다.

악마는 천사가 될 수 없다

낚시에서 미끼로 쓰이는 것 중 하나가 떡밥이다. 떡밥은 물고기의 먹
이지만, 물고기의 이익을 목적으로 하지 않으며, 낚시꾼의 이익을 물고
기의 이익으로 가장한 속임수다. 나쁜 사람의 선행이나 호의는 의심해
봐야 한다. 어느 날 갑자기 악한 사람이 선한 사람으로 바뀌지는 않는다.
그들의 행동에는 자신의 이익을 타인을 위한 이익인 것처럼 가장하여 상
대를 이용하려는 목적이 숨어있다.

평소에 쌀쌀맞던 사람이 다정한 말투와 따뜻한 미소로 다가온다. '별일

이다'라는 생각이 들면서도 기분이 나쁘지만은 않다. 자신에 대한 경계가 풀어졌다고 생각하면 그제야 조심스럽게 본심을 꺼낸다. 이때 나오는 본심은 대부분 평소라면 들어주기 어려운 부탁이다. 평소와 다른 태도를 보인 이유를 알게 되고 속았다는 생각에 분위기를 깨뜨리고 표정을 바꾸고 싶지만, 그렇게 하기가 쉽지 않다. 가장 좋은 방법은 그 자리에서 대답하기보다 '생각해 보겠다'는 말로 불편한 상황을 벗어나 결정을 미루는 것이다. 상대방의 다정한 말투와 따뜻한 미소는 자신의 부탁을 받아들이게 하려는 목적의 미끼였다.

이기적인 사람에게서 선행을 기대하는 것은 바닷물이 짜지 않기를 바라는 헛된 꿈이다. 기대하지 않았던 나쁜 사람들의 달콤한 말과 행동에는 자신의 의도대로 상대의 결정을 끌어내려는 목적이 숨어있다. 중요한 것은 내가 그 사람의 페이스에 말리지 않고, 후회하는 결정을 만들지 않는 것이다. 평소와 다른 분위기로 다가오는 사람이 있다면, 목적을 파악하기 전까지 침묵에 가까울 정도로 말을 아껴라. 분위기에 휩쓸려 무심코 내뱉은 말이 발목을 잡아 후회를 남긴다.

다시 말하지만, 평소와 다른 태도로 접근하는 사람의 마음에는 예외 없이 부탁이라는 목적이 있다. 쓰인 가면을 보지 말고 가면 속의 본질을 볼 수 있어야 마음 다치는 일이 적어진다. 현실 세계는 온실이 아니라 갖가지 위험이 도사리는 야생이다. 악마가 보여주는 눈앞의 이익은 나의 이익이 아니라 '덫'이다.

근거 없는 평가에 휘둘리지 말자

다른 사람의 말 한마디에 마음이 아플 때가 있다. 그 사람을 알지 못하면서 다 아는 것처럼 사람을 평가하고 말을 퍼뜨린다. 그런 말들은 다분히 다른 의도가 있는 '아니면 말고' 식의 네거티브적 공격일 때가 많다. 칭찬하는 말은 좋지만, 사람들이 하는 말의 대부분은 가십gossip거리이거나 근거가 빈약한 험담이다.

이해관계나 개인감정이 있는 사람을 주관적으로 평가하여 내용을 공유하는 일은 바람직하지 않다. 감정 등이 개입된 특수한 관계는 타인을 부정적으로 평가하게 만들고 소문으로 퍼뜨려, 나쁜 평가를 일반화시킨다. 부정적 평가를 당사자에게 말 그대로 전달하는 사람도 문제다. 전달 가치가 없는 말을 당사자에게 그대로 전달하는 것은 '자신도 그렇게 생각한다.'라고 밖에 볼 수 없기 때문이다. 처음 말을 한 사람이나 말을 전달한 사람이나 별반 다를 것이 없다.

근거 없는 부정적 평가는 편향된 인식을 조장하여 위험을 확대하고 재생산해 낸다. '부정성 편향negativity bias'은 한 대상을 평가할 때 같은 양의 정보라도 긍정적 정보에 비해 부정적 정보를 더 높게 평가하는 심리적 현상을 의미하는데, 생존 관점에서 '위험을 피하려는 본능'과 관련이 크다. 발생할 수 있는 리스크를 회피하려는 인간의 심리는 1개의 부정적 평가로 99개의 긍정적 평가를 삭제시켜 버린다.

근거 없는 부정적 평가에는 상대를 평가절하함으로써 누군가가 얻을 이익이 포함되어 있다. 부정적 평가의 말을 들었더라도 사실 여부가 확인되지 않았다면, 절대로 소문으로 퍼뜨려서는 안 되며 그 자리에서 잊어야 한다. 잘못된 소문은 누군가에게 피해를 줄 수 있다. 타인을 평가할 때는 누구나 인정할 만한 명확한 근거가 있어야 하며, 근거가 있을 때만 평가는 힘을 갖는다. 근거 없는 평가나 개인감정이 실린 부정적인 평가로 타인을 단정하는 잘못을 저지르지 않아야 한다.

일부 사람들은 상대방을 제대로 알지 못하면서 악의적으로 부정적 평가를 만들고 부풀린다. 적의가 담긴 헛소문에 당사자는 상처를 받고, 사회적 관계까지도 불편해질 수 있다. 더구나 질이 낮은 자들은 거짓말과 거친 표현으로 상대를 깎아내리고 창피 주기에 바쁘다. 하지만 가려진 진실은 언젠가 밝혀질 것이다. 어떤 사람은 누군가를 흠집 내려고 애쓴다. 혹시라도 그 누군가가 나라면 거짓된 말에 긁혀질 내가 아니라고 생각하자. 거친 세상을 살려면 그 정도 배짱은 갖고 있어야 하지 않을까?

주파수가 다르면 잡음만 난다

누군가와 대화할 때 말이 흡수되지 않고 튕겨 나오는 느낌을 받는다면, 나는 주파수가 FM이고 상대방은 AM일 것이다. 대화하면서도 벽에 대고 말하는 듯한 느낌이 들었던 기억을 누구나 경험한다. '찌지직'거리는 잡음만 난다. 주파수 대역이 달라 튜닝도 소용없다. 말하는 사람은 공감받지 못하고 듣는 사람은 공감하지 못하여, 같이 있는 시간이 피곤하고 지루하다. 다른 '결'과의 만남은 껄끄러움만 일으킨다.

"같이 대화할 만하지 않은데 말하는 것은 말을 낭비하는 것이다."라는 『논어』의 한 구절처럼, 사람에 따라 말도 가려야 말 낭비를 막을 수 있다. 논쟁적이고 생산적이지 않으며 상대에게 흡수되지 않는 말을 해야 할 이유는 없다. 서로 수준이 비슷하고 통하는 '대화할 만한 사람'과 교류하지 않으면 그 사람을 잃게 되고, '대화할 만하지 않은 사람'과 말하면 말을 잃는 것, 즉 말 낭비인 것이다.

사람을 잃지도 않고 말도 낭비하지 않으려면 먼저 말할 대상을 구별하는 것이 우선이다. 서로 교류하고 배우며 관계를 지속하고 싶은 사람과는 말을 나누어 벗하고, 다른 결을 가진 사람과는 말을 아껴 불필요한 말을 쏟아내지 않아야 한다. 말은 필요할 때 해야 효과적이다. 말의 의미를 알지 못하는 사람에게까지 해야 할 말은 없다. 상대에게 흡수되지도 않고 공감할 수도 없는 불필요한 말은 말의 낭비다.

긍정의 마음에 물을 주자

마음에는 긍정의 마음과 부정의 마음이 있다. 긍정의 마음은 용서, 행운, 희망, 웃음이고, 부정의 마음은 분노, 절망, 불행, 울음이다. 부정의 마음을 키워주면 괴롭고, 긍정의 마음을 키워주면 즐겁다. 어느 마음에 관심과 사랑을 주는가는 각자의 선택이다. 긍정적으로 살고 싶다면 긍정의 마음에, 부정적으로 살고자 한다면 부정의 마음에 관심과 사랑을 쏟으면 된다.

부정적으로 살고 싶은 사람은 없을 것이다. 그렇게 살면 삶에 아무런 도움이 되지 않는다. 인간의 목표인 행복으로 가는 길은 부정의 마음이 아니라 긍정의 마음에 있다. 부정의 마음은 삶을 더 고통스럽게 만든다. 분노를 용서로, 절망을 희망으로 생각을 변화시키고 마음을 키워주면 행복은 꽃을 피운다.

물주기 하면 생각나는 인물이 금융·증권 거래의 중심지, 월가의 투자자 피터 린치 Peter Lynch 다. 그의 유명한 말은 분야를 뛰어넘어 많은 사람에게 통찰력을 안겨준다.

"꽃을 꺾고 잡초에 물을 주지 마라!"

투자자가 꽃을 꺾고 잡초에 물을 주면, 재정적 파산을 피할 수 없듯이, 긍정의 마음을 꺾고 부정의 마음에 물을 주면, 불행의 길로 들어선다. 우리는 사는 동안 어떻게 물을 주며 살아왔을까? 인생이 파멸시키지 않는 방법은 부정의 마음에는 단수하고 긍정의 마음에 물을 듬뿍 주는 것이다. 오늘부터라도 긍정의 마음에 물을 주기 시작하자. 아름다운 꽃을 피우고 잡초를 뽑아버려야 행운이 오고 삶도 행복해진다. 마음에 잡초만 무성하면 보기도 흉하고 행복도 멀리 달아난다.

7가지 핵심 문장

1. 거절하지 못하고 약속을 지켜내느라 내 삶이 휘둘려서는 안 된다.

2. 적당한 거리는 서로의 영역을 존중하는 표현이다.

3. 약점은 언제나 공격자의 표적이 된다.

4. 나쁜 사람이 주는 사랑은 거부하고 좋은 사람이 주는 사랑만 받아라.

5. 화는 모두를 속상하게 만드는 치명적인 분노다.

6. 상대에게 흡수되지 않고 공감할 수 없는 불필요한 말은 말의 낭비다.

7. 악마가 보여주는 눈앞의 이익은 나의 이익이 아니라 '덫'이다.

Section 3

성공을 부르는
긍정적 만남

나를 지키고 살리는 삶의 무기들

삶도 전쟁이다. 카를 폰 클라우제비츠_{Carl von Clausewitz}는 『전쟁론』에서 전쟁을 이렇게 규정했다. "전쟁은 나의 의지를 실현하기 위해 적에게 굴복을 강요하는 폭력행위다." 즉 전쟁은 국가나 집단 사이에 어떤 목적을 두고 무력을 사용하는 일련의 행동이다. 삶의 최전선에서 살아가는 평범한 사람들도 자신이 원하는 것을 얻기 위해 수많은 전쟁을 치른다. 무력 수단이라는 폭력행위가 없을 뿐 삶의 목적도 전쟁과 같다.

전쟁 무기를 대체하는 삶의 무기에는 다음 네 가지가 있다.

첫째, '마인드'는 긍정적이고 진취적인 생각, 그리고 강한 멘탈이다.

둘째, '지식'은 세상을 보는 눈이다.

셋째, '자산'은 재산, 직업 등 경제력을 포함한 유무형 자산이다.

넷째, '사회자본'은 사회적 관계, 즉 인적자산인 사람이다.

방패와 창과 같은 전통적인 전쟁 무기와 달리, 우리가 가진 삶의 무기는 방어와 공격이 모두 가능하다. 예컨대 지식은 우리가 리스크에 빠질 상황을 예방도 하고, 새로운 기회를 잡는 능력도 제공한다. 사람도 마찬가지다. 그들은 필요할 때 나를 보호해 주는 방패가 되고, 나를 성장시키는 창이 된다.

우리는 위험을 막아줄 방패와 자기 뜻을 펴고 세상을 지배할 창으로 무장한 채 삶의 전쟁터에 서 있다. 각자는 자신만의 무기를 갖는다. 하지만 여러 가지 인생의 무기 중에서 행운으로 다가온 사람은 가장 강력한 방패와 창이 된다. 나를 지지하고 응원해 주는 사람과의 만남(사회자본)은 인생을 뒤바꿀 '게임 체인저'의 등장이다. 그들은 나를 지켜주며 성공하는 인생을 사는 데도 결정적인 역할을 한다. 현대를 사는 우리에게는 마인드, 지식, 자산 등 여러 가지 필수적인 무기들이 있지만, 그중에서 가장 큰 무기는 내 옆에서 나와 함께하는 사회자본, 사람일 것이다.

사람들은 긍정적인 사람에게 모인다

"긍정적인 사람은 한계가 없고, 부정적인 사람은 한 게 없다."라는 글을 본 적이 있다. 긍정적인 사람에게 불가능이 없고 부정적인 사람에게 가능한 것이 없다는 뜻일 것이다. 이 말은 언어 유희(言語遊戱, word play)적 표현이지만 누구나 공감하는 뼈 있는 말이다.

불만으로 가득 차 있거나 불평만 늘어놓는 사람은 환영받지 못한다. 늘 부정적인 단어만 사용하는 사람도 가까이하기에는 마음이 꺼려진다. 부정적인 태도와 말도 습관이다. 생각은 전염병처럼 번진다. 부정적인 사람과 어울리면 부정적인 사람으로 변해있는 나를 발견하게 된다. 의식하지 못하는 사이에 부정적인 생각이 나에게 스며든 것이다.

반면에 표정이 밝고 생각이 건전하며 삶을 긍정하는 사람도 있다. 긍정적인 사람을 만나면 긍정의 에너지를 받아 활력을 얻는다. 그들은 매사에 낙관적이며 긍정적인 측면을 보려고 한다. 작은 일에도 감사하고 적극적이어서 일단 일을 저지르고 보는 특성을 갖는다. 긍정하는 사람도 부정적인 생각을 한다. 하지만 그들은 부정적인 생각을 키우지 않고, 그것이 자신을 파괴하도록 내버려두지 않는다.

현실을 비관적으로 보면 될 일도 안 된다. '부정적인 생각은 일이 실패하기를 바라는 것이다.' 부정적인 사람이 일에 성공할 확률은 긍정적인 사람보다 낮을 수밖에 없다. 그들의 인내심과 기다림은 상대적으로 결핍되어 있다. 하지만 삶을 긍정하는 사람은 조급해하지 않으며 기다릴 줄 안다. 생각하는 힘을 빼고 일어나는 일이나 상황을 지혜롭게 다룬다. 부정적인 사람에 비해 그들의 승률이 높은 것은 당연하다.

'사람도 환경이다.' 서울을 비롯한 수도권에 사람들이 모여드는 것처럼, 긍정적인 사람 주변에도 사람들이 모인다. 그곳에는 활력이 넘치고, 할 수 있다는 자신감과 성장의 기운이 충만하다. 긍정적인 사람은 상대방에게 긍정의 기운을 주고 사람을 끌어당기는 흡인력을 갖는다. 그들과 함께 긍정하고 살면 쉽지 않은 세상살이도 살아볼 만하다고 긍정하게 된다.

너의 가치를 알아보는 사람을 만나라

원석 原石의 가치를 모르는 사람을 만나면
너는 돌멩이 하나의 가치를 가지지만,
원석의 가치를 아는 사람을 만나면
너는 다이아몬드처럼 보석으로 빛난다.
너의 본질적 가치에는 변함이 없지만,
만나는 사람에 따라 너의 가치가 달라진다.

사회에서나 직장에서 좋은 사람을 만나는 일은 축복이다. 여기에서 말하는 좋은 사람이란 나에게 잘해주는 사람이 아니라, 나의 가치를 알아보고 긍정적 영향을 주는 사람을 뜻한다. 소명 의식과 바른 인생관으로 가르침을 줄 수 있고, 일 뿐만 아니라 사는 방법과 지혜를 알려주며, 가치관을 바로 잡아주는 사람이다. 그는 가까이에 있지만 언젠가는 헤어질 인연일 수도 있다.

인간 사회는 대부분 이해관계로 형성되고 이익을 매개로 연결되어 있다. 자기 일에만 관심이 있고 타인에게는 예의상 관심을 보일 뿐이다. 좋은 일에 축하를 보내지만, 진심이라기보다 의무감의 표현이다. 사회에서 만나는 관계는 진심이 통하는 관계라기보다는 피상적이라는 사회적 관계의 한계를 안고 있다. 이해관계가 틀어지면 언제라도 돌아설 준비가 되어 있는 '휘발성이 큰 계약 관계'다.

존재하는 것은 가치를 가진다. 사람들이 나의 가치를 알아보지 못한다고 해서 가치가 없는 것이 아니다. 단지 가치를 보는 눈이 없을 뿐이다. 사람의 가치를 아는 일은 사람의 본질을 아는 것이다. 그 사람만이 가지는 본질적이고 고귀한 가치는 평범함 속에 숨은 채 드러나지 않을지라도 분명히 존재한다. 그렇지만 누구나 그 사람만이 가지는 가치를 알아볼 수 없다. 가치를 알아보는 일은 사람의 본질을 인식하고, 본질 속에 있는 내재가치에 확신을 가지면서 형성된다. 형체 없는 가치를 알아보고 끌어내는 과정을 거치면 고유의 가치는 발현된다.

"너의 가치를 알아보는 사람이 있었는가?"
너의 가치를 알아보는 사람을 평생 만나지 못할 수도 있지만, 네 가치를 알아보는 사람이 있다면 그에게 너의 운명을 걸어도 된다. 아무도 너에게 관심 두지 않아도, 그는 끝까지 너를 알아보고 인정해 줄 사람이다. 자신의 가치를 인정받고 그 가치가 눈에 보이는 존재로 드러날 때, 비로소 자신이 살아있음을 느낀다.

삶의 철학을 공유하는 동반자

그대가
현명하고 성실하고
예의 바르고 총명한 동반자를 얻는다면
어떠한 난관도 극복하리니
기쁜 마음으로 생각을 가다듬고
그와 함께 가라.

불교 초기 경전, 『숫타니파타』의 가르침은 어떤 사람을 만나 미래를 함께해야 하는가를 짧은 글로 알려주고 있다. 좋은 사람과 함께하는 미래는 같이 있는 것만으로도 행복하다. 동반자는 부는 찬 바람도 포근하게 하며, 거센 파도가 일어도 두려움을 극복할 수 있게 하는 용기와 심리적 안정을 준다. 이치에 밝고 일에 정성을 다하며, 예의가 바른 데다 영리하고 재주까지 뛰어난 동반자를 만나는 것은 행운이다. 동반자는 함께 도를 닦는 벗인 도반道伴, 배우자, 친구, 공동의 목표를 함께하는 동료다. 동반자는 잠시 떨어져 있어도 마음은 늘 함께한다.

동반자는 신이 주는 최고의 선물이다. 한 명의 생각보다 두 명의 생각이 뛰어나고 혼자 할 수 없는 일도 둘이 하면 어렵지 않게 해낼 수 있다. 동반자는 인생을 즐겁게 하고 삶의 가치를 풍부하게 해준다. 동반자는 삶의 철학을 공유할 수 있어야 한다. 공유할 철학이 없다면 그는 동반자가 아니라, 잠시 같은 공간에 있지만 곧 자기 갈 길을 떠날 방랑자에 지나지 않는다.

친구와 은인은 앵커링의 시작점

"내 험담을 하지 않으면 친구이고, 나를 칭찬하면 평생의 은인이다."

사전적 의미로 '가깝고 오래 사귄 사람'을 친구라고 표현한다. 학교를 떠나 사회에서도 나이가 같으면 친하지 않아도 친구라는 말을 습관적으로 사용한다. 하지만 나를 친구라고 하면서 나를 험담하는 대화를 듣고만 있거나 맞장구를 친다면 그는 친구가 아니다. 친한 사람이나 친구를 보호할 의무를 망각한 사람이 '친구', 또는 '친하다'고 표현하는 것은 부적절하다. 진정한 친구는 내 뒤에서 나를 험담하지도 않고 험담에 가담하지도 않으며 험담에 맞선다.

남을 칭찬하는 일도 따지고 보면 생각보다 쉽지 않다는 것을 알 수 있다. 다른 사람을 칭찬하는 일은 자신의 이름을 걸고 그 사람을 보증하는 것이다.

"그 사람 어때?"

"괜찮아. 일도 잘해."

하지만 후에 일을 잘하기는커녕 보통 수준에도 미치지 못하는 것으로 드러나면 칭찬한 사람은 거짓말을 한 셈이 된다. 사실과 다른 잘못된 칭찬은 자신의 신뢰를 깎아내릴 수 있고, 자신도 칭찬받은 사람과 같은 수준으로 평가절하될 여지를 남긴다. 생각 없이 칭찬을 남발하는 것도 좋은 것은 아니다.

등 뒤에서 하는 험담은 많아도, 칭찬은 가물에 콩 나듯 드문 현실에, 내가 없는 곳에서 나를 칭찬을 해주는 사람은 단순히 친구를 넘어 평생의 은인이라고 생각해야 한다. 의사결정을 왜곡하는 인지 편향, '앵커링 효과 Anchoring Effect'는 인간관계에서도 적용되는데, 특정 정보를 접할 때 처음 정보가 이후 판단의 기준점으로 작용하는 현상이다. 사람에 대한 첫 정보가 '칭찬'일 때, 칭찬은 나를 판단하는 기준점을 제공해 주고 평가에 긍정적 영향을 미치게 한다. 더구나 나를 험담하는 자리에서 나오는 칭찬은 한 사람의 사회적 관계를 극적으로 보호해 준다. 친구와 은인이 많으면 가진 것이 부족해도 충분히 행복한 삶을 살 수 있다.

등을 맡길 수 있다는 믿음

눈에 보이는 앞은 경계할 수 있지만, 등 뒤는 볼 수가 없어 위험 대비에 취약하다. 소리와 인기척만으로는 뒤의 상황을 제대로 파악할 수 없어, 등 뒤에서 공격받으면 뾰족한 대책이 없다. 벽을 등지는 것처럼, 등 뒤의 안전을 확보하며 살아가는 방법은 등 뒤에 벽을 세워둔 것처럼 든든한 사람을 두는 것이다. 몸이 힘들 땐 등을 벽에 기댄 채 휴식을 취할 수도 있고, 뒤에서 자연의 바람과 눈보라를 막아주며 나를 해치려는 사람으로부터도 나를 보호해 준다.

취약한 등 뒤를 맡길 수 있는 사람이라면 가장 신뢰할 수 있는 사람일 것이다. 칼집에서 칼을 빼는 쉿소리가 들려도 나를 해칠 목적이 아니라, 뒤에서 오는 공격을 막기 위한 동작이라고 믿는다. 그 사람을 알면, 내가 믿는 사람이라면, 등 뒤에서 무슨 짓을 해도 마음의 동요는 일어나지 않는다. 지금 내 등 뒤에서 나를 지켜주고, 지켜줄 수 있는 사람은 누구일까? 이 물음에 떠오르는 사람이 있다면 그에게는 등을 맡겨도 된다.

앞만 보고 살면 등 뒤에서 나를 지켜주고 있는 사람의 존재와 고마움을 잊고 지낸다. 마음의 고개를 돌려 뒤돌아보면 그 사람은 내 등 뒤의 빈 곳에 자리한 채 나를 지키고 있을 것이다. 그는 내 뒤를 지켜줄 뿐만 아니라 내가 힘들 때 나를 지지해 줄 사람이다. 힘들 때는 등을 기대도 된다. 세상은 신뢰할 수 있는 사람끼리 등을 맞대고 서로 의지하며 사는 곳이다.

우리는 타인의 실패를 바란다

'나와 가까운 사람 모두가 나의 성공을 바랄까?'

대답은 야속하게도 부정적이다. 사람의 마음에는 '질투' 또는 '시기'라는 적대적 감정이 자리 잡고 있다. 아무리 가까운 사이라도 타인의 성공에 샘내고 미워하는 마음이 존재한다. 가족 사이에서도, 사회적 관계에서도 예외는 없다. 축하한다는 말 속에는 '나는 왜 성공하지 못할까?'라며 자신에게 불만을 터뜨리는 감정도 섞여 있다.

남이 잘되는 것을 진심으로 기뻐하는 일은 쉽지 않다. 오히려 질투하고 시기하는 인간의 심리가 고스란히 드러난다. 특히 자신과 가까운 사람일수록 감정은 격해진다. 안 그럴 것 같지만 그렇다. 잘 알지도 못하는 사람의 성공에는 감정의 동요 없이 무심하게 반응하지만, 아는 사람이라면 자신과 비교하면서 질투하고 시기하는 마음이 커진다. 프랜시스 베이컨Francis Bacon은 질투를 이렇게 정의했다. "질투는 사람의 감정 중 가장 오래 간다. 실투는 휴일이 없다. 질부는 가장 사악하고 비열한 감정이다. 이 감정은 악마의 속성이다."

타인의 성공이 반드시 질투만을 느끼게 하지 않고, 자신에게 동기부여라는 자극제가 되어 긍정적 효과를 불러올 때도 있다. 이를테면 나도 꼭 그렇게 되겠다고 의지를 불태우며 자기성찰을 하는 경우다. 하지만 인간의 타고난 본성을 생각한다면 마음 한편에 불편한 감정이 남아 있는 것도 이해 못 할 일은 아니다. 남들이 잘되는 것을 같이 기뻐하고 자랑스럽게 말하는 사람은 생각보다 드물다. 만약에 그런 사람이 있다면 나의 성공을 바라고 도와줄 마음도 가진 거의 유일한 사람일 것이다.

선량한 사람은 겉과 속이 다르지 않다

어떤 사람의 겉과 속이 같을 때 그 사람에게서 진정성을 느낀다. 마음에 없는 행동을 하거나 하기 싫은 마음이 표정으로 드러나면, 그 사람의 행동에 진정성이 있다고 생각하지 않는다. 마음과 행동이 다르면 행동은 거짓말이 된다.

사람은 다른 목적이 있으면 본심과 반대되는 행동을 한다. 싫어하는데 좋아하는 척하고 마음에 들지 않는 데 마음에 든다고 한다. 목적을 위해 진심이 없는 보여주기식 행동을 하지만, 원하는 것을 손에 넣으면 맞춰주는 행동은 사라지고 태도가 변한다. 신뢰할 수 없는 말과 일관성 없는 행동은 예측 가능성을 떨어뜨려 상대에게 심리적 불안감을 안긴다.

반면에 선량한 사람의 마음은 거짓 없이 행동으로 드러난다. 마음과 행동이 다르지 않고 누구를 이용하거나 거짓을 말하지도 않는다. 그들은 타인을 배려하고 이기적이지 않다. 그들은 정직하며, 사회규범과 질서를 어기지도 않는다. 이렇듯 선량한 사람은 겉과 속이 다른 사람이 가질 수 없는 올바른 가치관을 갖고 진실된 행동을 보여준다.

인간관계에서 피로감을 줄이기 위해서는 선량한 사람을 가까이하고, 거짓 행동을 하는 사람들을 멀리하는 수밖에 없다. 선량한 사람에게서 나쁜 기운을 받을 일이 없으며, 그들에게서 배우는 마음가짐과 태도는 나를 올바르게 만들고 인격을 완성하는 데도 좋은 거울이 된다. 선량한 사람의 행동은 거짓 없는 마음의 온전한 표현이다.

건전한 가치관과 훌륭한 인격체

가치관은 개인이 가지는 가치에 대한 관점을 말한다. 인간이 자기를 포함한 세계나 그 속의 사상에 대하여 가지는 평가의 근본적 태도다. 즉 사물이나 현상에 대해 옳고 그름이라는 '도덕적 판단 기준'과 사고나 행동 방식의 판단 기준을 나타내는 '신념 체계'라고 할 수 있다. 가치관은 국가, 문화, 환경, 직업, 성장 히스토리에 따라 다르며, 같은 환경이라도 개인차가 존재한다. 참고로 양심은 사물의 가치를 변별하고 자기의 행위에 대하여 옳고 그름과 선과 악의 판단을 내리는 '도덕적 의식'을 말하며, 가치관의 일부를 구성한다.

'그렇다면 올바르고 건전한 가치관의 판단 기준은 무엇일까?' 가치관이 올바르고 건전하다는 것은 가치관이 양심이나 사회통념을 벗어나느냐? 아니냐에 따라 결정된다. 약속 시간을 예로 들면, 약속 시간에 맞춰 오거나 상대방을 배려하여 미리 오는 사람이라면 건전한 가치관을 가졌다고 할 수 있지만, 습관적으로 늦는 사람이 양심적이며 바람직한 가치관을 가졌다고 볼 수는 없다.

가치관은 필연적으로 그 사람의 인격을 투영한다. 인격은 사람으로서의 품격이다. 약속 시간에 항상 늦는 사람을 지칭하여 인격이나 가치관이 훌륭하다고 하지는 않는다. 훌륭한 인격을 가진 사람은 주변으로부터 존경과 존중을 받는다. 그들의 가치관은 이타적이고 타인을 배려하며 사회적 책임을 다하는 높은 가치 판단 기준을 지향한다. 개개인이 올바르고 건전한 가치관을 가지는데 훌륭한 인격체가 주는 영향은 크다. 사회에 동화하고 올바른 길을 가려는 사람들에게 그들은 롤 모델이자 또 다른 스승이 된다. 나에게 선한 영향을 주는 사람과의 동행은 올바른 가치관을 형성시키고 삶도 의미 있게 변화시킨다.

꽃을 품으면 몸에 향기가 배고, 맑은 물로 몸을 씻으면 몸이 깨끗해진다. 사람도 가치관이 건전한 사람과 사귀면 내 가치관이 타락하지 않고, 훌륭한 사람을 가까이하면 나도 훌륭해지려고 노력한다. 내가 올바른 사람이 되도록 가르침을 줄 수 있는 사람과 가까이할 때 나도 그렇게 변할 수 있다.

7가지 핵심 문장

1. 가장 큰 무기는 내 옆에서 나와 함께하는 사회자본, 사람일 것이다.

2. 사람들은 긍정적인 사람에게 모인다.

3. 너의 본질적 가치에는 변함이 없지만, 만나는 사람에 따라 너의 가치가 달라진다.

4. 동반자는 신이 주는 최고의 선물이다.

5. 세상은 신뢰할 수 있는 사람끼리 등을 맞대고 서로 의지하며 사는 곳이다.

6. 선량한 사람의 마음은 거짓 없이 행동으로 드러난다.

7. 훌륭한 사람을 가까이하면 나도 훌륭해지려고 노력한다.

Section 4
관계의 원칙과 인연

공짜 점심은 없다

"공짜 점심은 없다."라는 말은 자유주의 시장경제 옹호자였던 밀턴 프리드먼Milton Friedman이 사용하면서 유명진 말이다. 미국의 서부 개척 시대에, 술집에서 술을 어느 정도 시키면 점심을 무료로 제공했다. 처음에는 공짜 점심으로 알았지만, 그 정도 술값이면 점심을 공짜로 제공하고도 남는 장사라는 것을 깨닫게 되면서 이 말이 생겼다고 한다. 예컨대 술값의 마진이 10%이고 식삿값이 1달러라면, 술집 주인은 10달러짜리 술을 팔고 공짜 점심을 제공한다고 해도 손해는 없다. 하지만 '20달러 이상 술을 주문하는 손님에게 점심은 공짜'라며 점심을 무료로 주는 것처럼 손님을 끌어들인다. 사실은 1달러 이상의 이득을 챙기면서도 생색을 내는 것이다. 공짜 점심이 입소문을 타면서 술집은 매출이 늘고 이익도 비례하여 늘어난다. 결국 공짜 점심은 이익을 늘리기 위한 미끼 상품이었다.

소비자가 공짜라고 생각하는 경제활동의 이면에는 물건의 판매가격에 이미 공짜에 상당하는 가격이 포함되어 있다. 소비자는 기회비용을 지급하고 물건 구매한다. 공짜는 소비자가 기회비용을 인식하지 못하게 하면서 판매자는 정해진 수익을 창출하는 구조다. 상품 판매할 때 증정하는 사은품이 '공짜 마케팅'의 일반적인 사례다.

러시아 속담처럼 공짜 치즈는 쥐덫에만 놓여 있을지도 모른다. 공짜를 자기 목숨과 바꾼다는 얘기는 공짜가 없다는 섬뜩한 표현이다. 이익을 목적으로 하는 사람이나 기업이 재화와 서비스 등을 공짜로 주는 일은 없으며, 이성적인 판단 없이 공짜라는 감각적인 끌림에 낚여 결국 손해를 떠안아야 하는 것은 본인 몫이다.

관계에도 공짜가 없다. 가족끼리라도 사람 관계는 서로 주고받아야 하는 상호 관계다. 일방은 이익만 챙기고 일방은 손해만 보는 관계는 오래 지속되기 어렵다. 인간관계에서는 주는 사람이 갚기를 원하지 않아도 받은 사람은 마음으로라도 갚아야 한다. 그것이 공짜를 없애면서도 관계를 이끌어가는 현명한 방법이다.

공생과 기생의 차이

태어나서 산다는 것은 인간관계의 연속이다. 만나고 헤어지기를 반복하며 인생의 나이테는 켜켜이 쌓여간다. 사람을 만나거나 선택할 때, 고민과 갈등은 수없이 반복된다. 그 사람에 대한 인적 정보를 확인하고 만

남의 가치를 평가한다. 무엇보다 만남이 주는 효용가치를 기준으로, 수많은 사람 중에 나와 가치관도 비슷하고 끌리는 사람을 선택하게 된다.

사람은 만나는 일은 시간과 돈, 에너지가 들어가고 내 인생의 일부를 투자하는 것이다. 가치를 공유할 수 있고 배울 점도 있어서, 생산적인 관계를 이어갈 수 있는 사람이라면 투자 가치는 충분하다. 하지만 내가 상대방을 마음에 들어 한다고 해서 상대방도 꼭 나와 같은 마음은 아니다. 나와의 만남이 상대방에게도 긍정적이어야 한다. 상대방에게 아무런 도움도 되지 않는 일방적인 만남은 '스토킹 stalking'이고 상대방에게 피해와 고통을 준다.

자유로운 인간관계에서는 서로가 필요해서 만난다. 나는 그 사람에게 인생을 투자할 가치가 있어 만나고, 상대방도 나를 만나는 것이 도움이 되어 만남을 이어간다. 서로가 서로에게 가치를 느낄 때 만남은 지속되며, 쌍방 중 한쪽만이 가치를 가진다면 공생이 아니라 바람직하지 않은 기생의 인간관계가 성립한다. 결국 '서로의 가치를 알아봤을 때 만남은 이루어진다.' 만남은 또 다른 나를 만나 삶의 질을 높여가는 과정일 뿐만 아니라, 인생의 변화가 시작되는 새로운 전환점이 되기도 한다.

공감과 배려가 주는 메시지

'공감共感'은 남의 감정, 의견, 주장 따위에 대하여 자기도 그렇다는 느낌, 또는 그렇게 느끼는 기분을 말한다. '배려配慮'의 글자는 짝 '배', 생각할 '려'로, 짝을 대하는 마음으로 다른 사람을 생각한다는 뜻이며, 도와주거나 보살펴 주려고 애쓰는 마음이다. 배우자配偶者의 한자도 배려와 같은 '배'자를 사용한다. 쉽게 말하면, 공감은 상대방의 말에 대해 동의하며 같이 느끼는 것이고, 배려는 배우자를 대하듯이 다른 사람에게도 같은 마음을 쓰고 보살피라는 뜻이다.

공감 능력이 있는 사람에게 배려는 어려운 일이 아니다. 슬픈 일에 공감하여 아픔을 나누고 위로해 주며, 좋은 일에는 같이 기뻐하고 축하의 말을 건넨다.

"얼마나 힘들겠어. 그래도 기운 내."

"이 순간을 기대하고 있었어. 축하해!"

걸음이 불편하면 보폭을 맞춰 걸어주고, 할 일이 많으면 시간을 쪼개서라도 도와주고, 일에 숙달되지 않았으면 가르쳐주고 기다려준다. '공감과 배려의 기준은 내가 아니라 상대방이다.' 자신을 기준에 놓고 공감하고 배려했다는 말은 거짓이다.

이기적인 사람에게 공감과 배려를 기대할 수 없는 것은 자신만이 중요할 뿐 상대방의 입장에 서는 일이 없기 때문이다. 직장을 구하지 못해 스트레스받는 친구 앞에서 직장 얘기만 하고, 부모님이 일찍 돌아가신 사람 앞에서 부모님과 함께 식사했다거나 여행 갔다 온 얘기를 늘어놓으면 상대방 마음은 불편하다. 말로는 공감, 배려라고 하지만, 남의 처지를 헤아리고 배려하는 마음이 하나도 보이지 않는다.

나에게 이익이 되는 일만 하고 어려운 일은 남한테 미루는 자기중심적 사고는 공감과 배려가 설 자리를 없앤다. 공감과 배려라는 말이 사람들의 입이나 미디어에 자주 오르내리는 것은 지금의 시대가 자기중심적 사회라는 명백한 증거가 아닐까? 그럼에도 갈등을 줄이고 소통하며 공동체가 제 기능을 발휘하기 위해서는 공감하고 서로를 배려하는 마음이 필요하다. 사람 사는 사회는 이기적인 마음이 아니라 이타적일 때 사회적 생명을 유지한다.

먹다 남은 복숭아를 준 죄

전국시대 위나라 왕의 총애를 받던 '미자하'는 자기가 먹던 복숭아를 왕에게 주는 불경죄를 저질렀지만, 왕은 오히려 자기는 먹지 않고 나를 위해 먹을 것을 주었다며 미자하를 칭찬했다. 하지만 시간이 지난 후에 미자하가 왕의 미움을 사는 일을 저질렀을 때, 과거에 먹다 남은 복숭아를 감히 왕에게 준 것을 들추어내어 미자하에게 벌을 내렸다. 이것이 '여도지죄餘桃之罪'의 고사로, 사랑받을 때는 용서가 되던 일이 사랑이 식고 나면 화를 불러들인다는 얘기다.

준비한 선물을 주는 것과 남는 것을 선물로 주는 일은 전혀 다르다. 미자하가 복숭아를 먹기 전에 먼저 왕에게 주었다면 이런 일은 일어나지 않았을 것이다. 친할수록 조심하고 예의를 갖추며 자신의 행실을 살펴야 한다. 정약용의 '가까운 사이일수록 애틋하게 여기고, 익숙한 사이일수록 어려워 하라'는 말은 인간관계의 불문율(不文律, unwritten laws)이다. 관계 유지의 비결은 정도를 지키는 것이다.

안 좋은 일이 한꺼번에 몰려오는 것은 한 번 눈 밖에 나면 그일 뿐만 아니라, 지난 일까지도 들추어내는 인간의 보편적인 속성 때문이다. 인간관계는 어렵다. 그럼에도 가장 중요한 것은 관계의 기본을 지키는 것과 상대를 존중하는 마음이다. 이 두 가지 중 하나라도 없으면 어느 순간 눈 밖에 나고 관계가 끊어지더라도 이상하지 않다.

알아줄 거라는 착각

사람들은 흔히 '상대방이 나의 처지나 마음을 알아주겠지?'라고 생각한다. 상대방이 아무런 반응을 보이지 않으면 화가 나기 시작하고 말투나 태도가 공격적으로 변한다.

'이걸 왜 모르지?'

시간이 지날수록 섭섭한 감정은 깊어진다. 상대방이 내 마음을 알 수 있다는 생각이 맞을 때도 있지만 틀릴 수도 있다. 함께한 시간이 많을수록 상대방이 내 마음을 모를 리 없다고 생각하는 것이 이상하지는 않다.

하지만 상대방이 내 속마음을 알 수 없듯이 내가 상대방 마음을 알아야 한다는 것은 이율배반이다.

　표현하지 않아서 오해를 받더라도 오롯이 감당하겠다는 마음이라면 침묵도 하나의 선택이지만, 그렇지 않다면 마음을 표현하고 말해야 한다. 생각의 관점과 가치관의 차이로 오해가 생긴다. 관계를 깨뜨리고 싶지 않다면 마음이 하고 싶은 말을 직접 전할 줄도 알아야 한다.

　소통 수단은 많아졌지만, 소통이 안 되는 현실은 문명의 역행이 아닐까? 손 편지를 쓰고 답장을 받기까지 일주일이 걸려도, 반나절 걸려 만나러 간 사람이 집에 없어 발길을 되돌리는 헛수고에도, 마음은 전해졌다. 말과 글만이 마음을 전하는 수단은 아니며, 비록 실패하더라도 무엇을 의도하는 '시도'가 마음의 표현이다.

감정에도 유효기간이 있다

　식품에 유통기한이 있듯이 사람의 감정에도 유효기간이 있다. 따라서 유효한 기한을 지난 표현은 효력을 잃는다.
　"인생은 타이밍이다."
　이 말은 적절한 시기의 중요성을 압축해서 표현한 인생 최고의 아포리즘aphorism일 것이다. 타이밍은 행위의 효과가 극대화되는 시점을 놓치지 않는 데 있다. 타이밍은 시간을 아는 것이다. 상황과 환경이 조화를 이뤄 좋은 시기가 왔을 때가 바로 타이밍이 결정되는 지점이다. 모든 것에는 때가 있는 것처럼 사람의 감정도 타이밍 싸움이다.

감정의 유효기간은 감정의 탄력이 살아있을 때를 말한다. 유효기간이 지나면 감정은 탄력을 잃고 굳은살이 박여 어떤 외부 감정에도 반응하지 않는 상태로 변한다. 오글거리고 살가운 얘기를 해도 이미 굳어진 감정은 대답이 없다. 생각만으로도 심상이 뛰고, 따뜻한 온기가 온몸으로 펴져나가던 일은 기억 속에나 있을 뿐이다. 얼음처럼 차가워진 감정을 다시 녹이는 시간은 영원히 오지 않을 수도 있다. 많은 시간과 노력을 들여 얼어있는 감정을 녹이더라도 처음의 감정이 되살아나기는 어렵다.

감정 표현의 유효기간은 찰나의 순간일 수도 있고, 며칠, 몇 년이 되기도 한다. 때늦은 표현은 마음에 흡수되지 못하고 허공을 떠돌다 사라진다. 늦은 감정 표현은 변질되고 상한다. 감정에는 소급 효력도 없다. 감정의 유효기간은 꼭 지켜야 할 인간관계의 원칙이다. 감사하고 사과해야 할 말이 있다면 더 늦기 전에 표현하고 말해라. 유효기간이 지나면 그 시간은 다시 오지 않는다.

시절 인연을 산다

만남과 헤어짐에는 기쁨과 슬픔이 교차한다. 불교의 '팔고八苦' 가운데 '애별리고愛別離苦'는 사랑하는 사람과 헤어지는 고통이고, '원증회고怨憎會

苦’는 싫어하는 사람을 만나 생기는 고통이다. 사랑하는 사람을 만나면 기쁨이지만, 싫어하는 사람을 만나면 슬픔이 된다. 헤어짐도 마찬가지다. 이처럼 만남에 기쁨만 있지 않고, 헤어짐에 슬픔만 있지 않다. 기쁨과 슬픔은 모두 한 몸에서 나온다.

'시절 인연'은 모든 사물의 현상은 시기가 되어야 일어난다는 뜻이다. 즉 모든 인연에는 때가 있다. 시절 인연이 맞으면 아무리 거부해도 인연을 만들게 되고, 시절 인연이 맞지 않으면 아무리 인연을 맺으려 애를 써도 인연을 맺을 수 없다. '유연천리래상회有緣千里來相會, 무연대면불상래無緣對面不相逢'는 연緣이 있으면 천 리를 떨어져 있어도 만나게 되고, 연이 없다면 얼굴을 마주하고 있어도 만날 수 없다는 뜻으로, 인연이 어떤 의미인지를 꿰뚫고 있다.

사람과 만나고 헤어지는 일만이 인연은 아니다. 세상에서 일어나는 모든 것이 시절 인연이다. 꼭 이루어져야 할 일이 물거품이 되기도 하고, 가능성 없던 일이 현실로 이루어지기도 한다.
'인생에는 각자의 시간표가 따로 있다.'
누구는 어린 나이에 두각을 나타내고, 또 누구는 나이 들어서 인생의 황금기를 맞이한다. 어린 시절 빛을 보지 못한 것을 한탄하며 삶을 단정 짓는 것은 섣부른 판단이다. 각자의 때에 맞춰 기다리고 준비하는 것이 때가 도래하지 않았을 때 해야 할 일이다. 때가 오지 않았다는 것을 안다면 기다림이 인연을 대하는 자의 현명한 처신인 것은 분명하다.

아무리 발버둥 쳐도 때가 아니면 인연은 없다. 내가 꽃 피었다면 시절 인연이고, 아직 꽃피지 않았다면 오지 않은 시절 인연을 기다려야 한다. 모든 인연은 헤어짐을 예정하고 찾아온다. 인연이 찾아오는 것은 생生이고, 떠나는 것은 멸滅이다. 생과 멸은 영원하지 않고 무한 반복한다. 봄에 나뭇잎이 돋아나고 가을에는 낙엽이 지는 것처럼, 시절 인연은 계절처럼 찾아오고, 또 떠난다. 누군가와 만났다면 만날 사람끼리 만난 것이고, 오랫동안 만나고 헤어졌다년 거기까지가 인연인 것이다.

◇ ◇ ◇ ◇ ◇ ◇ ◇

같은 곳을 바라보는 동료애

"외적인 공동 목표 앞에서 형제들과 하나로 연결될 때, 비로소 우리는 숨을 쉰다. 사랑한다는 것은 두 사람이 서로를 마주 바라보는 것이 아니라, 둘이 같은 방향을 바라보는 것이라는 것을, 경험을 통해서 안다."

본업이 항공우편 비행사였던 생텍쥐페리Saint-Exupéry는 동료애가 강했던 행동주의 작가였다. 그는 동료들과 북서 아프리카, 남대서양, 남아메리카 항로를 개척했으며, 비행 중에 추락하여 크게 다치기도 했다. 공군 장교로 2차대전에 참전하기도 했지만, 지중해 상공에서 정찰비행 중 실종되어 역사 속으로 사라졌다.

『인간의 대지』에서 그는 비행사로 살면서 경험했던 일에 대한 책임감과 함께 동료애를 말하고 있다. 그들은 함께 바다를 건너고 피레네산맥과 눈 덮인 안데스산맥을 넘으며 목숨을 걸고 비행하는 동료들이었다. 안데스산맥에 추락한 동료를 구하기 위해 며칠을 샅샅이 수색했다. 실종되어 생사를 알 수 없었던 앙리 기요메Henri Guillaumet는 '자기 생존에 희망을 품은 동료들에 대한 책임감'으로 삶을 포기하지 않고 기적적으로 살아 돌아왔다. 같은 목표를 바라보는 형제들이 있다면, 그들은 서로를 신뢰하고 서로에게 책임을 다하며 진정한 인간애가 무엇인지를 행동으로 보여준다.

매일 얼굴을 본다고 해서 모두 동료가 될 수 없다. 등을 맞대더라도 머리를 돌려 같은 방향을 보아야 한다. 한 공간에서 다른 생각을 한다면 마음에서는 동료애를 느끼지 못할 것이다. 동료는 같은 마음이어야 하고 같은 방향을 보아야 한다는 것을, 생텍쥐페리는 경험으로 말하고 있다.

스승의 책값

추사 김정희는 우리나라를 대표하는 금석학金石學의 대가이자, 추사체로 유명한 조선 후기의 문인화가였다. 북한산의 진흥왕 순수비를 밝혀낸 것은 금석학에 바탕을 둔 그의 학문적 업적을 대표한다. 그는 청나라의 발전된 문물을 받아들여 조선의 낙후된 현실을 개혁하고자 했던 북학파北學派로부터 영향을 받았다. 실학자이기도 했던 그의 다재다능함은 선진 문물의 다양한 정보를 흡수하면서 꽃을 피웠다.

그는 글뿐만 아니라 그림에도 능해 난초를 잘 그렸다. 특히 국보로 지정된 〈세한도〉는 그가 권력다툼(윤상도 사건)에 연루되어 제주도에 유배된 후, 제자 이상적李尚迪에게 그려준 그림으로 유명하다. 한겨울을 배경으로 집한 채와 두 그루의 소나무, 잣나무는 자신의 불운한 처지와 절개, 그리고 제자의 변하지 않은 마음을 함께 담아내고 있다.

추사의 유배 생활 동안, 그의 문학 활동을 지원했던 이상적은 청나라 북경을 왕래하며 스승에게 필요했던 책과 문구를 구해주었다. 그 시대에 책은 돈이 있어도 구하지 못하거나 가격도 만만치 않아서, 책 몇 권에 집 한 채 값을 지급할 정도로 비싼 물품이었다고 한다. 책을 좋아하는 사람이 조선 시대에 태어났다면 집안은 분명 거덜 났을 것이다. 그 당시 책은 가격이나 희귀성으로 따지면 사치품이었다. 제자는 배를 타고 제주도를 왕래하며 스승의 책 수발, 문구 수발을 들었다. 목수는 연장 탓을 하지 않는다고 하지만, 추사는 '연장' 선택에 까다로워 좋은 문구만을 고집했다.

추사는 먼 길을 마다하지 않고 지원해 준 제자에 대한 고마움을 화폭에 그려냈다. 세한도는 추사의 그림이지만, 이상적이 없었다면 존재하지 않았을 것이다. 스승도 대단한 인물이었지만, 제자도 스승 못지않게 지조와 의리를 보여준 고결한 인품의 소유자였다. 8년의 제주도 유배 기간에도 추사의 학문적 욕구는 제자 덕분에 충족될 수 있었다.

오늘 나를 설레게 하는 사람은 누구일까?

'설렘'은 마음이 가라앉지 않고 들떠서 두근거리는 느낌을 의미한다. 설렘은 긍정적인 짧은 미래를 생각할 때 사용하는 표현이다. 아이스크림 상표로 유명한 '설레임' 때문에 '설렘'은 잘 사용하지 않는 단어가 되었지만, 정확한 표현은 '설렘'이다. 불확실성에 긍정적 기대감이 합쳐지면 차분한 마음은 사라지고 들뜨게 된다. 좋아하는 사람을 만날 생각을 하거나, 기대하는 일이나 결과를 기다릴 때도, 마음은 두근거리고 설렌다.

내일을 설레게 해주는 사람이나 일이 있다면 하루하루가 구름 위를 날듯 들떠있을 것이다. 설레는 일은 오늘 하루가 힘들어도 지친 나를 일으켜 세우는 버팀목 역할을 한다. 설렘은 차분하지는 않지만, 짧은 시간 행복감에 젖게 하는 기분 좋은 느낌이다. 설렘을 느끼는 순간의 감정에는 순수함이 묻어있다.

설렌다는 것은 설렘을 주는 무엇이 있기 때문이다. 『어린 왕자』에 나오는 "네가 오후 4시에 온다면 난 3시부터 설렐 거야."라는 여우의 말은 설렘의 체감적 의미를 잘 표현하고 있다. 설렘은 부끄러움에 얼굴이 빨개진 댕기 머리 아가씨의 수줍은 봄바람이다. 설렘은 삶에 활력을 불어넣는 긍정의 에너지다. 설렘은 지친 영혼에 생명의 기운을 불어넣는다.
'그럼, 오늘 나를 설레게 하는 사람은 누구일까?'

7가지 핵심 문장

1. 서로의 가치를 알아봤을 때 만남은 이루어진다.

2. 세상은 이기적인 마음이 아니라 이타적일 때 사회적 생명을 유지한다.

3. 가까운 사이일수록 애틋하게 여기고, 익숙한 사이일수록 어려워하라.

4. 비록 실패하더라도 무엇을 의도하는 '시도'가 마음의 표현이다.

5. 늦은 감정 표현은 변질되고 상한다. 감정에는 소급 효력도 없다.

6. 인생에는 각자의 시간표가 따로 있다.

7. 설렘은 지친 영혼에 생명의 기운을 불어넣는다.

Road 5

어떤 사람이
되어야 하는가

자기성찰   필요한 사람 되기   자아 존중

UNSTO
PPABLE

자만은
자신을 과대평가해서 얻는
즐거움이다.

바뤼흐 스피노자 Baruch Spinoza

Section 1
끊임없는
자기 수양과 성찰

불꽃처럼 살아라

자신의 부족함을 질책하며 배우고

자신의 성공에 좋아 날뛰지 않고

자신의 실패에 좌절하지 않고

자신의 행운에 스스로를 경계하고

자신의 불운에 스스로를 격려하고

자신의 잘못을 뉘우치며 성찰하고

자신의 선행을 남모르게 감추고

자신의 영혼이 오염되지 않게 하고

자신의 이성을 고매하게 단련하며

타인이 가지 않는 길을 먼저 가고

타인이 하지 않는 일을 먼저하고

타인이 외면하는 불의를 참지 않고

타인의 반칙과 편법을 멀리하고
타인이 저지른 잘못을 바로잡고
타인의 실패를 보듬어 안아주고
타인의 성공을 진심으로 축하하고
타인의 아픔을 가슴으로 안아주고
타인의 행복을 내 일처럼 기뻐하며

우리의 질서를 어기지 않고
우리의 이익에 해를 끼치지 않고
우리의 목표에 쓸모 있는 역할을 하고
우리의 가치를 훼손하지 않고
우리의 마음에 선한 감정을 불러오고
우리의 마음에 악한 감정을 몰아내고
우리의 고난에 침묵하지 않고
우리의 아픔에 눈 감지 않고
우리의 정신에 올바름을 심어주면
불꽃처럼 사는 것이다.

권력은 시민에게 복종하라

로마의 지성, 마르쿠스 툴리우스 키케로_{Marcus Tullius Cicero}는 철저한 공화
주의자로, 공화정에 반대한 율리우스 카이사르_{Julius Caesar}의 독재를 비판

하며 그와 정치적으로는 대립하였다. 그의 정치적 신념은 "무기는 평복에 복종하라."라는 표현이 담긴 그의 시구에서 드러난다. 그는 시민위에 군림하는 독재 권력을 거부하고, 시민의 이성이 무력을 지배하는 공화정(共和政, Republic)의 가치를 옹호하였다. 그의 정치적 신념은 "권력은 시민에, 권위는 원로원에"였다.

높은 자는 낮은 자의 섬김을 받아야 할 존재가 아니라, 낮은 자를 섬겨야 하는 의무의 주체다. 높은 자리는 낮은 자리에 있는 사람들의 합의로 일정 기간 머무를 권한을 가질 뿐, 독점적이고 배타적인 '일신전속적—身專屬的 권리'가 아니다. 이를 망각하고 거드름을 피우면 앉아 있는 자리는 뿌리부터 흔들리게 될 태생적 운명을 안고 있다. 높은 자리에 있으면 허리를 숙여야만 낮은 자리에 있는 사람들과 눈높이를 맞출 수 있다. 목에 깁스하고 꼿꼿하게 서면 내려다볼 수밖에 없어 군림하는 것처럼 보인다.

사회에서도 높이 오를수록 자세를 낮춰야 한다. 직위가 높다고 자신이 대단한 사람인 양 안하무인으로 행동하고 거드름 피우는 모습은 꼴불견이다. 거만한 표정과 겸손하지 않은 행동은 사람들로부터 비난을 받는다. 구성원이 있기에 구성원을 대표하는 자리가 있는 것이며, 대표가 있어서 구성원이 있는 것은 아니다. 교만하고 위세를 부리면 어느 조직이건 구성원은 그에게 등을 돌린다.

극과 극은 통한다

사물의 전개가 극에 달하면 반드시 반전한다는 '물극필반物極必反'은 그릇에 물이 가득 차서 넘치는 것과 같은 이치다. 그릇에 물이 차는 것을 극極이라고 하면, 극에 다다랐을 때는 또 다른 극인 비움이 시작된다. 즉 물이 넘치는 것이다. 채움과 비움은 극과 극이지만, 물그릇의 물처럼 극에서는 서로 만난다.

인간관계에서도 겸손하다고 해서 그 사람이 무시당하지 않고, 거만하다고 해서 그 사람이 존경받지는 않는다. 오히려 겸손한 사람의 존재감은 더 커지고 존경받으며, 거만한 사람의 존재감은 작아지고 무시당한다. 자신을 낮추는 일이 자신을 보호하는 일이며, 자신을 높이는 일은 자신을 해치는 일이다. 자신을 낮추면 상대는 긴장을 풀고 마음을 놓게 되어 적을 줄일 수 있다. 반대로 자신을 높이면 경쟁하고 제거할 대상으로 생각하여 적이 많아진다.

자신을 낮추는 일은 에너지 소모를 최소화하고 겉치장의 필요를 줄이지만, 자신을 높이는 일은 많은 에너지를 소모하고 신경 써야 할 일도 늘어난다. 자신을 낮추고 살면 편안하고, 자신을 높이고 살면 피곤하다. 자신을 낮추는 사람은 남의 눈치를 보지 않으나, 자신을 높이는 사람은 남의 시선을 의식한다. 자신을 낮추는 겸손한 사람은 존경받고, 잘난체하고 남을 업신여기는 사람은 멸시당한다.

"누구든지 자기를 높이는 자는 낮아지고, 누구든지 자기를 낮추는 자는 높아지리라."라는 「마태복음」 23:12의 가르침이나, 노자老子의 『도덕경』에 "스스로 드러내는 사람은 밝지 못하다.", "성인이 사람 위에 있으려면 반드시 말을 낮추어야 하며, 사람보다 앞에 있으려면 반드시 몸을 뒤처지게 해야 한다."라는 말은 겸손한 태도를 보일 것과 자만을 경계하라는 교훈을 전하고 있다.

계급사회와 인격

일부 사람들이 흔히 저지르는 오류 중 하나는 계급과 사람을 동일시하여 일체로 본다는 것이다. 직급이 높다고 잘난 것도 아니고 직급이 낮다고 해서 못나지도 않았지만, 직급이 높으면 당연히 수준에 어울리는 인품을 가지고 있을 것이라는 착각을 한다. 그렇지만 높은 직급에도 존경받지 못하는 사람도 있는가 하면 직급은 낮지만, 존경받는 훌륭한 사람도 있다. 직급은 사회가 만들어낸 제도이지 사람의 가치를 결정하는 기준이 아니다.

인격은 개인이 가지는 절대적 가치이기 때문에 사회가 인위적으로 결정할 수 없다. 직급이 인격을 결정할 수 없으므로 직급이 낮더라도 인격은 항상 동격이다. 계급장을 떼면 인간 대 인간의 관계인 것이다. 직급과 인격을 동일시해야 할 근거는 어디에도 없고 실제로 그렇지도 않다. 보통 직급이 높으면 살아온 날이 많고 그에 따라 사회 경험도 많은 것은 맞지만, 그것이 인격을 보증하지는 않는다.

신분 사회였던 조선 시대에 퇴계 이황은 하인에게조차 욕하는 등 함부로 대하지 않았다고 한다. 쓰레기 인성을 가진 사람도 높은 직급을 가질 수 있지만, 높은 인격은 나이나 직급이 아니라 자기 수양을 통해서만 얻을 수 있다. '직급과 인격은 같지 않다'는 생각으로 살면 내 직급과 인격을 비교하여 나를 성찰하게 되고, 상대의 직급이 낮아도 존중하게 된다. 직급이 낮은 사람을 존중하며 살아도 명성이 깎이는 일은 없으며, 오히려 아랫사람을 존중하는 만큼 내 인격도 훌륭해진다.

누구나 가질 수 없는 내면의 향기

'수수하다'라는 우리말이 있다. '물건의 품질이나 겉모양, 또는 사람의 옷차림 따위가 그리 좋지도, 나쁘지도 않고 제격에 어울리는 품이 어지간하다'는 뜻이다. '어지간하다'는 수준이 보통에 가깝거나 그보다 약간 더하다는 의미이므로, 누구를 수수하다고 표현하면 튀지 않는 정도라고 이해하면 무리가 없을 것이다.

수수하지만 사람의 마음을 끄는 매력을 가진 사람이 있다. 눈길을 사로잡는 포인트를 찾기 어려워도 무엇인가에 끌리는 느낌이 든다면 그것은 내면의 향기 덕이다. 화려하지 않으면서 기품이 있고 행동이 작으면서도 마음이 큰 사람은 수수하지만, 말과 몸에서 찐 향기가 배어 나온다.

내면의 향기는 마음의 성숙, 사고방식의 우아함, 그리고 삶의 경험과 자기성찰을 통해서만 얻을 수 있다.

'팝콘 브레인popcorn brain'은 '강한 자극에만 반응하는 뇌'라는 뜻으로, 스마트 미디어의 강렬한 자극에 익숙해져 일상적인 감각에 무감각해지는 현상이다. 옥스퍼드 대학교가 선정했던 그해의 단어, '브레인 롯(brain rot, 뇌 썩음)'도 틱톡, 쇼츠, 릴스 등에 중독되어, 지적인 사고나 노력이 퇴보하는 디지털 시대의 대표적인 정신적 폐해라고 할 수 있다. 복잡한 사고의 평가절하, 알고리즘의 노예화로 인한 감각적 자극 추구는 사유의 폭과 깊이를 제한한다. 또한 세상을 보는 시야를 좁혀 내면이 성숙할 기회도 위협한다. 내면의 향기는 자극적이지 않고 은은하다. 시각적 자극에 사로잡히고 감각에 의존할수록 내면의 향기는 줄어들 수밖에 없다.

자극적인 미디어에 지나친 몰입은 균형적 사고와 인간이 가지는 내면의 아름다움이 성장할 자리를 빼앗는다. 발효의 과정을 거치지 않은 음식은 깊은 맛을 내지 못한다. 디지털 감성의 의존을 줄이고 다양한 오프라인 경험과 아날로그적 감각을 깨어있게 만들면, 사고의 공간은 확대되고 사유의 깊이는 맛을 더하며 깊어진다. 내면의 향기는 '아날로그적 사고'의 결실이다. IT 기기의 검색창을 통한 디지털적인 해답보다 치열한 사유의 과정을 거쳐 나오는 결정체는 내면에서 배어 나오는 향기의 원천이다.

내면의 향기는 긴 숙성 과정을 거쳐야 한다. 세상에는 값비싼 향수보다 아름다운 향기를 내지만 돈으로 살 수 없는 '사람의 향기'가 있다. 값싼 옷을 입고 있어도 품격 있는 향기는 옷의 틈새를 비집고 나와 퍼진다. 세상에서 가장 고급스럽고 품격 있는 향기는 사람을 통해서 나오는 내면의 향기다.

은인자중의 태도를 가져라

〈동물의 왕국〉 같은 자연 다큐멘터리 프로그램을 보면, 사냥하는 사자는 풀숲에서 움직이지 않고, 먹잇감과 거리가 좁혀지기를 기다리며 긴 시간을 인내한다. 때가 오는 순간, 사자는 응축된 에너지를 폭발시키고 추격을 시작하며 표적을 잡아챈다. 들판에 숨어있는 사자는 눈에 보이지 않을 뿐 존재가 없는 것은 아니다. 활의 시위가 완전히 당겨진 채 날아가기를 기다리는 화살처럼, 숨죽임과 기다림은 폭풍전야의 고요함이다.

'은인자중隱忍自重'은 자신을 드러내지 않고 참으며 신중하게 행동한다는 뜻이다. 때가 오지 않았다면 준비될 때까지 자신을 드러내는 일은 없어야 한다. 스나이퍼sniper는 저격을 위해 몇 시간을 움직이지 않고, 생리현상도 필요에 따라서는 엎드린 상태에서 해결한다고 한다. 영화 〈아메리칸 스나이퍼〉에서도 이를 유추해 볼 수 있는 장면이 사실적으로 묘사되어 있다. 털끝만큼이라도 자신을 드러내는 순간, 준비하고 기다린 시간은 무의미해지고 계획은 물거품이 된다.

은인자중의 가치는 '인내'와 '절제'다. 어떤 상황에서도 자신의 감정을 드러내지 않고 신중한 몸가짐을 유지한다. 끊임없는 담금질로 자신을 단련하고, 어려운 상황을 묵묵히 참아낸다. 한때 중국의 대외정책 기조였던 '도광양회韜光養晦'도 자신의 재능이나 명성을 드러내지 않고 참고 기다린다고 하여, 때 이른 드러냄을 경계하고 있다.

우리는 자신을 스스로 숨기고 참으며, 자산의 존재를 무겁게 여겨야 한다. 자신을 낮추며 고결한 인품을 자랑하지 않고 드러내지 않을 때, 내적으로 성장하고 강해질 수 있다. 중요한 때일수록 바른 몸가짐으로 은인자중한다면 목적하는 것을 이룰 수 있다. 섣부른 행동은 자신의 패를 미리 보여주고 실패를 부르는 의도의 노출이다.

균형감이 좋은 사람

사람 중에는 일이나 인간관계, 생활의 면에서 사고가 어느 한쪽에 치우치지 않으면서도 탄력적인 사람이 있다. 삶이나 일에서 적절함이 무엇인지 알고 절제할 줄 알며, 생각이나 행동에 지나치거나 부족함 없는 사람을 '밸런스balance가 좋다'고 말한다. 원칙은 있지만 원칙을 고집하지 않고, 상황에 따라 조절할 수 있는 능력이 균형감이다.

동서양을 막론하고 중용은 극단을 피하고, 적절한 균형을 유지하는 것으로 정의한다. 균형과 중용을 같은 의미로 봐도 틀리지는 않지만, 중용에 탄력성(생각이나 물리적인 속성)을 더하면 균형이 아니라 '균형감'이 된다. 예를 들어 어린아이 놀이기구인 시소seesaw처럼 양쪽의 끝은 항상 균형 상태를 유지하지 않고 극단적으로 수평의 균형을 깨지만, 결국은 수평의 균형을 맞추어야 가능한 놀이다. 균형감은 균형이 깨지는 상태를 의도적으로 만들거나 용인하면서, 끊임없이 균형을 찾아가는 감각이라고 할 수 있다. 중용은 극단을 피하고, 균형감은 극단을 인정한다는 데 차이가 있다.

사람을 평가할 때 '균형감이 있다', '밸런스가 좋다'고 표현한다면 최고의 칭찬 중 하나일 것이다. 균형감은 중용의 미덕과 사고와 행동의 탄력성이라는 영리함까지 모두 갖춘 폭넓은 능력이다. 극단을 인정하면서도 균형(중용)을 찾아가는 능력, 균형감은 요동치고 복잡해지는 세상에서 지혜롭게 살아가는 데 꼭 필요한 정신적 자산이다.

자기 발밑을 살펴라

사찰이나 한옥을 보면 마루 아래에 커다란 댓돌이 있다. 댓돌의 용도는 건축학적으로 공간을 구분하는 계단이면서 신발을 벗어놓는 곳이다. 옛 어른들은 마루에 오른 후에 뒤돌아서 허리를 숙이고 신발을 가지런히 했다. 댓돌 위의 신발이 어지럽지 않은 것은 벗어놓은 사람의 마음이 흐트러지지 않았기 때문이다. '조고각하照顧脚下'는 직역하면 자기 발밑을 살펴보라는 뜻으로, 자신을 돌아보라는 의미로도 쓰여 자신을 성찰할 때 사용하는 말이다. 그리스 델포이Delphoi의 아폴론Apollon 신전 기둥에 새겨져 있었다는 '너 자신을 알라'는 말도 그 의미는 같다.

신발을 어지럽게 벗어놓으면 다른 사람이 신발 놓을 자리가 없어지고, 주차장에서 두 자리를 차지하는 주차는 남의 자리를 빼앗는다. 자신을 돌아보는 성찰이 없으면, 사소한 것이라도 실수를 되풀이하고 남에게 피해를 주는 일이 생긴다. 눈빛 하나, 말 한마디가 누구에게는 비수가 되고, 경솔한 행동이 분위기를 얼어붙게 하여 관계를 망친다. 항상 마음과 행동이 흐트러지지 않게 몸과 마음을 단정히 하려는 노력을 게을리해서는 안 된다.

'어리석은 사람도 남을 탓하는 데는 총명하다'고 한다. 남을 탓하기 전에 자신에게 잘못이 없는지를 먼저 살피는 습관은 나를 가지런히 하는 일이다. 남 탓만 하면 자기의 잘못을 바로잡을 기회를 잃고 잘못을 반복하는 오류를 저지른다. 벗어놓은 신발이 질서를 잃고 자기 자리를 찾지 못하는지 뒤돌아서 살펴볼 일이다. 치열한 자기반성과 성찰은 나와 사회에 더 나은 사람이 되기 위한 출발점이다.

들판의 눈 (野雪, 야설)

이양연(李亮淵, 1771~1853)

踏雪野中去 (답설야중거) 눈 덮인 들판을 걸어갈 때
不須胡亂行 (불수호란행) 함부로 어지러이 걷지 마라.
今日我行跡 (금일아행적) 오늘 내가 걸어간 발자국은
遂作後人程 (수작후인정) 뒷사람의 이정표가 된다.

대한민국 상해임시정부 주석을 지낸 백범 김구는 이양연의 한시漢詩를 평생의 좌우명으로 사용할 만큼 사랑했다. 이 시에는 남들이 보지 않아도 자신이 남긴 발자국을 따라오는 사람에게 해를 끼치지 않으려는 책임감과 자기성찰의 마음이 담겨있다. 내가 간 길이 누군가에게는 선례가 되고 기준이 되어, 발을 내디딜 때마다 한 걸음, 한 걸음이 신중해진다. 어지럽게 걷지 않는 데는 타인을 배려함과 동시에 자신도 올바르게 살아야 한다는 다짐이 배어있다.

따라간 발자국의 끝이 길이 끝나는 낭떠러지라면 발자국은 죽음에 이르는 길이고, 발자국의 끝에 성공이 있다면 그 발자국은 성공으로 가는 길이 된다. 뒷사람에게 이정표가 되는 발자국이라면 더 주의해서 걸어야 한다. 내 발자국이 조심스러운 것은 두려워서가 아니라, 따라오는 사람의 운명이 내가 남긴 발자국에 있기 때문이다.

마음 깨끗하게 하기

생활의 일부 중 하나는 매일 몸을 씻는 일이다. 물이 있는 곳이라면 얼굴과 손을 쉽게 씻을 수 있고, 집에서는 목욕과 샤워를 한다. 횟수로만 보면 씻는 데 열중하고 있는 것처럼 보이지만, 사실 눈에 보이는 곳만 씻고 있다. 하지만 눈에 보이지 않는 마음도 매일 씻어야 제대로 나를 씻었다고 말할 수 있다.

'육체는 물로 씻어내듯 마음과 정신과 영혼은 책으로 씻어내야 한다.'

안중근 의사를 통해서 널리 알려진 "하루라도 책을 읽지 않으면 입안에 가시가 돋는다."라는 말은 자신을 깨끗이 하려는 노력의 일환이었다. 보이는 것에는 신경 쓰고 보이지 않는 것에는 둔감하다면, 자신에게 해야 할 의무를 다하지 않는 것이다. 하루도 거르지 않고 몸을 씻으면서도 마음과 정신을 깨끗이 하는 데는 소홀히 하며 산다면 자신에게 부끄러운 일이다.

마음을 씻는 일은 마음을 정화하는 것이다. 잘못된 생각을 버리고 바른 생각으로 마음을 채워 정신을 깨끗하게 만들어야 한다. 정의와 불의를 구별할 줄 알고, 양심과 비양심을 구별하는 분별력을 키워, 마음에 부정한 생각이 자리 잡을 틈을 없앤다. 독서는 마음의 때를 씻는 보이지 않는 물이다. 때는 고약하다. 덕지덕지 붙은 마음의 때는 쉽게 제거되지도 않는다. 때가 쌓이지 않도록 습관적으로 마음과 정신을 씻고 때를 벗겨내야 한다. 마음이 깨끗해지는 방법은 올바른 생각을 심어주는 책을 가까이하고 사색 (思索, meditation)하며 바른 사람과 교류하는 것이다.

어른의 품격

조선 시대 영조 때 정승을 지낸 이태좌李台佐의 말은 직설적이다.

"몸으로 가르치면 따라오고, 말로 가르치면 대든다."

어린아이, 젊은이, 어른을 가리지 않고 잔소리를 듣고 싶어 하는 사람은 없다. 때로는 잔소리가 필요하고 잔소리에 자극이 되어 변화가 일어나기도 하지만, 어른이라면 잔소리 대신 행동으로 가르침을 보여줘야 한다.

우리나라 1호 통역사이자 통번역대학원 교수의 자녀 공부법은 자신이 공부하는 모습을 자녀에게 보여주는 것이었다. 아이들이 TV를 볼 때면 엄마가 공부하는 모습이 눈에 들어와 TV 보는 것이 불편하고, '엄마도 공부하는데 나도 공부해야겠다'는 마음이 든다고 한다. 공부만이 아니다. 부모가 성실하고 예의 바르면 아이들은 보고 따라 한다. 아이는 좋은 것만이 아니라 나쁜 것도 보고 배운다. 아이에게는 부모가 멘토고 부모의 행동은 교과서가 된다. 직장, 사회에서도 아랫사람이 윗사람의 행동을 보고 배우는 것은 똑같다.

어른이 되어도 배움, 자기 수양, 자기성찰을 게을리하지 않아야 하는 것은 본보기가 되기 때문이다. 어른은 말이 아니라 몸소 실천함으로써 사회적 가치를 지키고, 사회에 기여하는 모습을 보여줘야 한다. 어른이 행동이 아니라 말로만 가르치려 든다면 '꼰대'라는 말을 들을 수밖에 없다. 어른은 말보다 행동이 앞서야 한다. 말없이 행동으로 보여주는 어른의 모습은 소리 없이 마음을 울리는 어른의 품격을 보여준다.

집착은 일을 망치는 지름길이다

마음의 평화를 얻는 방법의 하나가 집착을 버리는 것이다. 집착이라는 귀신에 씌면 헤어 나올 길이 없다. 불교에서는 깨달음에 장애가 되는 세 가지(집착, 분노, 어리석음) 번뇌를 '삼독三毒'이라고 하는데, 그중 집착은 괴로움의 뿌리다. 우리는 과거에 집착하고, 떠난 사람에게 집착하고, 재물에 집착하고, 자리나 명예에 집착한다. 무엇인가에 집착하면 마음에 큰 파도가 쉬지 않고 몰려와, 마음은 항상 긴장 상태가 되어 안정을 찾지 못한다. 무엇보다 집착은 시야를 좁혀 판단력을 흐린다.

집착의 늪에 빠지면 삶은 균형을 잃고 몸과 마음은 괴로워진다. 무엇인가에 집착하고 있으면 앞으로 나아가지 못하고 정체상태에 머문다. 과거에 집착한 사람에게 현재가 없고, 떠난 사람에게 집착하면 새로운 사람이 들어올 자리가 없다. 재물에 집착하면 돈의 노예가 되고, 자리에 집착하면 권력에 휘둘리게 된다. 집착은 왜곡된 사고를 만들어낸다. 사고는 탄력을 잃고 굳어져 마음마저 병들게 한다.

집착에는 이기심이 들어가 있다. 집착하는 일은 상대에게는 이익이 없고, 나의 물질과 정신 만족에 목표를 둔다. 하지만 집착은 자신의 원하는 것을 얻는 해결책이 아니라, 원하는 것에서 멀어지는 길이다.

"마음의 근육을 풀고 집착을 끊어라!"

신기하게도 집착할 때가 아니라 마음에서 내려놓을 때 원하는 것을 얻는다. 집착은 나뿐만 아니라 상대에게도 해를 끼치고 고통을 주는 악행이다.

자비의 조건

자비慈悲는 남을 사랑하고慈, 가엾게 여기는 마음悲이다. 자비는 산크리스트어 마이트리(maitri, 조건없는 사랑)와 카루나(karuna, 연민과 동정)에서 유래되었으며, 살아있는 것을 사랑하고 즐거움을 주며, 고통을 없애주는 넓은 마음이라고 할 수 있다. 자비가 대중적으로는 용서의 의미로 쓰이기도 하지만, 본질적인 뜻은 중생과 기쁨을 같이하고 고통을 나누는 '사랑'과 '애달픈 마음'이다.

월리엄 셰익스피어의 희곡, 『베니스의 상인』은 기독교인과 유대인의 갈등을 그려내며, 권선징악으로 끝을 맺는다. 베니스의 법정에서 유대인 고리대금업자 샤일록은 차용금 증서 내용대로, 안토니오의 살 1파운드를 떼어내겠다는 주장을 굽히지 않는다. 그러자 안토니오의 친구 바사니오가 빌린 돈의 2배를 갚겠다고 제안했지만, 샤일록은 이를 거절한다. 이 광경을 보고 있던 공작이 샤일록을 향해 말을 던진다.

"같은 인간에게 자비를 베풀지 않으면서 어찌 신의 자비를 바라는가?"

결국 재판에서 '피 한 방울도 흘리지 않고 살만 1파운드를 떼어내야 한다'라고 조건을 걸자, 이를 이행할 수 없게 된 샤일록은 모든 것을 잃고 기독교로 개종하라는 판결을 받는다.

자비를 베풀지 않으면서 자비를 구하고, 나쁜 짓을 하면서도 필요하면 자비를 구한다. 절박하면 자비를 구하고 간절함이 사라지면 자비에 등 돌린다. 필요할 때만 신에게 기도하고, 다른 사람에게 필요할 때는 모르는 체하며 자비에는 인색하다. 샤일록처럼 나는 자비를 베풀지 않으면서 자비를 구하고 있지는 않았는지 자신에게 물어봐야 한다.

이기적 자비심이란

'헬퍼스 하이 Helper's High'는 '도움을 주는 사람의 기분이 좋아지는 현상'을 말한다. 타인을 행복하게 하는 것으로 행복감을 느끼는 사람이 있다. 타고난 본성을 가졌거나 자라면서 보고 배운 것들이 몸에 밴 탓일 것이다. 내가 좋아서 누군가를 도와줬는데 그 사람이 잘 됐다면, 좋은 기분과 더불어 행복한 감정이 밀려온다. 그 사람이 행복해지는 것이 유일한 보상이기 때문에 다른 보상은 필요하지 않다. 어떤 행위가 행복감이라는 나의 이익을 목적으로 하면 이기적이지만, 그 행위 안에는 이타적인 내용이 포함되어 있으므로 결국 '이기적 자비심'이 된다고 할 수 있다.

타인을 돕는 행동은 뇌의 보상 중추를 활성화한다. 헬퍼스 하이는 행복 호르몬, 도파민dopamine과 천연 진통제, 엔도르핀의 분비를 촉진하며, 스트레스 호르몬인 코르티솔의 수치를 낮추는 효과도 있다. 타인에게 이타적 행위를 하면 스트레스를 덜 받고 신진대사의 개선으로 노화가 늦춰지며 우울감은 감소한다. 하버드대 의대 연구팀이 발표한 '마더 테레사 효과Mother Teresa effect'도 남을 위한 봉사활동을 하거나 선한 일을 보기만 해도, 인체의 면역 기능은 크게 향상된다는 사실을 증명하고 있다.

로버트 트리버스Robert Trivers의 '호혜적 이타주의reciprocal altruism'는 이타적 행위가 미래에 보답으로 이루어질 것이라는 기대를 전제로 한다. 이타적 행위와 보답이라는 호혜적 상호 작용이 반복되면, 사회적 협력과 유대관계는 안정적으로 형성되고 인간 생존에 필수적인 공동체 기반이 자연스럽게 조성된다. '팃포탯Tit-for-Tat 전략'도 상대방이 협력하면 협력으로, 배신하면 배신으로 대응해, 상호 작용을 반복시키는 생존전략이다. 이처럼 이타적 행위는 개개인의 결속력을 강화하고, 나와 집단의 생존 가능성을 높여준다.

이기적이기보다 이타적인 행위가 많을 때 개인은 행복감, 정서적 포만감, 자아존중감을 얻게 되어, 사회는 심리적 안정감과 결속이라는 사회적 가치를 확보한다. 사회적 관계는 인간관계 안에서 구성원이 정서적으로 건강할 때 긍정적인 영향을 받는다. 이처럼 나의 이타적 행위는 타인을 위한 행위이지만, 결과적으로 나를 위한 행위이기도 하다.

7가지 핵심 문장

1. 높이 오를수록 자세를 낮춰야 한다.

2. 직급과 인격은 같지 않다.

3. 내면의 향기는 '아날로그적 사고'의 결실이다.

4. 은인자중의 가치는 '인내'와 '절제'다.

5. 치열한 자기반성과 성찰은 나와 사회에 더 나은 사람이 되기 위한 출발점이다.

6. 오늘 내가 걸어간 발자국은 뒷사람의 이정표가 된다.

7. 육체는 물로 씻어내듯 마음과 정신과 영혼은 책으로 씻어내야 한다.

Section 2
철학 하는 평범한 영혼

시끄러운 소수가 조용한 다수를 지배한다

민주주의는 다수결의 원칙이지만, 민주주의 내에서는 '시끄러운 소수'가 '조용한 다수'를 지배한다. 이 현상은 민주주의 정치체제가 아니라도, 사람 사는 사회에서는 소규모 조직이든, 가족 집단이든, 어디에서나 볼 수 있다. 왜 그들은 나대며 시끄러운 것일까? 우리는 우리보다 나은 사람에게 지배를 받아야 하지만, 현실과 이상이 반드시 일치하지는 않는다.

플라톤의 『국가』에서 소크라테스는 말했다.

"훌륭한 사람들이 통치를 거절할 경우, 받게 될 가장 큰 벌은 자기보다 못한 사람들에게 통치를 받는 것이다."

『국가』에서는 이상적인 통치자가 갖추어야 할 자질과 덕목을 말해주고 있다. 플라톤 시대에도 현실과 이상의 괴리를 고민하고 해결책을 제시하려는 철학적이고 현실적인 노력이 있었다.

시끄러운 소수의 특징은 뻔뻔함과 비신사적인 승부사 기질로 정의할 수 있다. 두 가지 특징을 빼고 이들을 설명할 방법은 없다. 부끄러운 짓을 하고서도 태연할 수 있고, 기회라고 생각하면 반칙과 불의는 그들의 결정적 수단이 된다. 반면에 정의롭고 온화한 기질을 가진 사람이 시끄러운 소수가 되는 것은 불가능에 가깝다. 그들 대부분은 기질적으로 조용한 다수에 속할 수밖에 없다.

조용한 다수가 항상 조용하지는 않다. 시끄러운 소수가 날뛰기 시작하면, 조용한 다수는 시끄러워질 준비를 한다. 그들이 소크라테스가 말한 훌륭한 지배자가 될 수 없는 것도 아니지만, 잠시 시끄러웠다가도 다시 조용한 다수로 돌아간다. 그들은 이 사회를 지탱하고 떠받치는 '소리 없는 물'이다. 물은 배를 물 위에 뜨게 할 수도 있지만, 물 밑에 가라앉힐 수도 있다.

이상적인 사회라면 세상은 그렇게 시끄럽지 않다. 시끄러운 사람들 때문에 세상이 시끄러운 것이다. 시끄러운 소수가 조용한 다수를 지배하지만, 조용했던 다수는 소란스러운 소수를 잠재우기도 한다. 이처럼 힘의 비대칭은 영원하지 않고, 균형을 잡으며 평균으로 수렴한다. 사회는 그렇게 부침浮沈의 과정을 반복하며 무너지지 않고 존속한다.

법은 신분이 귀한 자에게 아부하지 않는다

중국 춘추전국시대 살았던 한비자韓非子는 '법불아귀法不阿貴'라는 말로 법의 형평성을 강조했다. 이 말이 이천 년 이상 사람들 사이에서 회자하며 인용되는 것은 법이 누구에게나 공평하지 않다는 것을 방증傍證하는 것이다. 법이 신분과 관계없이 같은 기준을 적용했다면 이 말은 역사 속으로 사라졌을 것이다. 하지만 지금껏 사람들 입에 오르내리는 이유는 현실이 그렇지 않기 때문이다.

하지만 누구나 인정할 만한 예외가 하나 있다. 그것은 〈도로교통법〉에 의해 설치된 무인 교통 단속용 장비다. 고가의 대형 세단, 고가의 외제 차가 도로를 질주하다가도 신호 및 과속 카메라 앞에서는 겸손해진다. 차들은 질주 본능을 내려놓고 순한 양처럼 고분고분해진다. 법 앞에서 건방진 대가는 범칙금 통지서와 벌점이다. 경차나 대형차, 고가 차를 구분하지 않고, 운전자나 동승자의 지위가 제아무리 높아도 단속카메라는 확실하게 법 집행을 한다. 말 그대로 귀한 자에게 아부하지 않는다.

사람이 각종 법이나 규정을 집행하는 동안, 법 적용에 인간의 본성이 개입되어 공평한 법 집행이 이상적인 희망일 수도 있다. 그런데도 사회가 무너지지 않고 견뎌내며 발전하는 것은 대다수 사람이 공정함에 가치를 부여하고, 법을 따르려는 의식이 살아있기 때문이다. 자기가 속한 국가나 조직에서 법의 준수에 따르는 불편함과 상대적인 박탈감을 느끼면서도, 법을 존중하고 지키는 평범한 사람들이 사실은 법과 규정의 수호자이며 방파제 역할을 하고 있다.

　같은 죄에 다른 벌은 법의 형평성을 깨뜨리는 자기기만_{self-deception}적인 적용 기준이다. 법은 사회적 신분이나 지위, 경제적 부의 많고 적음을 배제한 채 누구에게나 공평하여야 한다. 불필요하게 예외를 인정하면 사회적 합의는 침해당하고 법은 힘을 잃는다. 법이 누구에게나 공평할 때 예측할 수 있는 사회가 된다.

불의는 참고 불이익은 못 참는다

　정의롭게 살지만 자신을 챙기지는 못하는 사람들이 있는 반면에, 전체의 이익은 외면하고 개인의 잇속에는 철저한 사람들도 있다. 불의에는 인내심을 발휘하고 불이익에 발끈하는 사람들에게 '불의는 참고 불이익은 못 참는다'고 표현하는 것은 꽤 적절하다. 이익의 개념만으로 보면, 정의_{justice}는 자신의 이로움을 목적으로 하지 않고 타인의 이익을 목적으로 하며, 나의 이익을 목적으로 하는 일은 불의_{injustice}일 수밖에 없다.

　정의란 단어는 정의를 담당하는 그리스의 여신 '디케_{Dike}'와 로마의 여신 '유스티티아_{Justitia}'에서 유래되었다. 두 눈을 가린 채 저울과 칼을 들고 있는 형상이 바로 여신의 모습이다. 정의는 진리에 맞는 올바른 도리이며, 불의는 의리, 도의, 정의 따위에 어긋남을 말한다. 아리스토텔레스는 정의의 개념을 '옳은 일을 하게 하고 올바르게 하게 하며 옳은 것을 원하게 하는 것'으로 정의하였으며, 불의는 정의와는 배치되는 개념이다. 정의는 합법과 공정, 평등, 그리고 불의는 불법과 불공정, 불평등이다.

LG그룹에서 만든 'LG 의인상'은 '의롭고 아름다운 사회를 만들기 위한 작은 보탬'이라는 캐치프레이즈를 내걸었다. 군인, 소방관 등 국가를 위해 헌신하는 공직자와 타인을 위해 살신성인한 일반인들을 찾아내 포상하고, 사회의 본보기로 삼아 널리 알리는 사업이다. 정의는 드러나지 않는 다수에 의해 가치가 지켜지고, 드러내기 좋아하는 소수는 정의를 외면하고 자신만의 이익을 추구한다. 이 사회를 지켜내는 것은 정의를 외면하지 않는 다수의 헌신이다. 이 사회를 존속하게 해준 그들에게 늘 감사하는 마음을 가져야 한다. 그들은 불의는 못 참고 불이익은 참는 사람들이다.

거북이와 암탉

말레이시아 속담이 이런 말이 있다.
"거북이는 아무도 몰래 수천 개의 알을 낳지만, 암탉이 알을 낳을 때면 온 동네가 다 안다."
지금의 사회에서도 거북이처럼 소리 없이 할 일을 다 하는 사람이 있는가 하면, 암탉같이 작은 일에도 자신의 성과를 떠벌리는 사람이 있다. 그들은 보여주기식 성과 창출에 집착하고 작은 성과도 부풀려 대단한 기여가 있는 것처럼 호들갑을 떤다. 자세히 들여다보면 자신의 성과를 알리지 않고 일하는 사람의 기여도가 훨씬 크지만, 공은 한 것도 없이 과시하고 요란 떠는 사람들 차지가 된다. 거북이와 암탉처럼 말이다.

자신의 작은 성과를 떠벌리고 자랑하는 암탉보다, 자기 할 일을 다 하는 거북이에게 관심을 가져야 한다. 누군가가 승리의 표시로 암탉의 손을 들어줄 때, 거북이의 손을 더 높이 들어 올리는 사회라면 정의가 살아 있는 사회라고 할 수 있다.

'약한 자는 드러내려고 애쓰지만 강한 자는 감추려고 한다.'

진정한 강자는 거북이처럼 소리 없이 일하고 성과를 내면서도 내세우지 않는다.

사회가 올바르게 평가하고 인정해야 하는 사람은 소리 없이 일하는 사람이어야 한다. 그들의 공을 제대로 평가하지 않으면 사회 정의는 의심받고 질서는 어지러워진다. 닭의 울음소리에 현혹되지 않고, 수천 개의 알을 낳고도 아무 말 없이 바다로 향하는 거북이의 지친 뒷모습에 응원과 격려의 박수를 치는 사회가 진정으로 건강한 사회다.

버큰헤이드호의 전통

1852년 영국 해군의 수송선 '버큰헤이드Birkenhead호'가 630여 명의 승객을 태우고 남아프리카로 가던 중, 케이프타운 65km 해상에서 암초에 부딪혀 배가 반토막 난 채 침몰한다. 구명보트는 60명을 태울 수 있는 단세 척뿐이었고, 180명밖에 구조될 수 없는 상황이었다. 사령관 시드니 세튼 대령은 모든 병사들을 갑판 위에 모이게 한 뒤, 부동자세로 서 있게 하고는 다음과 같이 말했다.

"구명보트에는 여자와 어린아이를 먼저 태운다. 너희들은 여기에 남는다."

이후로 "위험할 때 여자와 어린이를 먼저 구조한다."라는 전통이 세워졌는데, 그 배의 이름을 따서 '버큰헤이드호의 전통'이라고 부른다. 사령관은 냉정한 판단과 혼란에 마침표를 찍는 결정으로 사령관의 책임을 다하려고 했다. 사령관은 약자를 배려하고 많은 생명을 구한 채 자신은 명령에 복종했던 병사들과 함께 죽음을 택했다. 버큰헤이드호의 전통은 1912년 4월 북대서양에서 발생한 타이타닉호 침몰 사건에도 큰 영향을 주었다. 영화에서처럼 구명보트 탑승 순서는 여자와 어린아이가 우선이었다.

버큰헤이드호 사건에서 배울 수 있는 것은 '책임과 희생정신'이다. 이 세상에는 자신만 살겠다고 자신의 책임을 다하지 않는 사람이 얼마나 많은가. 이익되는 일이라면 제일 먼저 나서 공을 독차지하려 하고, 책임 문제에는 등 돌리며 외면한다. 본분을 잊지 않고 책임지는 처신은 많은 사람으로부터 존경받는다. 꼭 사회지배층이 아니라도 숭고한 행동을 보여 준 수많은 사람들이 있으며, 그들의 희생을 잊지 않고 기억하는 것은 살아 있는 자의 의무일 것이다.

사람은 수단이 아닌 목적이다

사람에 대한 존중이 없으면 사람을 수단으로 본다. 목적성은 온전히 그 사람을 위한 것이고, 수단성은 다른 사람의 편익을 위한 이용에 제공되는 경우다. 자신이 소중하면 타인도 소중하게 생각해야 하는 것은 너무도 당연하다. 타인을 자신의 이익을 위해 이용하는 것은 그 사람의 인격을 짓밟는 잔혹 행위라고 할 수 있고, 인간 존중이라는 인류의 보편적 가치를 훼손하는 반인륜적 행태이다.

'사람은 그 자체로 목적이어야 하고 수단이어서는 안 된다.' 사람은 사랑할 대상이고 존중할 대상이지 이용되는 수단이 아니다. 사람을 수단화하는 행위는 사기꾼들이나 범죄자들이 자행하는 용서를 받지 못할 짓의 전형이다. 그들은 쓰레기나 다름없다. 사람을 수단화하여 이용하는 자들의 몸에는 피가 흐르지 않고 사악한 이기심만이 흐른다.

의인義人은 누구의 강요 없이 자신을 희생해 타인의 생명을 구하거나 돕는 사람을 말하고, 악인惡人은 죄에 사로잡혀 계획적으로 악을 행하는 자, 성질이 악한 사람을 지칭한다. 사람을 수단으로 이용하는 자는 악인보다도 더 나쁜 존재다. 사람을 인간으로 존중하지 않고 물건처럼 이용할 수는 없는 일이다. 임마누엘 칸트Immanuel Kant는 『실천이성비판』에서 인간의 목적성을 언급하고 있다.

"목적들의 질서에서 인간은 목적 그 자체다. 다시 말해 인간은 결코 순전히 수단으로만 사용될 수 없다."

누군가는 자신의 이익을 위해 다른 사람을 이용하려고 한다. 사람을 도구로 생각한다면 그 사람의 인간성이나 사람됨을 굳이 알아보지 않아도 알 수 있다. 개인의 이익과 인간의 가치는 교환될 수 없는 전혀 다른 차원의 개념이다. 사람은 그 자체만으로도 존중되어야 하는 목적론적 존재다.

사변적 지혜와 실천적 지혜

인간은 지혜를 갈구한다. 바람 잘 날 없는 인생에 하루가 멀다고 생기는 문제를 지혜롭게 해결하고, 어긋난 인간관계를 회복하거나 관계를 지속시키기 위해서도 지혜는 필요하다. 불편한 과거를 잊고 미래를 준비하는 과정에서도 완벽하지 않은 인간은 지혜에 목말라 있다. 사람으로부터 지혜를 얻기도 하지만, 자연현상이나 지구상의 모든 생명체로부터도 지혜를 발견할 수 있다.

지혜는 사물의 이치를 빨리 깨닫고 사물을 정확하게 처리하는 정신적 능력을 말하며, 철학은 인간과 세계에 대한 근본 원리와 삶의 본질을 연구하는 학문이다. 라틴어 Philosophia철학는 Philos사랑하다와 Sophia지혜라는 두 말의 합성어로, 그대로 번역하면 '지혜에 대한 사랑'을 뜻한다. 결국 철학과 지혜는 개념적으로 한배를 탄 운명공동체라고 할 수 있다. '지혜를 사랑하는 사람은 철학자가 된다.'

지혜에는 사변적 지혜와 실천적 지혜가 있다. '사변적思辨的 지혜'는 경험에 의하지 않고 순수한 이성이나 생각에 따라 인식하고 설명하는 관념이며, 추상적이고 이론적이다. '실천적實踐的 지혜'는 경험을 통해 실제 삶에 적용할 수 있는 통찰력으로, 이성적이고 현실적이며 실용적이다. 현실에서 찾는 지혜는 궁극적으로 행복을 위한 실천적 지혜다. 경험에 의한 실천적 지혜는 행복을 이루기 위한 도구이며 인생의 길잡이가 된다. 철학은 관념 속에서만 살아있지 않고, 현실에서 우리를 지키기도, 살리기도 하는 실전적인 무기라고 할 수 있다.

충성과 아부의 차이

정치의 본질은 국민이나 구성원을 행복하게 만드는 일이다. 정치는 정치가의 몫이지만, 정치가도 아닌 사람들이 개인의 이익을 위해 속칭 '정치'라는 것을 한다. 그들의 정치에는 '우리'라는 개념이 없고 '나'만이 존재하며 보편적 가치와 질서를 깨뜨리는 폐해를 갖고 있다. 그들이 자행하는 행위의 외형은 늘 화려한 퍼포먼스와 그럴듯한 모습으로 가장되어 있다. 그들은 자신에게 유리한 상황을 만들고, 권력자의 입맛을 맞추는 데도 능숙하다.

'조직이 만족하면 충성이지만, 권력자만 만족하면 아부'라고 한다. 아부의 핵심은 자기의 실력이 다른 사람의 능력을 따라가지 못해 부족한 부분을 정치로 채운다는 것이다. 아부는 공동체의 이익을 저버리고 개인의 이익만을 목적으로 한다. 정치의 목적은 국민(공동체)의 행복이지만, 아부의 목적은 개인의 행복이다. 정치가도 아닌 사람이 하는 가짜정치는 모두 아부라고 할 수 있다. 아부하는 사람들의 관심은 자신에게 혜택을 주는 '줄'을 찾고 관리하는 것이다. 타키투스Tacitus는 "가장 무서운 적은 아첨하는 자"라고 말했다.

결괴적으로 정치에 몰입하는 사람들로 인해, 많은 사람이 기회를 박탈당하고 상실감을 느끼며, 열심히 일하는 문화까지도 오염시킨다. 아부와 비슷하게 보여도 '어필'은 아부와는 근본적으로 다르다. 어필이 자기 능력을 홍보하는 수단이라면, 아부는 능력이 없거나 부족하면서도 능력에 부합하지 않는 기회를 차지하기 위한 편법 행위이다. 아부하는 사람의 부족한 능력으로 생긴 공백은 양심적이고 선량한 사람들이 끊임없이 채워준다. 남에게 피해를 주고 사회를 혼탁하게 만드는 아부는 사라져야 한다.

필요악은 필요할까?

'필요악Necessary evil'은 없는 것이 바람직하지만, 사회적인 상황에서 어쩔 수 없이 요구되는 악이라고 정의한다. 악은 인간의 도덕적 기준에 어긋나는 나쁜 것, 도덕률이나 양심을 어기고 남에게 피해를 주는 일이다. 이를 종합하면, 필요악은 '나쁜 짓은 하지 않아야 하지만 상황에 따라서는 의무가 될 수 있는 행위'라고 할 수 있다. 예컨대 전쟁은 수많은 사상자를 낳는다. 침략에 무력으로 대응하지 않으면 더 큰 피해가 발생할 수밖에 없다. 전쟁으로 사람을 살상하는 행위가 악에 해당하지만, 사회는 이를 필요악으로 인정한다.

필요악 판단 기준은 행위가 이루어지는 사회의 가치 기준에 전적으로 의존한다. 체벌을 허용하는 사회에서 체벌은 필요악이지만, 허용하지 않는 사회에서는 폭력행위다. 사회가 건전하고 높은 수준의 의식을 가질수록 필요악은 줄어든다. 때로 지나친 관대함은 필요악을 악으로 만든다. 쉽게 설명하면, 사회적 격리가 필요한 흉악 범죄자에게까지 관용을 베풀 필요는 없다. 또 다른 피해를 방지하기 위해 '격리'라는 필요악이 요구되지만, '인신 구속은 인간 존엄성에 반한다.'라는 논리를 내세워, 필요악을 악으로 규정하는 경우다.

정의와 질서 등 사회의 본질적 가치를 훼손하는 행위를 제재할 유일한 수단이 필요악이라면 이를 허용해야 한다. 하지만 자기 잘못을 숨기고 이득을 취할 목적으로 필요악을 악용하는 일도 없어야 한다. 사회적 정당성을 확보한 필요악을 자신의 이해관계에 맞춰 악으로 규정할 수는 없다. 또한 자신만의 이익을 얻기 위해 공익을 훼손하는 행위가 필요악이라고 포장되더라도 본질은 악이다.

공복감과 배부른 돼지

공복감은 배가 고픈 느낌을 말하는데, 허기와는 뉘앙스에 차이가 있다. 허기가 원하지 않은 배고픔이라면 공복감은 자발적 비움인 것처럼 와 닿는다. 과학자들이 세계적인 장수촌을 대상으로 그들의 식습관을 조사한 결과 "먹는 양의 30%를 줄이면 장수하고 건강해진다."라는 사실을 발견했다. 조사 결과기 아니라도 배를 채우는 것이 꼭 좋은 것만은 아닐 것이다. 장수국가 이웃 일본에는 '하라하치부腹八分'라는 말이 있다. 배가 80% 차면 그만 먹으라는 뜻이다.

존 스튜어트 밀John Stuart Mill은 "배부른 돼지가 되기보다 배고픈 인간이 되는 것이 낫고, 만족스러운 바보가 되기보다 불만족스러운 소크라테스가 되는 것이 낫다."라고 말했다. 그는 정신적 쾌락이 육체적 쾌락보다 인간을 고귀하고 인간답게 만드는 요소라고 보았다. 삶에 필요한 물질이 넘쳐 과잉 상태가 되면 사람은 탈이 난다. 굶어 죽어도 안 되지만, 그렇다고 본능만 좇아 인간의 욕구를 추구하다 보면 양심과 정신은 피폐해진다.

건강이나 다이어트를 위해 간헐적 단식을 하면 긍정적 배고픔인 공복감을 느낀다. 많은 양의 음식물 섭취는 체내 활성산소를 증가시켜 노화를 촉진하고, 간헐적 단식은 세포를 재생하여 노화를 늦춘다고 한다. 물질주의와 개인주의가 우세한 세상에서 '밀'의 말이 주는 울림은 작아질 수 있다. 하지만 돼지가 자발적 공복을 경험하지 않듯이, 인간은 양심과 정신의 공백을 허용해서는 안 된다. 그것은 인간의 존재가치를 상실하는 일이며, 사유하는 인간이길 포기하는 것이다.

배부르면 나른해지고 나태해지면 불필요한 살이 붙는다. 배부르거나 굶주림에 허기진 소크라테스가 아니라, 자발적으로 배고픈 소크라테스가 되자. 인간은 배고플 때 정신이 맑아지고, 부족함을 채우기 위해 본능적으로 인간이 해야 할 일을 한다. 공복감은 인간다움을 지키며 인간의 정신과 육체를 살아있게 하고 움직이게 만드는 원동력이다.

선비의 의미

조선 시대 선비±는 과거시험에 합격하면 관직에 나가 자기 뜻을 펼치고, 관직을 떠나서는 자기를 수양하고 학문을 익히며 배움을 게을리하지 않았다. 선비를 '학식은 있으나 벼슬을 하지 않는 사람'이라고 좁게 해석하면 선비를 제대로 정의하는 말이 아니다. 선비는 율곡 이이나 퇴계 이황처럼 기회가 되면 국정에 참여하여 나라를 위해 일하고, 관직을 떠나서는 후학을 양성하며 배움을 실천하고자 했다. 선비는 관직의 유무와 관계없이 학식과 인품을 두루 갖춘 사람으로, 개인보다는 공동체를, 자신의 이익보다는 사회적 가치를 추구하는 시대의 여론 주도자였다.

유교적 이념을 계승한 선비는 자기 뜻을 굽히지 않고 바르게 살고자 했다. '지부상소持斧上疏'는 도끼를 들고 왕에게 상소를 올리는 것으로, 상소 내용이 틀리거나 받아들여지지 않으면 자기 머리를 도끼로 내려치라는 뜻이다. 선비는 공동체의 가치를 지키고 민의를 전달하기 위해 자신의 목숨을 담보로 왕에게 대들었다. 선비는 양반 계층으로 사족士族이었으며 지배계층을 이루었지만, 자신의 지식과 재산을 자신의 이익이 아니라 공동체를 이롭게 하는 데 사용하였다. 대표적으로 현재가치 1조 원의 재산과 함께 인생을 '신흥무관학교 설립' 등 독립운동에 바치며, 사회적 의무를 실천한 조선 명문가 출신 독립운동가 '이회영李會榮 일가'를 들 수 있다.

조선 시대 선비문화는 무武와 상商을 경시하여 국력 약화와 더딘 사회 발전이라는 부정적 결과를 초래하였다. 하지만 학식과 덕성을 함양하고 부정부패와 권력에 대항하며, 예의와 의리, 애민 정신의 가치를 확립한 공도 크다. 일본 사무라이 문화에도 큰 영향을 끼친 선비는 자신을 성찰하며 배움을 게을리하지 않았다. 그들은 어지럽고 혼탁한 세상을 맑게 하여 공동체 문화를 이끈 정신적 리더이자 스승이었다.

7가지 핵심 문장

1. 법이 누구에게나 공평할 때 예측할 수 있는 사회가 된다.

2. 이 사회를 지켜내는 것은 정의를 외면하지 않는 다수의 헌신이다.

3. 사람은 수단이 되어서는 안 되며 그 자체로 목적이어야 한다.

4. 지혜를 사랑하는 사람은 철학자가 된다.

5. 남에게 피해를 주고 사회를 혼탁하게 만드는 아부는 사라져야 한다.

6. 지나친 관대함은 필요악을 악으로 만든다.

7. 인간은 양심과 정신의 공백을 허용해서는 안 된다.

Section 3

필요한 사람이 돼라

당신은 누군가에게 영웅이다

영웅은 지혜와 재능이 뛰어나고 용맹하여 보통 사람이 하기 어려운 일을 해내는 사람을 말하는데, 나라마다 시대적 영웅들이 있었다. 2차대전을 승리로 이끈 영국의 윈스턴 처칠, 트라팔가르 해전의 넬슨, 프랑스의 드골, 백년전쟁의 잔 다르크, 미국 독립의 아버지 조지 워싱턴은 그 나라의 영웅이었다. 우리나라에도 곳곳에 역사를 빛낸 영웅들이 동상으로 서 있다.

영웅은 반드시 국가적 차원의 영웅만을 말하지 않는다. 영웅은 남다른 용기와 재능, 지혜로 보통 사람들이 해내지 못하는 것을 이루고, 대중들로부터 추앙받는 사람이다. 우리는 주변에서도 영웅을 찾아낼 수 있다. 화재 현장의 불 속에 뛰어들어 시민의 생명을 구하는 소방대원, 급류에 휩쓸려 떠내려가는 사람을 구조하는 시민은 우리들의 영웅이다. 모두가 두려움에 떨고 있을 때 과감히 앞서거나 일을 해결해 내는 사람은 누군가에게 영웅이 된다.

나라를 구하는 사람은 수혜자受惠者가 국가이므로 국가적 영웅이고, 사회가 수혜자이면 사회의 영웅이듯, 수혜자가 개인이면 행위를 한 사람(시혜자, 施惠者)은 한 개인에게 영웅이 된다. 개인의 영웅은 적어도 나와는 아는 관계여야 한다. 그는 불가능할 것만 같은 일을 척척 해내고, 남들은 감히 하지 못하는 일을 별일 아닌 것처럼 해내는 '미다스의 손'처럼 보인다. 더구나 내가 생각조차 하지 않았던 꿈과 희망을 안겨주고 내가 해내지 못할 일을 가능하게 해준 사람이라면 나에게는 특별한 존재, 영웅인 것이다.

"당신은 누군가에게 영웅이었던 적은 있었던가?"라는 질문에 "그렇다."라고 대답할 수 있다면, 나는 누군가에게 또는 이 사회에 의미 있는 존재였다고 말할 수 있을 것이다. 사람 사는 곳에는 영웅이 필요하고 때에 맞춰 영웅이 출현한다. 영웅도 신이 아닌 인간이지만, 초월적인 그의 행동은 누군가에게 또 다른 삶과 생명을 안겨준다.

필요한 사람이 돼라

직장이나 사회에서 나를 찾는 사람이 많다면 '나는 필요한 사람'이라고 생각해도 좋다. 일복이 터진다는 말은 능력을 인정받았다는 증거다. 일을 잘하기 때문에 맡는 일이 많아질 수밖에 없다. 누가 일을 못 하는 사람에게 위험부담을 감수하면서 중요한 일을 맡기겠는가? '내 일도 아닌

데, 왜 또 나야?'라며 불만을 터뜨릴 수도 있지만, 내가 선택받는다는 것은 필요한 사람이라는 뜻이다.

필요한 사람은 문제해결 능력이 뛰어날 뿐만 아니라, 우리라는 동료 의식이 강하다. 그들은 공동체에 기여할 준비가 되어 있는 사람이다. 사고가 나면 '119구조대'를 부르는 것처럼, 문제가 생기면 제일 먼저 문제를 해결할 수 있거나 도와줄 수 있는 사람을 찾게 된다. 모든 문제에 정통하거나 해박한 지식을 갖춘다면 더할 나위 없지만, 적어도 한두 가지 분야에서는 탁월한 능력이 필요하다. 그 분야의 최고 실력자라는 평가는 내가 필요한 사람으로 인정받고, 누구나 어려울 때 나를 찾게 만드는 비결이다.

『스페어』에서 영국의 해리 왕자는 '메인'이 아니라 '스페어spare'의 삶을 살았다. 형인 윌리엄 왕자에게 왕위 계승 서열에서 밀리며, 그의 인생은 형의 그림자이고 조연이며 플랜B의 '예비용' 운명이었다. 결국 해리 왕자는 왕실을 떠났다. 스페어의 삶은 크게 주목받지 못한다. 필요한 사람이 되지 않으면 인생의 스페어가 될지도 모른다.

자신의 쓸모를 증명하는 일은 필요한 사람이 되기 위한 첫걸음이며, 내가 속한 조직이나 사회에 공헌하는 방법이다. 내가 그들에게 기대는 존재가 아니라, 그들이 나에게 기댈 수 있는 사람이 되어야 한다. 필요한 사람이 되는 것은 자신의 가치를 끌어올려 자존감도 높이고, 진정한 사회 구성원으로 인정받을 수 있는 효과적인 방법이다.

나는 무엇을 줄 수 있는 사람인가

받기만 하는 것은 미덕이 아니다. 나에게 베풀어준 사람이나 다른 이에게 베풀면 나눔은 선순환이 되어 사회를 따뜻하게 만든다. 사람 사는 이치는 거창하지 않다. 콩 한 알이 생기면 필요한 사람에게 반으로 쪼개 나누면 된다. 콩 한 알을 먹으나 반쪽을 먹으나 차이는 없다. 작은 콩이라도 줄 것이 그것밖에 없으면, 내 전부의 반을 주는 것이라서, 그보다 큰마음은 없다. 나누지 않는 것은 나눌 물건이나 능력이 없어서가 아니라, 나눌 마음이 없기 때문이다.

사람들은 받는 것에 비해 주는 일에는 인색한 편이다. 내 주머니가 줄어든다는 생각 때문인지 받은 기억들은 소멸하고, 마지못해 줄 때도 계산한다. 주는 개념은 금전적 가치를 가진 물건만을 의미하지 않고, 가치를 가격으로 계산할 수 없는 무형의 가치도 포함한다. 웃는 얼굴, 말 들어주기, 도와주기, 협력, 공감 같은 상대방에게 무형적 이익이 되는 행위는 물질적인 가치보다 더 크다.

고마운 사람에게 마음이 담긴 조그만 선물도 기쁨을 주고, 고민이 있는 동료나 친구의 넋두리를 들어주는 일도 위로를 건네는 행위다. 따뜻한 말 한마디에 얼어있던 마음이 녹고, 안부 문자 한 통에 감동하기도 한다. '그가 지금 필요한 것이 무엇일까?'라고 생각해 보면 뭔가 해줄 일이 반드시 있을 것이다. 나에게 소중하지만 소홀했던 사람에게 관심을 보이고, 삶의 이정표를 잃고 헤매는 사람에게는 지혜와 격려의 말을 전할 수도 있다.

'나는 무엇을 줄 수 있는 사람인가?'

내가 가족, 사회, 직장의 일원이라면 생각해 봐야 할 주제다. 작은 것부터라도 주는 일을 시작하면 나도 줄 수 있는 사람이 된다. 주는 것에 익숙해지면 잃는 것보다 얻는 것이 많다는 것에 놀란다. 나누면 나눌수록 나의 존재감은 살아나고 사회적 유대는 한층 더 단단해진다. 나누는 일은 관계를 유지하고 가치를 공유하는 사회적 행위이며, 내가 살고 있는 사회와 사람들에게 마음을 전하는 방법이다. 줄 수 있는 사람이 될 때 사람은 성숙해진다.

얼굴로 베풀 수 있는 것

꾸밈없는 얼굴에 밝은 미소는 사람의 마음에 온기를 돌게 한다. 즐거운 일이 없어도 밝은 표정을 마주하면 좋은 일이 생긴 것도 아닌데 기분이 밝아진다. 미소가 신체적, 사회적으로 긍정적인 효과를 보인다는 연구 결과는 많이 있다. 미소는 상대방에게 엔도르핀을 선물하는 통로이자 관계를 이어주는 매개체 역할도 한다.

불교 경전, 『잡보장경』에 나오는 '무재칠시無財七施'는 재물이 없어도 남에게 베풀 수 있는 일곱 가지 보시布施를 말한다. 보시는 자비심으로 다른 이에게 조건 없이 주는 것이다. 일곱 개의 보시 중에 첫째와 둘째 보시는 얼굴과 관련이 있다.

첫째는 안시眼施, 따뜻한 눈길로 베푸는 것이다.
둘째는 화안시和顏施, 밝게 웃는 얼굴로 상대방을 대하는 것이다.
셋째는 언사시言辭施, 좋은 말로 상대를 대하는 것이다.
넷째는 신시身施, 예의 바르고 친절하게 몸으로 도와주는 것이다.
다섯째는 심시心施, 상대에게 자비심을 갖는 것이다.
여섯째는 상좌시床座施, 자리 양보를 말한다.
일곱째는 방사시房舍施, 머물 공간, 즉 방과 집으로 베푸는 것이다.

기부와 같은 재정적 도움이나, 음식의 제공처럼 물질이 있어야만 베푸는 것은 아니다. 가진 것 없이 표정만으로도 많은 것을 베풀 수 있다. 만일 밝게 웃는 얼굴에 따뜻한 미소를 가진 사람이 "내가 가진 것이 없어 너에게 해준 것이 없다."라고 한다면, 그의 말은 너무 겸손한 표현이다. 그는 이미 많은 것을 주고 있는데도 자신은 모르고 있다.

따뜻한 눈길에 기분이 좋아지고 밝은 미소에 마음이 행복해진다. 물건으로도 베풀 수 있지만, 변하지 않는 따뜻한 눈길과 미소는 마음으로 줄 수 있는 최고의 선물이다. 당신이 의도하지 않았어도 이미 누군가에게는 베풀고 있다.
….
'너는 모르고 있지만, 너의 얼굴이 자비였고 보시였다.'

인간 백신

백신vaccine은 인공적인 면역을 주기 위해 생체에 투여하는 항원의 하나로 보통 예방접종이라고 한다. 예방접종을 하면 몸에 항체가 형성되어 전염병에 대한 면역력이 생기고, 감염될 확률을 떨어뜨린다. 사람의 몸은 면역력이 없는 상태에서 병원성 바이러스에 감염되면 병이 생긴다. 흔한 감기에 걸리면 적어도 일주일은 콧물, 기침, 발열 등 고통에 시달린다. 때로는 자신만의 고통으로 끝나지 않고 주변 사람에게도 전염시켜 널리 퍼뜨린다.

사람이 사람에게 주는 고통은 전염병이 주는 고통과는 다르다. 몸뿐만 아니라 마음의 상처도 깊다. 감기처럼 일반적인 치유 시간이 정해져 있지 않아 언제 회복할지 알 수도 없다. 때로는 평생 아픔을 안은 채 살아간다. 살다 보면 서로에게 의도하지 않은 상처를 주기도 하고 받기도 한다. 누군가에게 입힌 상처가 있다면 상처를 아물게 하는 것이 먼저다.

인간이 인간에게 고통을 주는 존재로 살아간다면, 인간의 가치를 망각하고 인간 사회를 오염시키며 병들게 하는 병원성 바이러스일 뿐이다. 사람은 사람에게 해로운 존재가 아니라 백신처럼 이로워야 하는 존재다. 우리는 사람들에게 고통을 주는 병원성 바이러스가 아니라, 예방하는 백신이 되어야 한다.

유대인의 도와주는 방법

유대인의 언어, 히브리어에는 '자선'이라는 단어가 없다. 유대인에게
공동체의 약자를 돌보는 일은 선택이 아니라 마땅히 해야 하는 종교적·
윤리적 의무다. 이것을 '체다카tzedakah'라고 한다. 공동체 안에 약자가 있
으면 그가 자립할 수 있도록 공동체 구성원 전체가 도와준다. 사회적 약
자를 돌보고 정의를 실천하는 유대교 율법의 본질은 체다카(분배의 정의, 공의)
와 미슈파트(Mishpat, 응보의 정의, 평등)이다.

이 중 체다카의 8단계는 다음과 같다.
1. 아깝지만 마지못해 도와주는 것
2. 줘야 하는 것보다 적게 주지만 기쁘게 도와주는 것
3. 요청을 받은 다음에 도와주는 것
4. 요청을 받기 전에 도와주는 것
5. 수혜자는 당신을 알지만, 당신은 수혜자를 모르고 도와주는 것
6. 수혜자는 당신을 모르지만, 당신은 수혜자를 알고 도와주는 것
7. 수혜자와 시혜자가 서로를 모르는 상태에서 도와주는 것
8. 수혜자가 스스로 자립할 수 있게 해주는 것

체다카 최고의 단계는 도움받는 사람이 스스로 자립할 수 있게 해주는
것이라고 말한다. 흔히 하는 말로, '물고기를 잡아주는 것보다 물고기 잡
는 법을 가르쳐주는 것'이라고 할 수 있다. 공동체의 구성원은 공동체에
도움이 되어야 한다. 수혜자가 아무런 노력 없이 도움만 받으면 평생 손

을 벌리면서 살아야 하지만, 수혜자가 자립하게 되면 이제는 다른 사람을 도와줄 수 있게 되어 공동체는 건강해진다. 체다카는 공동체 구성원의 의무와 남을 도와줄 때 무엇이 큰 도움인지를 알려주고 있다.

마지못해 도와주는 사람의 표정이나 말투를 느낄 때, 도움을 받으면서도 한편으로는 불쾌한 기분을 감출 수 없다. 또한 도와달라는 얘기를 하지도 않았는데 도와주면 이번에는 의심스러운 눈빛으로 쳐다본다.

'왜 날 도와주지? 다른 목적이 있나?'

도움이 필요할 것 같아서 도와줬을 뿐인데 도와주고도 곤혹스러운 상황을 마주한다. 더구나 물고기 잡는 법을 알려주려고 하면 물고기를 내놓으라고 한다. 내가 필요한 것은 물고기일 뿐 물고기 잡는 법이 아니라면서. 얄밉게도 물고기 잡는 법은 도움이라고 생각하지 않는다. 도와주는 것도 이것저것 따져보고 해야 하는 생각보다 어려운 일이다.

이처럼 현실은 선의로 도와주는 것이 오해를 살 때도 있다. 도와주는 것을 고마워할 줄 알고, 도움을 자양분 삼아 자립할 수 있는 사람에게만 도움은 효과를 발휘한다. 그렇지 않으면 '오지랖 넓은 사람'이라는 달갑지 않은 말을 듣는다. 내민 손을 부끄럽게 만드는 사람에게 도와주려는 마음을 갖거나 도와주는 것은 의미 없는 일이다. 체다카의 8단계는 도와주는 방법도 생각하게 하는 지혜를 모두에게 공유한다.

촛불은 자기를 태워서 빛을 낸다

생일, 종교적 행사, 결혼식, 기념일 등 각종 예식에 촛불이 사용된다. 촛불은 단순히 어둠을 밝히는 작은 불빛이 아니다. 초는 파라핀이나 밀랍이라는 고체연료와 심지로 이루어져 있는데, 연료가 녹으며 기화하고 불이 붙으면서 빛을 낸다. 촛불이 경건한 의미를 갖는 것은 스스로를 태워서 주변을 밝히기 때문이다. 자신을 태운다는 것은 스스로를 낮추는 것이고, 타인을 위해 자신을 희생하는 숭고한 행위다.

촛불은 타오를수록 자기 몸은 점점 작아진다. 촛불에 담긴 의미도 촛불을 통해 전달된다. 촛불을 켜고 기도하는 것은 단순히 기도하는 것과는 다르다. 나를 태우고 낮추며 이타적인 마음이 있을 때만 촛불을 켜는 의미를 찾을 수 있다. 중요한 행사에서 촛불을 켜는 것은 그런 마음과 무언의 약속이 갖는 무게를 감당하겠다는 의미는 아닐까?

촛불은 나눈다고 내가 가진 촛불의 크기가 줄어들지 않는다. 촛불은 나눌수록 커지고 주변은 더 환해진다. 촛불을 나누는 것은 내 마음도 나누는 것이다. 전등이 있어도 촛불을 켤 때가 있다. 촛불이 켜지는 순간 공간의 분위기는 순식간에 달라진다. 촛불은 의식이다. 촛불은 지금의 나와는 다른 나를 바라는 기도이자 다짐이고, 모두에게 축복을 기원하는 상징적 의미가 있다. 촛불은 나누는 것은 인간을 대하는 따뜻한 마음이며, 세상을 밝히는데 티끌만큼이라도 도움이 되고자 하는 생각의 실천이다.

수많은 사람이 자신을 불태워 세상을 밝히고, 또 자신에게 의미 있는 존재를 향해 빛을 선사한다. 사람들은 그 불빛에 의지해 깜깜한 어둠에도 길을 잃지 않는다.

"나에게 빛을 밝힌 그들을 위해 촛불을 켜자!"

내가 제대로 가고 있는 것은 내가 잘나서가 아니라, 그들이 자신을 불태워 비춰준 촛불 덕택이다.

벤치 클리어링 하라

벤치 클리어링 bench clearing 은 '벤치를 깨끗하게 비운다'는 스포츠 용어로, 야구나 아이스하키에서 상대 선수와 시비가 붙었을 때 벤치에 있는 선수들이 몰려나와 싸움에 동참하는 행위를 말한다. 북미아이스하키리그NHL 선수들은 격렬한 몸싸움으로 유명하고, 야구도 시비 상황에 따라서는 아이스하키 못지않게 거친 행동을 보여준다.

벤치 클리어링은 단순히 싸움만을 목적으로 하지 않는다. 시비가 붙은 우리 선수를 보호하고, 상대의 기선을 제압하는 수단으로도 이용되며, 팀을 결속시키는 역할도 한다. 스포츠에서 벤치 클리어링은 팀워크의 상징이다. 팀이라는 연대 의식이 행위의 바탕에 깔려있다. 상대방의 거친 행동에 처음 시비를 건 선수도 나를 보호해 줄 든든한 선수들이 언제든지 '벤치 클리어링을 한다'는 믿음에 과감할 수 있다.

내가 어려운 상황에 부닥쳤을 때, 아무 조건 없이 나를 지지해 주고 보호해 주는 규칙이나 시스템은 심리적 안정감을 확보해 준다. 상대 팀 선수와 시비가 붙었을 때 함께할 우리 팀 선수가 없다면 시비가 붙은 선수는 외로울 것이다. 벤치 클리어링이 팬 서비스 차원에서 볼거리를 제공하는 퍼포먼스라고 해도, '함께한다'는 연대 의식은 내가 바로 서는 데 큰 힘이 된다.

세상은 혼자 살 수 있는 곳이 아니다. 내가 혼자가 아니라는 사실을 느끼게 해주는 사람들이 있기 때문에 지금 사는 세상은 가치가 있다. 함께하면 못 할 일이 없고 두려워할 것도 없다. 벤치 클리어링은 정신적 유대를 행동으로 보여주는 살아있는 '집단의식의 표현'이다.

7가지 핵심 문장

1. 당신은 누군가에게 영웅이었던 적은 있었던가?

2. 필요한 사람이 돼라.

3. 작은 것부터라도 주는 일을 시작하면 나도 줄 수 있는 사람이 된다.

4. 따뜻한 눈길과 미소는 마음으로 줄 수 있는 최고의 선물이다.

5. 사람은 사람에게 해로운 존재가 아니라 백신처럼 이로워야 하는 존재다.

6. 공동체의 구성원은 공동체에 도움이 되어야 한다.

7. 촛불이 경건한 의미를 갖는 것은 스스로를 태워서 주변을 밝히기 때문이다.

Section 4
나를 존중하는 태도

세상이 알아주지 않아도 나는 중요하다

사람들의 눈에 띈다는 건 뭔가 특별한 것이 있다는 얘기다. 스포츠인, 정치인, 과학자, 예술인, 방송인 등 각 분야에서 두각을 나타내는 사람들은 자기가 누구라고 얘기하지 않아도 많은 사람들이 알아본다. 스타는 시대가 알아주고 대중은 그들에게 열광한다. 화제의 인물은 주기적으로 탄생하고 대중은 항상 새로운 스타를 갈망하며 변화를 따라간다. 국가, 사회, 조직은 스포트라이트를 받는 스타를 만들고, 그들의 스타성을 이용하여 사람들의 욕구를 충족시키며, 지향하는 목표로 대중의 관심을 유도한다.

하지만 소수의 알려진 사람들과는 달리 대다수는 다른 세계에 사는 사람들이다. 그들의 삶은 평범하고 밖으로 드러나지도 않지만, 사회를 지탱해 주는 역할에 충실하며 살아가고 있다. 군인은 국방의무에 충실하고, 경찰은 치안 질서를 유지하며, 건설 현장의 근로자는 나라 곳곳을 쉼 없이 건설하고 있다. 마을버스 기사는 동네의 새벽을 깨우며 일터로 향하고, 환경미화원은 잠든 도시의 곳곳을 깨끗하게 청소한다. 이들은 세상이 알아주지 않아도 자기 일에 충실함으로써, 건강한 사회를 유지하고 떠받치는 데 없어서는 안 될 존재로 산다.

대중적 인기가 인간 가치의 판단 기준이 될 수 없다. 평범한 일상을 살아가고 화려한 모습으로 세상에 드러나지 않아도 이 사실을 알아야 한다. '세상이 알아주지 않아도 나는 중요한 존재다.'

세상의 이목을 끄는 존재보다 사실은 내가 더 사회에 필요한 존재이고, 사회가 유기체로 꿈틀거리고 일상을 유지하는 데 더 크게 이바지한다. 오늘도 세상은 있어야 할 자리에서 묵묵하게 헌신하는 평범한 존재들의 아우성으로 하루를 열고 내일을 준비한다. 그들은 빛이 닿지 않는 곳에서 빛을 내며 세상의 어둠을 밝히고 있다.

너는 존재만으로도 아름답다

자존감(自尊感, self-esteem)이란 자기 스스로 품위를 지키고 자신을 존중하는 마음이다. 즉 나는 사랑받을 만한 가치가 있는 소중한 존재라고 생각하고 자신을 긍정한다. 자존감 있는 사람은 자아정체성 self-identity 이 제대로 확립된 사람이다. 자존감이 높은 사람은 자신을 다른 사람과 비교하지 않고, 평판에 흔들리지 않으며, 자기 가치관에 따라 행동한다.

  언스타퍼블

우리는 자기 자신을 있는 그대로 존중하고 가치 있는 존재로 인식하여, 어떤 성과도 이루어낼 수 있는 유능한 사람이라고 믿어야 한다. 자신을 스스로 존중하지 않으면 누구로부터도 존중받을 수 없다. 존중의 시작은 나로부터 나온다. 타인을 존중하기 전에 먼저 나를 존중하고, 나를 괜찮은 사람이라고 생각하며 바라볼 때, 나는 존재 자체로 가치를 가지며 나를 스스로 지킬 수 있게 된다.

사회생활을 하면서 타인의 시선을 의식하지 않고 자기 신념대로 사는 일이 쉽지 않은 것도 사실이다. 하지만
"너는 그렇게 생각하는구나. 나는 이렇게 생각해."
나 자신을 존중하고 믿는다면 이렇게 말할 줄도 알아야 한다. 자존감의 주체는 나이고 객체는 타인이다. 주체와 객체를 바꾸는 모든 생각이나 행동은 스스로 자존감을 무너뜨리는 것이다.

그렇다면 자존감을 키우기 위해 무엇을 어떻게 해야 할까?
1. 신체와 정신의 건강관리는 자존감의 기초다.
2. 작더라도 성공의 경험을 반복한다.
3. 성장을 위한 배움을 실천한다.
4. 일상에 감사하고 표현한다.
5. 자기 비하는 절대 하지 않아야 한다.
6. 타인과의 비교를 자제한다.
7. 자신에게 저질러지는 부당한 행위에 대응해야 한다.
8. 자신을 존중하는 말과 행동을 반복한다.

9. 자기성찰과 가치관 정립으로 자신만의 기준을 찾는다.

10. 자신을 있는 그대로 긍정하고 자신을 믿는다.

"나는 내가 싫을 때가 있어."라고 한다면 자존감이 떨어져 있는 상태다. 자존감이 충만한 사람은 "나는 내가 좋아."라고 말할 것이다. 자존감은 지속적인 습관과 강화하는 훈련을 통해 높아질 수 있다. 자신을 부정히기나 낮춰보는 습관적인 말투를 자제하고, 긍정하는 언어의 사용이 일상화되어야 한다. 타인과의 관계에서도 자존감에 흠집을 내는 행위로부터 나를 지키는 태도와 행동이 뒤따라야 한다.

"자신을 존중하는 사람은 타인으로부터 안전하다. 그는 누구도 뚫을 수 없는 갑옷 외투를 입고 있다." 헨리 워즈워스 롱펠로Henry Wadsworth Longfellow의 이 말은 나를 존중해야 하는 또 다른 근거가 된다.

나는 에베레스트 정상에 서봤어

산악인의 꿈이라면 8,000미터급의 세계 최고봉을 등정해 보는 것이다. 낭떠러지, 크레바스, 눈사태, 추락의 위험이 언제 닥칠지 알 수 없고, 체력 고갈, 산소 부족으로 숨이 차오르며, 고산증세는 정산을 혼미하게 한다. 더딘 발걸음을 내디디며 정상을 향해 생사를 보장할 수 없는 도전을 한다.

"더 이상 오를 곳이 없다."

정상에 서서 까맣게 탄 얼굴을 드러낸 채, 태극기를 펼쳐 보이며 무전기를 통해 들릴 듯 말 듯한 가쁜 숨소리는 그들이 겪었을 고통을 가늠하게 한다.

8,000미터급 봉우리 14좌를 최초로 오른 인물은 이탈리아의 전설적 산악인 라인홀트 메스너 Reinhold Messner 다. 그는 포터나 지원조, 고정캠프와 고정 로프, 고산 등반의 필수품인 산소 기구도 없이, 베이스캠프를 출발해 자력으로 정상까지 오르는 '알파인 스타일 alpine style' 등반으로 유명했다. 14좌 등정도 대단한 일인 데다 등정 방식까지도 경이로워, 그의 앞에서는 8,000m를 오른 산악인들조차 겸손해질 수밖에 없다. 그는 과정에서도 차이를 보여준 '어나더 레벨'이었다.

사람들은 도토리 키재기에 목숨 걸고, 세상에서 일어나는 일이나 고통을 모두 떠안고 산다. 더구나 자신이 최고인 줄 아는 착각 속에 빠져 헤어 나오지 못하는 사람도 있다. 하지만 인생의 에베레스트 정상에 오르면 누구도 의심하지 않는다. 정상에 오르면 말하지 않아도 "나 이런 사람이야!"라는 소리 없는 외침이 울려 퍼지고, 누구나 그가 최고라는 사실을 인정한다. 존중을 구걸하는 것은 나를 스스로 깎아내리는 일이다. 다른 사람으로부터 내가 존중받도록 만드는 것이 나를 존중하는 태도이자 실력이다.

물건의 가치는 주인이 결정한다

금전적 여유가 없어도 비싼 물건에 눈이 가는 것은 용도가 아니라, 물건이 가지는 고급스러운 이미지 때문일 것이다. 차를 봐도 그렇다. 우리는 자신의 재정 상태와 취향, 용도를 고려하여 적당한 조건의 차를 선택한다. 아예 차를 구매하지 않고 대중교통을 이용하는 사람이 있는가 하면, 대출이니 할부를 이용하여 무리하게 차를 사는 일도 있다. 필요하면 그렇게 할 수도 있지만, 용도보다는 고급 차가 주는 이미지가 구매 이유일 때가 많다. 고급 차를 타면 자신의 가치가 덩달아 올라가는 걸까?

대중적인 자동차 차주의 인품이 저렴하지 않듯이, 고급 자동차 차주의 인품이 고귀하고 품위 있는 것은 아니다. 물건의 사회적 가치는 차량 가격이 아니라 주인을 따라간다. 죄를 지은 사람이 타면 범법자의 차가 되고, 스승이 타면 선생님 차가 된다. 주인이 물건 때문에 가치가 올라가는 일은 없어도, 물건이 주인을 잘 만난 덕에 가치가 올라가는 사례는 많다.

물건으로 자신의 가치를 올리는 일은 저급하고, 과시하고 싶어 하는 뒤틀린 욕망의 표출이다. 아인슈타인이 일본의 한 호텔에서 전보 배달원에게 팁 대신 건넨 메모 중 하나가 156만 달러, 해리슨 포드가 〈인디아나 존스〉에서 썼던 모자가 63만 달러에 경매되었다. 역사적 인물이나 유명인의 흔적이 담긴 생활품이나 소품이 상상을 초월하는 가격에 경매가 이루어지는 것을 보면, 주인의 명성에 따라 물건 가치가 매겨지는 것을 알 수 있다.

물질이 중요하고 필요하지만, 만능인 것은 아니다. 값비싼 보석 목걸이를 목에 거는 것보다 책 한 권을 옆구리에 끼고 다니는 편이 훨씬 더 품위가 있다.

"겉멋에만 취하지 말고, 내면의 품격을 갖춰라!"

내가 가진 물건의 가치는 물건의 가격이 결정하지 않고, 주인인 나의 가치를 따라간다. 내가 명품이 되면 내가 소유하는 물건, 나를 거쳐 간 물건도 명품이 된다.

최고의 복수는 상대가 꿈도 꾸지 못할 일을 해내는 것이다

사람 관계에서 다툼이 생기면 행위의 되갚음, 즉 복수를 꿈꾼다. 사람들은 경쟁에서 패배하고 부당한 행위나 피해를 보았다고 생각할 때, 상황을 역전 시키려고 갖가지 상상을 한다. 복수는 자신이 입은 피해를 가해자에게 되돌려주는 행위다. 복수에는 물질적인 것뿐만 아니라, 정신적, 재산적인 피해도 포함되며 방식도 다양하고 복잡하다.

복수를 가장 아름답게 하는 방법은 가해자가 했던 방식처럼 하지 않는 것이다. 똑같은 방식의 복수는 피해자와 가해자를 똑같은 수준으로 만들어 버린다. 세련되게 복수하는 방법은 '너는 내 상대가 안 돼!'라는 것을 증명해 보여, 상대를 복수할 가치가 없는 존재로 인식시켜 주는 것이다. 그것은 모멸감이다. 감히 넘볼 마음이 가해자의 머릿속에서 사라지는 순간, 한 차원 높은 복수는 극적인 효과를 보여준다.

예를 들어 국가대표 선발전 결승에서 패배한 2등 선수 A가 올림픽에서 금메달을 따냈다면, 국가대표 선발전 1등 선수 B에게 복수한 것이 된다. A가 B에게 경기를 통해 직접적인 복수를 한 것은 아니지만, 올림픽 금메달로 경쟁 상황을 정리해 버리면서 A는 아름다운 복수를 해냈다. 이런 일도 있다. 6개월 공부해서 전문 자격증을 딴 사람이 자랑을 늘어놓는다.

"시험이 쉽지 않더라. 보통 1년은 걸리는데 난 6개월 만에 했거든."

이 말 속에는 '네가 하려면 1년은 공부해야 해.'라는 무시의 의미가 깔려있다. 한 달 안에 끝내겠다는 각오로 공부하고, 한 달 후에는 그 사람에게 합격증을 보여주자.

'복수하려면 상대가 꿈도 꾸지 못할 일을 해내야 한다.'

충격적인 결과에 상대는 할 말을 잃고 고개를 떨굴 수밖에 없다. 복수를 '약자가 하는 일'이라고 생각하여 낮춰보기도 하고, 복수가 복수를 낳는다고 하여 부정적으로 보는 견해도 있지만, 불가피하게 참교육이 필요할 때도 있다. 복수는 바람직하지 않지만, 나를 성장시키면서 고급스럽게 하는 방법은 바로 이것이다. 상대를 직접 이기지 않고도 나의 가치를 보여주는 복수는 효과적이면서도 품위를 갖춘 우아한 방법이다.

자기 기준은 나를 흔들리지 않게 한다

자기 기준이 없으면 다른 사람의 말에 현혹되기 쉽다. 이해관계나 다른 목적이 담긴 그럴듯한 이야기에 불안을 느끼고 솔깃하게 된다. 자기 생각은 온데간데없고 머릿속은 혼란스러워지며 군중이 이끄는 대로 따라간다. 귀스타브 르 봉Gustave Le Bon은 『군중심리』에서, 군중은 감정적으로 판단하는 집단이지 이성적인 집단이 아니라고 한다. 그들의 판단은 합리적이지 않을 가능성이 크다. 내 생각과는 다르게 다른 사람과 같이 집단 심리에 휩쓸리면 어느덧 그 사람들 속에 서 있는 나를 발견하게 된다.

"자신을 믿으세요. 그러면 누구도 당신을 무너뜨릴 수 없습니다." 사무엘 골드윈Samuel Goldwyn은 남에게 흔들리지 않는 조건으로 자신에 대한 믿음을 강조했다. 믿음의 근거는 자기 기준이다. 자기를 지킬 수 있는 무기는 자기만의 기준과 원칙이다.

타인의 뜻대로 살면 나만의 고유한 삶을 살지 못하고 내 삶을 주체적으로 결정하지도 못한다. 또한 타인이 만들어낸 위험을 고스란히 떠안아야 한다. 주변 소음을 차단하고 대중과 나를 분리하여 합리적 판단을 확보하는 수단은 자기만의 기준을 만드는 것이다. 군중심리에 흔들리지 않고 자기 기준을 지키는 것이 내 뜻대로 세상을 살아가는 방법이다.
"잡음에 동요하지 말고, 너 자신의 삶을 살아라!"

손절은 빠르면 빠를수록 좋다

사람 관계에서 손절_{損切}은 빠르면 빠를수록 좋고, 늦으면 늦을수록 피해는 눈덩이처럼 불어나 한 개인의 삶을 빠르게 잠식한다. 손절은 '손을 끊는다', '관계를 끊는다'는 의미로 사람 간의 인연을 끊는 관계 정리다. 아무리 노력해도 긍정적 인연이 될 가능성이 낮거나, 인연으로부터 파생되는 물질적, 심리적 피해가 크다면, 관계를 포기하고 자신의 에너지를 절약하는 방어적 행위가 필요하다. 손절이 냉정하고 잔인한 결정이라고 해도 나를 지키는 유일한 길이라면 망설일 이유가 없다.

"타인은 지옥이다."

이 말은 손절을 정당화시키는 근거가 되기도 한다. 손절이 나뿐만 아니라 상대에게도 좋은 선택인 것은 서로 간에 불필요하게 에너지를 쓰지 않아도 된다는 점이다. 들어간 노력이 아쉬워 관계가 끊어지는 두려움에 손절을 주저하면 관계의 늪에 빠져 헤어 나오지 못한다.

불행을 일찍 겪을수록 또 다른 기회를 맞이할 준비를 할 수 있다. 너무 늦지 않게 정리해야 할 관계는 정리하고, 다른 인연에 집중하는 것이 바람직하다. 들어간 시간과 비용이 아까워 '매몰 비용'에 집착하면 관계의 지옥에서 벗어날 수 없다. 관계를 정리하고 이별하는 용기도 프러포즈하는 용기만큼 결단이 필요하다. 스토아 철학자 에픽테토스_{Epictetus}는 말했다.

"때로는 관계를 끊는 것이 가장 큰 자기 존중이다."

반갑지 않은 손님, 번아웃 증후군

몸이 쉬라는 신호를 보내면 회복을 위해 쉬어야 하지만, 때에 맞는 휴식이 생각처럼 쉽지 않다. 지친 몸이 휴식을 원할 때 무리하면 몸은 한계를 극복하지 못하고 정신과 함께 무너진다. 링거를 맞고 몸과 마음을 추스르며 한동안 회복 기간을 가져야 하는 일이 종종 생긴다.

'번아웃 증후군Burnout Syndrome'은 일하는 도중에 극심한 육체적, 정신적 피로를 느끼고 열정과 성취감을 잃어버리는 증상을 말하는데, 육체적, 정신적 탈진 상태를 동반한다. 번아웃 상태가 되면 심신의 에너지가 모두 빠져나가 몸의 힘은 빠지고 의욕도 사라진다. 개인차가 있지만, 회복에 오랜 시간이 걸려 무기력한 시간이 장기간 이어지고 삶의 질도 떨어진다.

'휴식은 아무것도 하지 않는 것이 아니라 몸을 치료하는 행위다.' 구조물의 하중을 받는 부분이 무게의 피로감을 견디지 못하면 건물은 무너진다. 몸이 무너지는 과정도 건물과 비슷하다. 피로가 누적되면 지친 마음은 의욕 저하와 불안을 일으킨다. 몸도 활력을 잃고 힘이 빠진다. 그리고 이내 건물의 붕괴처럼 몸과 마음은 버티지 못하고 내려앉는다.

이 세상에는 내가 있고 그다음에 일과 인간관계가 있지만, 누구나 그렇듯 사는 일이 생각하는 대로 돌아가지 않는다. 절박한 상황에 내몰리면 '나'라는 존재를 망각하고 나 자신을 방치한 채 지낸다. 만만치 않은 세상을 견뎌내면서 이렇게 원치 않는 몇 번의 정신적 탈진을 경험한다. 번아웃이라는 홍역을 치르고 나서야 내가 소중하다는 것을 절실하게 깨닫고 자신을 돌아본다.

자신의 육체적, 정신적 한계를 알고 번아웃 되기 전에 자신부터 미리 챙겨야 한다. 자신을 돌보는 것이 결국은 일과 인간관계 모두를 위하는 일이다. 삶의 중심에 있어야 하는 것은 바로 나 자신이다. 나를 돌보지 않은 채 관심 가져야 할 대상은 세상 어디에도 없다.

7가지 핵심 문장

1. 세상이 알아주지 않아도 나는 중요한 존재다.

2. 자신을 스스로 존중하지 않으면 누구로부터도 존중받을 수 없다.

3. 겉멋에만 취하지 말고, 내면의 품격을 갖춰라!

4. 물건의 가치는 물건의 가격이 결정하지 않고, 주인인 나의 가치를 따라간다.

5. 복수하려면 상대가 꿈도 꾸지 못할 일을 해내야 한다.

6. 자기를 지킬 수 있는 무기는 자기만의 기준과 원칙이다.

7. 때로는 관계를 끊는 것이 가장 큰 자기 존중이다.